DISSERTATIONS
JURIDIQUES

sur

QUELQUES-UNS DES POINTS LES MOINS ÉCLAIRCIS

ou

LES PLUS CONTROVERSÉS

EN DOCTRINE ET EN JURISPRUDENCE,

par

C. LE GENTIL,

Avocat et Juge suppléant près le Tribunal civil d'Arras,

MEMBRE CORRESPONDANT DE L'ACADÉMIE DE LÉGISLATION
DE TOULOUSE.

> Il faut pour comprendre le droit français remonter au droit romain.
> Le législateur français a rassemblé un certain nombre de principes,
> il leur a donné force de loi, mais c'est dans le droit romain que se
> trouve le développement de ces principes, et que la loi est reconnue
> l'œuvre et le produit de la raison.　　　(PORTALIS.)

PARIS
AUGUSTE DURAND, LIBRAIRE,
rue des Grès, 5.

—

MDCCCLV.

DISSERTATIONS

JURIDIQUES.

DISSERTATIONS
JURIDIQUES

sur

QUELQUES-UNS DES POINTS LES MOINS ÉCLAIRCIS

ou

LES PLUS CONTROVERSÉS

EN DOCTRINE ET EN JURISPRUDENCE,

par

C. LE GENTIL,

Avocat et Juge suppléant près le Tribunal civil d'Arras,

MEMBRE CORRESPONDANT DE L'ACADÉMIE DE LÉGISLATION
DE TOULOUSE.

Il faut pour comprendre le droit français remonter au droit romain.
Le législateur français a rassemblé un certain nombre de principes,
Il leur a donné force de loi, mais c'est dans le droit romain que se
trouve le développement de ces principes, et que la loi est reconnue
l'œuvre et le produit de la raison.　　　　(PORTALIS.)

PARIS

AUGUSTE DURAND, LIBRAIRE,

rue des Grès, 5.

—

MDCCCLV.

ARRAS, TYP. D'ALPHONSE BRISSY.

PRÉFACE.

> Jus est ars boni et æqui cujus merito quis nos
> sacerdotes appellet, justitiam nam que colimus, et
> boni et æqui notitiam profitemur, æqum ab iniquo
> separantes, licitum ab illicito discernentes, veram
> (nisi fallor) non simulatam philosophiam affectantes.
>
> (ULPIANUS).

I.

Plus dangereuses que les mauvaises herbes dont les profondes racines empoisonnent si longtemps le terrain qu'elles ont infesté une fois, les idées fausses s'invétèrent d'une façon presqu'indélébile dans la société où elles sont en circulation. Les mauvaises herbes, en effet, ne se reproduisent que d'elles-mêmes, tandis que les idées fausses se trouvent sans cesse ravivées par ceux qui semblent intéressés à ne pas les laisser disparaître.

La science sur laquelle les préjugés devraient avoir le moins de prise, la science juridique n'est malheureusement pas à l'abri de l'erreur. C'est ainsi qu'au milieu d'une foule d'autres absurdités, on entend répéter chaque jour :

Que le droit et la justice sont choses différentes et souvent antipathiques, la loi n'étant qu'un corps de règles variables et arbitraires.

Que le code Napoléon comprend à lui seul la connaissance du droit civil.

Que ce code a été tant et si bien commenté, que rien ne reste à ajouter à ce qui, dix fois déjà, s'est trouvé jugé, écrit ou professé.

Et malgré leur ridicule, ces propositions ne sont pas sans écho au palais, où les caressent complaisamment la pratique étroite et l'aveugle routine.

Pratique étroite, routine aveugle. Il ne faut point prêter à ces paroles un sens qu'elles ne sauraient comporter. Dans la préface de son admirable ouvrage, M. Demolombe rappelle que, mutuellement indispensables l'une à l'autre, la théorie et la pratique se doivent donner la main. Nous sommes de cet avis, c'est une loi d'équilibre. Quand, ouvrant des horizons nouveaux, la théorie fait progresser la science, la pratique détermine les limites qui l'empêchent de s'égarer ; si les praticiens purs ne sont que des obscurantistes, les théoriciens exclusifs ressemblent fort aux idéologues; nous entendons en conséquence n'attaquer que la routine aveugle qui nie ce qu'elle ne voit pas, que la pratique étroite qui, pour ne pas s'occuper de ce qu'elle ne veut ou ne peut point apprendre, serait bien aise de poser l'éteignoir sur les nouveautés, et surtout sur ceux qui les produisent.

II.

Ces réserves faites revenons à nos propositions.

Quoiqu'il n'y ait, et ne puisse y avoir qu'un droit, par la raison infiniment simple, que toute vérité se trouve une et indivisible, le droit se divise cependant en deux branches correspondantes à la forme qu'il affecte, le *droit naturel*, le *droit positif*.

Le droit naturel est le sentiment du droit et du devoir, du juste et de l'injuste que Dieu a mis dans la conscience individuelle de chacun, dans la conscience générale de toute société. *Jus naturale est quod natura omnia animalia docuit. (Inst. Lib. 1. § 2).*

Découlant de la force des choses, inhérent à notre nature, constitutif de notre organisme intellectuel, ce droit primordial, éternel, immuable, a été de tous temps, de tous lieux, il sera toujours. Il est, en effet, facile de concevoir que tout ce qui tendrait à bouleverser ces notions instinctives et impérieuses, tendant par cela à nous désorganiser nous-mêmes, serait sinon impossible, du moins immédiatement conspué.

La conséquence immédiate du droit est la justice, qui se trouve elle-même la rigide attribution a chacun de ce qui lui est dû, moralement ou matériellement. *Justitia est constans et perpetua voluntas jus suum cuique tribuendi.* (Inst. Lib. 1.)

Mais si, d'une part, la conscience privée et la conscience publique suffisent à elles seules pour résoudre les questions élémentaires que soulève l'application du droit, ces consciences deviennent manifestement impuissantes à fournir la solution des points délicats que font naître les combinaisons des intérêts privés se heurtant entre eux, les complications des intérêts individuels luttant contre l'intérêt général. Ce sont de ces problèmes réservés que peuvent seuls éclaircir les labeurs savants, les méditations profondes, auxquels les hommes spéciaux et les intelligences d'élite sont exclusivement appelés à se livrer.

D'autre part manquant le plus souvent de sanction, puisque la force est loin d'être toujours au service du droit, le droit naturel devait se trouver en maintes circonstances impunément méconnu.

Force était donc, et pour pratiquer le droit naturel, et pour le sanctionner, de colliger les préceptes donnés par la science, épurés par l'expérience, d'y ajouter une coërcition, et de réglementer les cas dans lesquels l'intérêt de chacun devrait plier devant l'intérêt de tous, dans un but d'utilité générale et de tranquillité publique.

C'est ce qu'a fait le droit positif, droit qui n'est ni variable ni arbitraire, ni immoral ni injuste, puisqu'il ne constitue que la codification des règles du droit naturel. *Jus est ars boni et æqui, cujus merito quis nos sacerdotes appellet: justitiam nam que colimus, et boni et æqui notitiam profitemur, æquum ab iniquo separantes; licitum ab illicito discernentes veram (nisi fallor) philosophiam non simulatam affectantes (Ulpianus Dig. L. I. de justitiâ et jure).*

Et la preuve que ce droit n'est ni variable ni immoral, jaillit évidente d'abord de ce qu'il s'est établi du consentement de tous, et ensuite de ce que, sans distinction de religion et de mœurs, ce droit est aujourd'hui encore sur les questions larges et vitales ce qu'il a toujours été, à Rome, en Grèce, et sous les lois Mosaïques.

Unité et continuité qui assurément sont le symbole de la plus éclatante vérité.

Ce que nous disons ne concerne bien entendu que le *fond* du droit, car, diverse comme les temps, changeante comme les besoins, la *forme* varie et doit varier, sans que le *droit* en soit le moins du monde altéré.

Le droit positif donc et la loi qui en émane, étant l'ordre et la justice, tout article clair et catégorique par cela seul qu'il existera, devra *presque toujours* consacrer l'équité.

Le droit positif étant la vérité et la justice, *constamment* il faudra pour interpréter un texte obscur se demander si la solution sera morale et équitable, tout autre résultat ne pouvant être que la conséquence du sophisme et de l'illégalité. *Non enim dubium est in legem committere eum qui verba legis amplexus contra legis nititur voluntatem (Cod. Lex. V. de legibus).*

Que l'on cesse donc de rêver entre le droit naturel et le droit positif, une distinction fantastique que font immédiatement évanouir les plus simples observations et le plus léger examen.

Pure traduction du droit naturel tel qu'à la raison humaine créée à son image, *Ad imaginem et similitudinem* (Genèse, V. 26), l'a soufflé l'intelligence divine, le droit positif est le plus admirable monument de la sagesse des hommes, car il a la justice pour principe et pour but, l'ordre pour base et pour sommet.

Est-ce à dire que le droit positif soit la perfection même. Non, dicté par une raison faillible, le droit positif doit être faillible comme elle, mais on le sait rien n'est sans tache ici-bas, l'homme le plus sage péche sept fois par jour, *septies enim cadet justus* (Prov. Cap. 24. V. 16), et pourtant cet homme est appelé le juste; le soleil a ses éclipses, ce qui ne l'empêche pas de nous inonder de lumière; si le droit était parfait, le droit ne serait plus le droit des hommes il serait le droit de Dieu.

III.

Maintenant que nous savons ce que c'est que le droit, ce que c'est que la loi, demandons-nous où il faut les étudier.

Est-ce uniquement dans les codes en vigueur? L'avancer c'est prétendre que la stratégie se peut connaître en la prenant à l'invention de la poudre, sans qu'il y ait à s'occuper d'Alexandre, d'Annibal, de César, ces vrais modèles des grands capitaines modernes. C'est soutenir que l'art nautique se doit à la découverte de la vapeur, mises à l'écart l'ancre et la boussole sans lesquelles nul ne peut naviguer. C'est affirmer que l'on possède une science dès qu'on en tient les formules. C'est vouloir apprendre les mathématiques en commençant par la trigonométrie.

En toutes choses le passé touche au présent, comme le présent touche à l'avenir, c'est pourquoi les situations qui jamais ne sont neuves ont constamment à emprunter à la tradition des temps écoulés, immense enseignement sans lequel il ne saurait y avoir aucune expérience, et partant aucun progrès. Cela est vrai même pour les sciences qui sembleraient les plus nouvelles. Qui oserait, maintenant qu'aux pages de granit des mystérieux hiéroglyphes, on relit ouvertement l'histoire trois mille ans incomprise des premiers Pharaons et du vieux Sésostris, à cette heure où l'on a retrouvé la trace de réalités longtemps traitées de fables, qui oserait, disons-nous, garantir que la chimie actuelle possède le dernier des secrets de Flamel et des sombres Hermétiques; que le baquet de Mesmer révèle autant d'arcanes que le trépied des antiques Pythonisses? N'a-t-on pas vu récemment la géologie sceptique, s'avouer vaincue par l'érudition de la Genèse hébraïque?

Mais nous n'avons pas à entrer dans ces transcendantes spéculations, qu'obscurcissent encore plus ou moins de ténèbres, notre sujet se trouvant plus sûr et plus réel.

Le code Napoléon est sans doute un magnifique corps de lois qui, avant cent ans, sera au-delà même de l'Europe le droit des peuples civilisés, mais ce code ne saurait pourtant lui seul suffire à sa propre intelligence, parce qu'il n'est qu'une compilation de législations antérieures, qu'un ensemble de règles découlant elles-mêmes de principes primitifs.

Le code n'est effectivement que la fusion du droit romain et du droit coutumier. Du droit romain, splendide raison écrite qui planera à toujours sur les législations qu'elle a enfantées. Du droit coutumier, qui n'était en dernière analyse (1), que l'appropriation du droit romain à des nations plus barbares, à des mœurs plus naïves. « Nous avons (disaient les auteurs du projet de la commission) fait, s'il est permis de s'exprimer ainsi, une transaction entre le droit écrit et les coutumes, toutes les fois qu'il nous a été possible de concilier leurs dispositions ou de les modifier les unes par les autres sans rompre l'esprit du système, et sans choquer l'esprit général ». (Fenet, T. 1er, page 481).

Conséquemment pour que cette fusion ne devienne

_____

(1) A part quelques rares exceptions.

pas une confusion, pour que l'on puisse à coup sûr saisir le véritable esprit des textes et en comprendre la philosophie, il faut scruter leur histoire, suivre leur filiation, constater leur transformation, ne voulût-on faire qu'un simple commentaire.

Mais un commentaire serait insuffisant à éclairer le code; ainsi que toutes les sciences, la science juridique a besoin d'être *dogmatiquement traitée.* Sous peine de devenir inintelligibles, les articles doivent s'encadrer dans les principes: or, en dehors des progrès incontestables que par son ineffable doctrine le Christ a apporté dans la législation, la généralité des grands principes du droit naturel et du droit positif, a été si admirablement formulée par les jurisconsultes romains en leur énergique langue latine, que c'est toujours au droit de Rome que ces principes doivent être demandés.

Que la connaissance des lois romaines, (et un peu du droit coutumier), soit indispensable à la compréhension du code, c'est ce dont ne doutent aucun des juristes vraiment dignes de ce nom.

Nos vieux maîtres dont la hauteur et l'érudition nous confondent, ne devaient leur force qu'à la connaissance intime du droit romain, et nos meilleurs maîtres modernes, sont sans contredit ceux chez lesquels ce droit s'est plus profondément empreint. Sans le droit romain l'école française n'aurait été dotée ni de Cujas, ni de Furgole, ni de Dumoulin, ni de Domat, ni de Pothier, ni de cette lumineuse pleïade de jurisconsultes qui ont constitué le siècle de la jurisprudence. Sans le droit romain il ne nous serait point donné de nous enorgueillir de Merlin, de **M. Troplong**, de **M. Dupin**, et de plusieurs autres que l'on pourrait citer.

Au reste, que le droit romain soit à la fois l'introduction et le complément nécessaire de notre droit civil, c'est encore ce que les rédacteurs de notre code ont proclamé bien haut, c'est encore ce qu'ils ont gravé à son frontispice. Longtemps avant que Merlin n'eût écrit qu'il fallait étudier sans relâche les lois romaines, se familiariser avec elles, à peine « de n'être jamais que des praticiens exposés à prendre les erreurs les plus graves pour les vérités les plus constantes, » Portalis, Tronchet, Bigot-Préameneu, Malleville, avaient dit en leur discours préliminaire sur le projet de la commission : « Le droit écrit qui se compose des lois romaines a civilisé l'Europe. » La découverte que nos aïeux firent de la compilation de Justinien, fut pour eux une sorte de révélation. C'est à cette époque que les tribunaux prirent une forme plus régulière, et que le terrible pouvoir de juger fut soumis à des principes.

La plupart des auteurs qui censurent le droit romain avec autant d'amertume que de légèreté blasphèment ce qu'ils ignorent. On en sera bientôt convaincu si dans les collections que nous ont transmis ce droit, on sait distinguer les lois qui ont mérité d'être appelées la *raison écrite* d'avec celles qui ne tenaient qu'à des institutions particulières, étrangères à notre situation et à nos usages. (Fenet, T. 1ᵉʳ, page 480).

Et pour son compte personnel, Portalis ajoutait : « Ce ne sera pas connaître nos codes que de les étudier seulement en eux-mêmes ; il faut pour comprendre le droit français remonter au droit romain. Le législateur français a rassemblé un certain nombre de principes, leur a donné la force de loi, mais c'est dans le droit romain que se trouve le développement de ces principes, et que la loi est reconnue l'œuvre et le produit de la raison. »

Nonobstant l'évidence, nonobstant ces autorités, certains savants (qui ont cependant la prétention de n'être ni des routiniers ni même des praticiens) *jasant* du droit romain avec autant de discernement qu'un aveugle en pourrait *loger* dans une dissertation sur les couleurs, certains doctes, disons-nous, rejettent bien loin l'opinion commune et la parole de Portalis. A la moindre citation latine on les voit hausser les épaules d'un air à la fois capable et dédaigneux, on les entend dire que ces vieilleries sont tout au plus bonnes à rabâcher pour les bancs de l'école, et les quasi-bacheliers.

Incomparables savantissimes devant qui, cherchant un jurisconsulte, Diogène n'éteindra jamais sa lanterne, nous renvoyons pour toute réponse à vos délirantes élucubrations. Elles démontreront qu'à vous seuls nous sommes redevables des *drôleries* juridiques, des *inepties* judiciaires, qui seraient peu fâcheuses en définitive si à côté du ridicule brevet qu'elle vous donnent, elles n'avaient l'inconvénient grave de souvent compromettre l'intérêt des justiciables.

IV.

Prétendre que tout a été dit sur le code Napoléon, est complètement déraisonner. Jamais les sciences n'ont livré leur dernier mot; jurer quant même, *per verba magistri* est impuissance; nier ce que l'on ne sait pas est imprudence; nier ce que l'on ne peut pénétrer est stupidité.

Pour ceux qui dans le droit voient un métier, et non un sacerdoce, il serait sans doute commode de passer maître à l'aide d'un répertoire ou d'un code annoté (1), mais heureusement il est clair qu'un labeur de deux mille ans ne saurait aboutir à ce résultat ravalant d'un dispute à coups d'autorités, faisant de l'avocat une *machine à dénombrer*, du juge une *machine à enregistrer*, sur la foi de telle ou telle rapsodie, ou sous un patronage plus ou moins équivoque, se sont empilées les connaissances apocryphes de compilateurs prudemment anonymes.

Ce n'est pas à fossiliser le droit dans une table alphabétique qu'ont consacré leurs veilles les jurisconsultes de tous les âges, depuis Papirius jusqu'à Cicéron, depuis Paul jusqu'à Théophile, depuis Beaumanoir jusqu'à Lauriere, depuis Montesquieu jusqu'à Merlin. Des parlementaires qui en doutent on ne dira jamais qu'ils sont la loi qui parle, *lex loquens* (Cicéron). Aux membres du barreau qui le contestent, on ne fera jamais l'application de la maxime : *in advocatorum tutelâ, non*

(1) Nous n'entendons nullement prétendre que les répertoires et les codes annotés *consciencieusement travaillés*, soient de mauvais livres. Loin de là, en pratique nous les considérons comme indispensables, et au point de vue de la facilitation des recherches, nous estimons qu'ils rendent même à la science d'incontestables services. Aussi ces livres ont-ils leur place marquée dans toutes les bibliothèques juridiques. Comme modèles du genre, nous citerons pour la méthode et la clarté, les tables de M. De Villeneuve, les codes de M. Gilbert, le répertoire du Journal du Palais. Quant à l'ouvrage de MM. Dalloz, nous n'en parlons pas, il a atteint les proportions d'une encyclopédie.

privatorum duntaxat, sed et reipublicæ salus continetur.

Beaucoup de choses ont été dites, cela est vrai, mais il reste à dire infiniment de nouveautés, et parmi les thèses aujourd'hui acceptées sans contrôle, il y a bien des erreurs à reprendre. Sans doute on doit être sobre de controverses, sans doute il ne convient pas de s'insurger factieusement contre les idées généralement admises, mais de même que les mauvaises lois se rapportent, de même il faut que, doctrinales ou jurisprudentielles, les erreurs finissent par crouler, *semper veritati locus relinquindus.*

« La science du droit, comme presque toutes les autres, écrivait Merlin, consiste autant dans la réfutation des faux principes que dans la connaissance des véritables. » Loin de constituer le droit, l'erreur générale est d'autant plus dangereuse, qu'elle se trouve plus communément répandue. Les regards rétrospectifs que l'on jette sur un passé croupissant dans une tranquillité dangereuse, ne doivent pas faire craindre d'agiter un peu le présent pour assurer l'avenir. Si Galilée avait respecté l'erreur de son temps, nous ignorerions les grandes lois du globe, si l'on avait eu peur d'ébranler les idées reçues, à l'esclavage n'eut pas succédé le servage, qu'ont à leur tour renversé nos belles libertés.

XX

Tout marche en ce monde, ainsi le veut la nature; la science juridique, qui est la première des sciences, l'Alpha et l'Oméga des connaissances humaines, *divinarum atque humanarum rerum notitia*. (Inst. Lib. 1., § 1), ne saurait rester arriérée ni même stationnaire.

V.

C'est dans ces dispositions d'esprit sur la loi, sur ses origines, sur ses applications, qu'il nous a paru distinguer certaines faussetés, entrevoir certains aperçus nouveaux que nous avons voulu signaler, au risque d'oser, comme Ricard, écrire en face de la critique (Donations, T. 2 pag. 225) : « La résolution que j'ai délibéré de donner est contraire à l'opinion commune des interprètes, j'estime néanmoins qu'elle sera trouvée la mieux fondée. »

N'étant pas Ricard, nos opinions évidemment ne seront pas toutes trouvées les mieux fondées, mais si quelques-unes seulement sont bonnes, on devra nous en savoir gré, car nous aurons produit un peu de bien et, suivant le Maître, le denier de la veuve est aussi appréciable que le sicle du riche. Si, au contraire, impuissant à redresser l'erreur nous n'avons fait que la signaler et préparer la voie aux forts, on nous en saura gré encore, car *l'erreur est l'ennemi du droit* que tout jurisconsulte doit constamment défendre, et partout où il y a des hommes, à la sentinelle qui lâchement se cache ou invigilamment s'endort, plus soucieuse de son repos que du salut commun, on préférera l'enfant perdu qui, se dévouant soi-même aura du moins eu le courage de sonner l'alarme et de crier en tombant : « A MOI AUVERGNE ! CE SONT LES ENNEMIS ! »

DISSERTATION

SUR L'EFFET DE LA SÉPARATION DE CORPS EN CE QUI CONCERNE

LES AVANTAGES ENTRE ÉPOUX.

I. [1]

Interprètes des lois lorsqu'elles ne sont pas suffisamment explicites, la doctrine et la jurisprudence, pour être intelligentes, doivent avant tout s'attacher à rechercher l'esprit des textes, afin de les entendre d'une manière rationnelle, morale, et arriver ainsi au véritable but du législateur; et se garder de la judaïque application d'une lettre stérile, méthode fausse et étroite, qui n'aboutirait qu'à de fâcheuses conséquences.

Pure manifestation d'une pensée législative, le texte suppose nécessairement une intention préexistante, si donc cette intention ne se révèle pas suffisamment dans

(1) Un extrait de cette dissertation faite il y a bien des années (à une époque ou la question flottait complétement indécise et beaucoup moins élucidée qu'elle ne l'est aujourd'hui), a été inséré en 1849 dans le recueil du savant arrêtiste M. De Villeneuve, qui le premier, ce dont nous sommes heureux de le remercier ici, a bien voulu donner de la publicité à nos essais juridiques. Nous aurions témoigné la même gratitude à M. Marcadé qui depuis nous a ouvert les colonnes de la *Revue de Jurisprudence*, si ce regrettable et courageux critique n'eut été, malheureusement pour la science, enlevé avant l'impression de ce livre.

le texte, il faut trouver l'esprit pour y adapter la lettre, et ne jamais faire entrer bon gré malgré, dans le cadre d'une lettre obscure, un esprit méconnu.

Sous peine de s'égarer, sans doute, c'est dans les textes que devra se puiser l'intention. Seulement qu'on y prenne garde, non pas dans un texte isolé, mais dans les textes, dans l'économie entière des lois en vigueur, voire même dans les législations anciennes, qui pour être abrogées, n'en sont pas moins très-souvent le flambeau qui doit illuminer les obscurités des dispositions nouvelles.

C'est pour n'avoir pas assez tenu compte de ces vérités premières, qu'une certaine école a résolu la question de révocation, d'une manière qui, à notre sens, est subversive de toute justice comme de toute équité.

Faisant à peu près abstraction de l'ancien droit, le point de départ de cette école a été surtout le code Napoléon : de là cette fausse conséquence que les avantages anté-nuptiaux et post-nuptiaux révoqués par le divorce, ne l'étaient qu'à *titre de peine, par suite de la dissolution du lien conjugal.*

Cette erreur commise, se plaçant en face de l'article 299, cette école a posé en principe qu'il suffisait de se demander, si la disposition de l'article relatif aux divorces, pouvait être étendue à la séparation de corps, sous prétexte de similitude ou d'analogie ?

Le système évidemment péchait par la base, en dehors et de la pénalité, et de la dissolution du lien conjugal, il y avait, pour la révocation, des raisons également applicables au divorce et à la séparation de corps; aussi, interprétant à sa manière le silence du législateur au titre de la séparation de corps, l'école que nous signalons a vu dans ce silence un effet négatif, et s'est empressée de le constater en fermant les yeux sur les causes qu'elle n'a pas voulu apercevoir.

Se fortifiant ensuite de quelques différences entre le divorce et la séparation de corps, cette école s'est enfin retranchée derrière certaines idées religieuses, assurément défavorables aux conséquences qu'elle en a tirées.

Pour nous qui voulons faire au droit ancien la part qui lui est due, pour nous qui ne voyons pas dans la révocation, une question de procédure purement arbitraire, pour nous qui ne saurions y voir davantage une question purement pénale, nous n'irons pas demander à l'article 299 quelle extension il veut bien permettre. Loin d'être circonscrite dans un cercle aussi restreint, la révocation, l'une des questions les plus vitales des lois positives, doit être prise de plus haut, au point de vue du droit, de son origine et de sa philosophie.

Nous partirons donc de la cause pour constater à bon escient l'effet, et procéderons plus sûrement qu'en prenant le néant pour un effet impossible à déduire de sa cause.

Cela fait, nous aurons démontré que l'esprit de la loi veut la révocation des avantages entre époux en matière de divorce, comme en matière de séparation de corps, que de plus le texte est conforme à l'esprit.

II.

Sous l'ancienne législation française plus sévère que Justinien, et imitée des lois canoniques, basées elles-mêmes sur ces paroles de l'évangile, *quod Deus conjunxit, homo non separet*, alors que *relâché* seulement par la séparation de corps, *quoad thorum et habitationem*, le lien conjugal ne paraissait pas *quoad fœdus et vinculum* susceptible de la *dissolution* créée par le divorce, de réintroduction toute moderne en France, il était *universellement admis*, par extension de ce qui avait été primitivement établi au cas d'adultère, que la séparation de corps entraînait la révocation des avantages stipulés au profit du conjoint contre lequel cette séparation se trouvait prononcée. — Et c'était là, sinon une conséquence légale, du moins une pratique invariable ainsi que l'attestent la doctrine et la jurisprudence (Despeisses, Du mariage, titre XV, sect. V. — Duplessis, Des donations entre vifs, t. 1, p. 560. — Denisart, V° Séparation de corps. — Poullain du Parc, Principes de droit français, t. 7, page 12. — Arrêt Le Camus, 1er mars 1697. — Arrêt l'Hopital, 12 décembre 1755,) encore bien que les avantages fussent mutuels et réciproques.—(Arrêts de Paris des 26 février 1728 — 3 juillet 1782 — 6 février 1733.)

En 1792, lors que moins préoccupé du droit canon et de ses rigueurs, le législateur conformément du reste aux doctrines de certains cathéchistes fort orthodoxes, vint distinguer entre les éléments composant le mariage, à savoir, le *consentement des parties*, essentiellement constitutif de l'union conjugale, *l'acte civil*, qui authentique le consentement et en garantit l'entière liberté, le *rite sacré* qui sanctifie l'union, sans la former toutefois; intervint la loi du 20 septembre, laquelle, non contente d'autoriser le divorce, le substitua complètement à la séparation de corps, tant pour ce qui en concernait les causes, que pour ce qui en concernait les effets. Ce qui fit naturellement conserver dans le divorce la révocation qu'entraînait la séparation, avec ces seules différences, que l'ancienne pratique universelle se trouvait érigée en disposition légale par la section troisième, article 6 ainsi conçu : « à l'égard des droits matrimoniaux emportant gain de survie, tels que le douaire, augment de dot ou agencement, droit de viduité, droit de part dans les biens meubles ou immeubles du prédécédé, ils seront dans tous les cas de divorce, éteints et sans effet, il en sera de même des dons et avantages pour cause de mariage, que les époux ont pu se faire réciproquement, ou l'un à l'autre, ... Les dons mutuels faits depuis le mariage et avant le divorce resteront aussi comme non avenus et sans effet, » . . . . . et qu'au lieu d'exister simplement au profit de l'époux demandeur, la révocation fut établie par le divorce au vis-à-vis des deux époux; le conjoint demandeur devant trouver une compensation à la perte de ses avantages, dans la pension viagère qu'était obligé à faire le conjoint défendeur, en tous les cas ou le divorce se trouvait prononcé pour les causes qui déterminaient antérieurement la séparation de corps.

En 1801, lors des discussions du code Napoléon, quand se retrouvèrent en présence, d'une part, les partisans des idées de saint Augustin et de la cour de Rome sur la confusion entre le contrat et le sacrement, et sur la dissolution du mariage; d'autre part, les sectateurs des doctrines de saint Epiphane et de saint Ambroise, de l'église Grecque, et de plusieurs religions, sur la distinction de l'élément civil et de l'élément religieux, et sur la solubilité du lien conjugal, on adopta un moyen terme entre l'ancienne législation et la loi de 1792. Le divorce fut maintenu, mais la séparation fut *conservée* comme étant le *divorce des catholiques*, le seul que leur conscience leur permit de pratiquer. Dans son exposé des motifs au corps législatif, Treilhart dit : « Il faut donc admettre le divorce — mais le pacte social garantit à tous les français la liberté de leur croyance; des consciences délicates peuvent regarder comme un principe impérieux l'indissolubilité du mariage. Si le divorce était le seul remède offert aux époux malheureux, ne placerait-on point les citoyens dans la cruelle alternative de fausser leur croyance, ou de succomber sous un joug qu'ils ne pourraient plus supporter? Ne les mettrait-on pas dans la dure nécessité d'opter entre une lâcheté et le malheur de toute leur vie? — Nous aurions bien mal rempli notre tâche si nous n'avions pas prévu cet inconvénient : en permettant le divorce, la loi laissera l'usage de la séparation ; l'époux qui aura le droit de se plaindre pourra former à son choix l'une ou l'autre demande, ainsi nulle gêne dans l'opinion, et toute liberté à cet égard est maintenue. »

Dans la communication officielle au Tribunat, Savoie Rollin ajouta : « C'est en empruntant les maximes et les procédés des tyrans que d'insensés promoteurs d'une liberté indéfinie rêvaient le despotisme partout où ils ne rencontraient pas la licence, et proscrivaient la liberté des cultes comme un outrage envers la liberté même. Mais, ne poursuivre un culte que dans ses signes extérieurs était un triomphe imparfait et trop facile ; il avait pu se cacher dans les replis des consciences : les mains de la terreur se chargeaient de les ouvrir et de l'immoler dans son dernier asile. Ainsi, tandis que les lois de police attaquaient les croyances religieuses dans les temples, sur les places, au sein des foyers domestiques, d'autres lois les bannissaient avec la même violence de tous les actes importants de la vie civile. La loi du divorce promulguée en 1792 avait, pour ainsi dire, commencé l'exécution de ce système persécuteur : On la voit, d'un côté, ouvrir de si larges issues à la rupture des mariages, qu'elle en a fait la proie de toutes les passions licencieuses du cœur humain ; et de l'autre, affectant une sévérité inouïe, supprimer, d'un trait, l'usage des séparations de corps. Quel motif pouvait la pousser à une contradiction si choquante que celle d'enlever au culte catholique le seul remède qu'il avoue, et de mettre le divorce aux prises avec toutes les consciences, en les opprimant sous le poids de la nécessité.

Le rétablissement solennel du culte catholique, ne peut donc s'allier avec une loi qui avait médité sa ruine, il faut donc l'abolir ou la modifier. Mais ce qui est essentiel à la liberté du culte, l'est nécessairement à la liberté de tous. La plupart des doctrines religieuses répandues en France autorisent le divorce; sous quel prétexte le leur interdiriez-vous? La violence qui forçait un dogme à recevoir le divorce qu'il proscrivait, serait la même violence pour le dogme obligé de proscrire ce qu'il approuve. La justice des lois est dans leur impartialité. Ces considérations ont déterminé le gouvernement à préférer la modification du divorce à sa suppression absolue: Il vous a dit, *que s'il était inconséquent de l'introduire dans l'état, qui n'a qu'un seul culte établissant l'indissolubilité du mariage,* il ne le serait pas moins de le refuser à un peuple divisé par des religions diverses, *et dont le pacte social garantit à chaque individu la liberté de la croyance...* Forcé de décider entre de si grands intérêts, il a cru les concilier en *rendant* à la religion catholique la séparation de corps, que ses principes admettent, et le divorce aux religions qui ne le prohibent pas. » — Enfin, dans son second discours, Treilhart répéta: « La séparation de corps est proposée pour ceux dont la croyance religieuse repousserait le divorce: Il ne fallait pas les exposer sans ressource au malheur d'un joug trop insupportable et les laisser entre le désespoir et la mort. »

L'ancienne pratique du vieux droit, touchant les révocations, se trouva consacrée par les articles 299 et 300, qui rejetèrent la modification et l'équipollence introduites par la loi de 1792. Ces articles furent, il est vrai, inscrits au titre du divorce et non réinscrits au chapitre de la séparation de corps, mais la chose est complétement indifférente.

Le chapitre de la séparation de corps est placé au titre du divorce, dont ce chapitre est une partie intégrante. Or, tout ce qu'il y avait à formuler sur les *causes* et les *effets* du divorce ayant été minutieusement décrit dans les cinq premiers chapitres, il devenait évidemment inutile de le répéter au chapitre sixième, relatif à la séparation de corps, laquelle, aux termes de l'article 306, *pouvant être intentée, exactement pour les mêmes causes* que le divorce, *devait produire exactement les mêmes effets* en tout ce qui, bien entendu, n'était pas exclusivement propre à la dissolution du lien conjugal.

Cela ne saurait, en bonne logique, faire le plus léger doute; s'il y en avait, au surplus, il serait bientôt levé par les discussions préparatoires et l'intention manifeste du législateur.

En toutes les discussions préparatoires il fut clairement entendu que, semblables dans leur cause, *le divorce des non-catholiques*, et la séparation de corps, *divorce des catholiques*, seraient semblables dans leur effet. — Nous lisons dans Fenet, tome XI, page 328 : « M. Portalis dit que la troisième question qu'il avait proposée, dans la séance du 14 de ce mois, est celle de savoir si la séparation de corps sera admise comme action *parallèle* à celle du divorce ; » — plus loin, page 307 : « Les tribunaux demandent que la séparation de corps soit *rétablie* et marche *parallèlement* avec le divorce, *afin de mettre à l'abri les consciences des personnes qui regardent le mariage comme indissoluble.* » Plus loin, page 331 : « Le premier consul dit que le divorce et la séparation de corps sont des *parallèles*, etc.., etc... ». Le 16 octobre 1801, lors de la séance du conseil d'état, Treilhart déclara que les effets de la séparation de corps étaient *peu différents* de ceux du divorce. Et Rœdérer proclama que ces effets étaient *les mêmes,* sauf la dissolution du mariage.

Quant à l'esprit de la loi il ne permet pas la moindre équivoque. C'était pour la tranquillité des consciences, c'était pour l'égalité des positions, c'était pour établir une parité de remède dans une parité de maux, que l'on permettait *simultanément* la *double voie* et du divorce et de la séparation. Eh bien ! que fussent devenues là la liberté des consciences, l'égalité devant la loi, la parité des positions, si pour l'immense majorité des citoyens Français, pour ceux dont la conscience est la plus délicate et la plus scrupuleuse, les catholiques, la séparation n'eût pas entraînée l'un de ses effets les plus justes, les plus efficaces : la révocation. *Les mêmes causes doivent produire les mêmes effets; qui veut la fin, veut les moyens.* Donc, la loi qui accordait aux religions dissidentes les divorces, avec leurs conséquences, devait également accorder à la religion catholique la séparation et ses conséquences.

Prétendre le contraire est taxer, *gratuitement*, le législateur d'inconséquence, d'ineptie, d'immoralité; *gra tuitement,* disons-nous, car toutes les discussions, encore une fois, repoussent énergiquement un pareil supposé. — Il y a plus, la révocation qu'entraînaient anciennement les séparations de corps devait *a fortiori* se trouver l'apanage de la séparation restaurée par le code. Anciennement, en effet, les séparations de corps n'étaient très-généralement prononcées que *temporairement*; à partir de la loi actuelle, au contraire, leur prononciation a eu lieu *à perpétuité*, sauf, bien entendu, l'éventualité des réconciliations, que nul ne pouvait songer à paralyser.

La séparation et le divorce, on le voit, étaient en 1801 deux cercles concentriques, ayant pour centre unique, l'impossibilité de la vie commune, seulement, le rayon de l'un de ces cercles n'aboutissait qu'au relachement des liens conjugaux, avec ses conséquences naturelles, tandis que le rayon de l'autre cercle allait jusqu'à leur destruction, avec les effets propres à cette dernière.

Quand les religions dissidentes cessèrent d'être traitées à l'égal de la religion catholique, décrétée religion de l'état (Charte de 1814), apparût le 8 mars 1816 la loi qui abolit le divorce pour y substituer la séparation de corps. Cette loi porte : Article 2 — « Toutes demandes et instances en divorce pour causes déterminées sont *converties* en instances et demandes en séparation de corps. Les jugements et arrêts restés sans exécution par le défaut de la prononciation du divorce par l'officier de l'état-civil, conformément aux articles 227, 261, 265, 266, du code civil, sont restreints aux effets de la séparation.

A partir de ce jour évidemment, où elle régna sans partage comme antérieurement à 1792, la séparation de corps dut plus encore que par le passé, si c'est possible, entraîner comme avant 1792, la révocation des libéralités entre époux, elle dut d'autant mieux le faire, qu'elle se trouva la *substitution* et la *conversion* du divorce anéanti.

L'article, à la vérité, porte bien *in fine, sont restreints aux effets de la séparation*, mais évidemment mis en regard des effets du divorce, cette dernière partie pour se trouver sainement entendue, doit n'être qu'exclusive des effets propres du divorce abrogé, des effets seuls qui le différenciaient de la séparation de corps, comme, par exemple, la dissolution du mariage, l'impossibilité de se réunir, le droit de succéder à son conjoint, etc...., etc....

De ce qui précède, il résulte que la révocation des avantages matrimoniaux n'a pas été imaginée en vue de la dissolution du mariage; — Qu'au titre du divorce, la révocation n'a point été conservée en vue de cette même dissolution, à tel point qu'au cas de divorce, sous le code Napoléon, la révocation n'était prononcée que contre le défendeur, qu'elle n'existait pas lors du divorce par consentement mutuel, quand cependant, dans cette dernière hypothèse comme en toutes autres, il y avait solution du lien conjugal; Que créée pour la séparation ancienne, après avoir traversé le divorce de 1792 et le divorce de 1803, la révocation doit se retrouver dans la séparation actuelle.

Que par contre il est erronné de prétendre que cette révocation a été édictée pour le divorce, précisément en vue et à titre de peine de la dissolution du lien conjugal.

Qu'il est faux de soutenir que cette révocation ne saurait avoir lieu au cas de la séparation qui ne fait que relâcher les nœuds matrimoniaux.

Qu'il est puéril d'affirmer que si le législateur avait voulu étendre aux époux séparés la déchéance dont il frappe les époux divorcés, il n'eût pas manqué de s'expliquer sur ce point?

Déjà si complète au point de vue de l'esprit de la loi, notre démonstration va se compléter encore par la preuve de ce fait, qu'anciennement la base des révocations aux cas des séparations, se trouvait, non pas dans une mesure spéciale à ces mêmes séparations, mais dans les règles ordinaires en matière de libéralités et d'obligations.

Sur quoi donc reposait anciennement la révocation? Sur une double idée aussi morale que rationnelle. — Sur cette idée d'abord, que par suite de l'inexécution des obligations matrimoniales, *fidélité*, *secours*, *assistance*, déjà respectivement emprises lors du contrat de mariage, et en vue desquelles seules les avantages avaient été stipulés, ces mêmes avantages devaient être résolus. — Sur cette autre idée ensuite, que constatée, flétrie par la séparation de corps, l'ingratitude de l'un des conjoints, l'avait rendu indigne de profiter des libéralités à lui faites par celui-là même que ce conjoint avait outragé. Or, les principes moraux et juridiques étant toujours les mêmes, la révocation doit forcément subsister aujourd'hui, et à *titre de peine de l'ingratitude commise*, et comme *condition résolutoire d'engagements inexécutés*.

Peu importe maintenant que la séparation se soit trouvée anciennement prononcée par un jury ecclésiastique, et qu'actuellement elle le soit par l'autorité séculière. En premier lieu, s'il en a été ainsi autrefois, cela n'a pu se faire qu'accidentellement et par abus de pouvoir, car les vrais juges en ces matières ont toujours été les tribunaux et non les officialités (Rousseau de Lacombe, V° Séparation de corps. — Renusson, n°s 53 et suivants. — Denisart, V° Séparation d'habitation. — Arrêts du parlement de Bretagne des 31 Janvier 1736 et 28 Janvier 1737). En second lieu, très-heureusement, l'autorité séculière ne tolère plus soit l'immixtion, soit l'empiétement de l'autorité religieuse dans les questions qui ne sont pas de son ressort. Et, incontestablement mesure de sureté et d'ordre public, les séparations de corps sont exclusivement du domaine de l'autorité séculière qui, en prononçant ces séparations, laisse intacte la question de conscience et le lien de l'église. — Plus incontestablement encore, l'autorité séculière, qui seule a créé, qui seule a sanctionné les conventions civiles et les obligations qui en découlent, peut à son gré les dissoudre, parce que là est une question de pur *droit positif*; il est donc facile de comprendre, comment le *for intérieur respecté*, comment la perpétuité de l'union conjugale acceptée en principe , l'autorité séculière peut et doit séparer deux époux dont la vie commune est un enfer pour eux, un exemple déplorable pour leurs enfants; et annuler comme conséquence de cette désunion, un pacte de famille ne réglementant que des intérêts matériels.

Peu importe que nonobstant la séparation, et à défaut de parenté au degré successible, le conjoint séparé et privé de ses avantages, puisse atteindre la totalité des biens de son conjoint prédécédé; cette hypothèse infiniment rare, ne saurait influer en rien sur le cas malheureusement si fréquent de la séparation de corps; il n'y a du reste aucune analogie entre les deux positions. Autre chose est la vie et son présent, autre chose est la mort et le néant qui en résulte pour les affaires de ce monde. De ce qu'en n'exhérédant pas son conjoint, un individu ne se sera point préoccupé du sort des biens quittés au moment suprême, ira-t-on en conclure que cet individu ne pourra jouir de ces mêmes biens, alors que plein de vie, il n'aura même pas la pensée de mourir? De ce qu'en n'exhérédant point son conjoint, un individu sans parents, sans amis peut-être, sans rien qui lui soit resté attaché ici bas, aura préféré pour le temps ou il en entrera dans la tombe qui ne laisse le souvenir d'aucune injure, son conjoint à l'état, ira-t-on en conclure que cet individu devra se trouver obligé à préférer son conjoint à soi-même , alors que les blessures seront saignantes et que malgré toute la charité possible les torts ne

pourront être oubliés? De ce qu'un individu abandon-
nera peut-être ce que le trépas lui rendra inutile, ira-t-
on en conclure que cet individu devra faire sacrifice de
ce que les besoins de l'existence lui rendront impérieusement indispensable ? Evidemment non ! Celui qui
ne teste point fait ce qu'il veut, celui qui use de la
révocation des avantages par lui concédés fait ce qu'il
veut encore; et l'on ne voit pas comment une succession à échoir si les volontés du *de cujus* n'y mettent
point d'obstacles, pourrait faire maintenir une libéralité
contre laquelle s'insurge la volonté du donateur; il y a
mille exemples de donations de père à fils révoquées
pour cause d'inexécution sans qu'ultérieurement il y ait
eu exhérédation de la quotité disponible.

Peu importe que des dissemblances existent entre
le divorce et la séparation de corps; si la nature des
choses veut qu'il y ait entre ces deux moyens des
divergences, la nature des choses veut également qu'il
y ait des similitudes; et nous croyons avoir prouvé
suffisamment pour n'y plus revenir, que la révocation
doit être un effet commun au divorce et à la séparation.

La preuve qu'il y a des similitudes, des *identités*,
résulte même du silence du législateur, qui restant
complétement muet sur les effets de la séparation de
corps, a entendu que ces effets allassent se chercher
au chapitre du divorce.

Si donc c'est au chapitre du divorce que doivent être
empruntés les effets qui, ne touchant point à la dissolution du lien conjugal, sont par là même applicables
à la séparation de corps, par quel motif irait-on exclure

la révocation, faire arbitrairement de la révocation un effet à part, alors que rien n'autorise à établir cette différence et cette distinction. C'est ce que nous ne saurions comprendre, c'est ce que l'on ne pourrait expliquer.

III.

Jusques à présent, nous nous sommes surtout occupé de l'esprit des textes; arrivons maintenant aux textes : nous les trouverons conformes à l'esprit. — L'article 953 porte : « La donation entre vifs pourra être révoquée pour cause d'ingratitude et d'inexécution des conditions sous lesquelles elle aura été consentie. » — L'article 959 : « Les donations en faveur de mariage ne sont pas révocables pour cause d'ingratitude. » — Ainsi, la règle générale posée dans l'article 953, dont au titre du divorce, l'article 299 n'est que le corollaire, la règle générale, disons-nous, est que la donation entre vifs se trouve toujours révocable pour cause d'ingratitude et d'inexécution des conditions.

Eh bien! l'article 959 n'est dérogatoire ni à l'un, ni à l'autre des articles précités. Car cet article n'est relatif *qu'aux donations faites par des tiers en faveur du mariage,* et régies, articles 1081 et suivants, au titre *des donations faites par contrat de mariage aux époux ou enfants à naître.* — Mais il n'a aucun trait *aux donations que les époux se font entre eux,* donations développées, articles 1091 et suivants, sous le titre bien différent, pour éviter toute confusion, *des dispositions entre époux, soit par contrat de mariage, soit pendant le mariage.*

Et ce n'est pas ici une guerre de mots, mais une saine déduction de principe : faite par un tiers en faveur du mariage, la donation profite non-seulement au donataire, mais encore à son conjoint ; et la séparation de corps ne témoigne d'aucune ingratitude directe envers le donateur, d'aucun inaccomplissement d'obligations emprises au vis à vis de lui : puis, cette révocation ne saurait être accordée pour faits et gestes du conjoint du donataire ; bien que profitant de la donation, ce n'est pas à ce conjoint qu'elle est faite. La révocation ne saurait d'avantage être octroyée contre le donataire lui-même ; car le conjoint en profite, et il faudrait atteindre l'innocent pour punir le coupable. S'agit-il, au contraire, d'avantages entre époux, c'est bien différent, rien de tout cela n'est possible, on rentre dans les cas ordinaires des donations entre vifs, et de leur révocabilité.

Nous allons plus loin, en supposant même que ces mots : *donations en faveur du mariage,* puissent s'appliquer aux dispositions faites entre époux, et échapper ainsi à la révocation pour cause d'ingratitude ; ces donations seraient toujours révocables pour cause d'inexécution de leurs conditions déterminantes, puisque, assurément, pour qu'il y ait séparation de corps, il faut qu'il y ait violation des conditions pour lesquelles le mariage a eu lieu, et en vue desquelles les avantages ont été stipulés.

L'irrévocabilité ordinaire de la libéralité ne vient pas se retremper, comme on le prétend, dans l'immutabilité des conventions matrimoniales. Ce qui est irrévocable, ne saurait le devenir davantage ; et ce qui malgré l'irrévocabilité *générale* peut être *exceptionnellement* révoqué en vertu des principes du droit commun, principes d'autant plus inflexibles qu'ils sont étayés sur la morale et l'équité, ne saurait se faire immuable dans un contrat de mariage, contrat qui, bien qu'à l'abri de remaniements, est cependant susceptible d'une certaine dissolution, ainsi que le prouve l'article 299, ainsi que l'établit l'article 1518, ainsi que le proclament les dispositions relatives à la séparation de biens. Mettant de plus sur la même ligne le divorce et la séparation de corps, en ce qui concerne le maintien du préciput, l'article 1518 implique, pour un cas comme pour l'autre, la révocation des autres avantages. Il aurait été fort inutile, en effet, de classer le préciput dans une catégorie à part, si tous les avantages matrimoniaux étaient maintenus nonobstant la séparation.

DISSERTATION

SUR LA SURENCHÈRE APRÈS FOLLE ENCHÈRE.

I.

Comme la Cour de Cassation derrière laquelle il s'abrite, le tribunal d'Arras fait reposer sa jurisprudence sur ce prétendu principe que l'irrévocabilité des aliénations volontaires ou forcées, judiciaires ou extrajudicaires, est une règle générale : donc la révocabilité n'est que l'exception ; que le propre de toute exception étant d'être limitative, il n'est pas possible, en l'absence d'un texte formel, d'étendre à l'adjudication sur folle enchère, la surenchère permise aux seuls cas des articles 708 du code de procédure, et 2185 du code Napoléon.

Bien que nous professions le plus grand respect pour l'autorité toujours imposante de la Cour de Cassation, nous n'allons point jusqu'au fétichisme, *Amicus Plato, magis amica veritas. Avant la Cour Suprême*, ainsi que l'a dit avec vérité l'un de nos plus savants jurisconsultes, *il y a les principes, le bon droit*, et nous devons l'avouer, cette Cour nous paraît méconnaître les principes, pour arriver à la violation du droit, à la négation des garanties hypothécaires.

Afin de n'être pas viciées dans leur essence même, et comporter en elles les éléments de leur vitalité, les conventions synallagmatiques doivent, (sans préjudice des autres conditions énumérées en l'article 1108, code Napoléon), avoir lieu du consentement mutuel de toutes les parties contractantes, et entre parties toutes capables de contracter.

Contrat synallagmatique et commutatif s'il en fut jamais, la vente doit évidemment rentrer dans ces principes.

Qu'elle ait lieu par suite d'aliénation volontaire, qu'elle ne soit au contraire que la conséquence d'une aliénation forcée, la vente d'immeubles peut présenter deux côtés bien distincts.

Ou il s'agira de biens libres, et les seuls intéressés seront le vendeur et l'acquéreur. Ou il s'agira de biens grevés d'hypothèques, et alors à côté du vendeur et de l'acquéreur viendront se placer de nouveaux intéressés, les créanciers hypothécaires : lesquels armés du droit de *préférence* et qui plus est du droit de *suite* (droits réels et constitutifs d'une délibation de la propriété), auront aussi mot à dire à l'aliénation.

Dans la première hypothèse, l'irrévocabilité sera définitivement acquise et motivée par le consentement et la capacité des parties contractantes, on ne concevrait pas en effet la révocation, dans une convention où l'accord des intéressés ne peut causer aucun grief.

Mais dans la seconde hypothèse, il en sera tout autrement : pour le prouver d'une manière plus sensible, envisageons séparément les aliénations amiables et les ventes par suite d'expropriations forcées.

Aliénations volontaires. Si comme cela arrive trop fréquemment (et c'est le seul cas possible de surenchère), le propriétaire de biens grevés d'hypothèques, vend sa propriété clandestinement sans le concours du créancier, l'aliénation sera infectée dans son germe par la raison infiniment simple, que la non intervention du créancier aura pour effet de ravir au contrat ses conditions d'existence, le consentement de l'une des parties intéressées, partie dont le vendeur n'était pas capable de transmettre les droits, puisqu'il n'avait aucun mandat pour le faire.

C'est pourquoi la loi dit que l'acquéreur de biens grevés d'hypothèques devra délaisser, ou payer en principal et intérêts tous les créanciers inscrits, si mieux n'aime cet acquéreur, en remplissant les formalités des articles 2181 et suivants (code Napoléon), se mettre à l'abri de cette dure alternative, et donner à son acquisition un caractère d'éventuelle irrévocabilité.

Pour venir en aide aux acquéreurs au moyen de la purge, le code ne pouvait pas, sans rendre illusoire le droit de suite des créanciers hypothécaires, ne point leur fournir la faculté de faire porter au plus haut prix possible l'immeuble, leur gage, objet des formalités de la purge. Cette faculté a été donnée à ces créanciers, par la possibilité de surélever le prix, par la création de la surenchère.

Ainsi, l'article 2185 n'a pas établi un droit exhorbitant du droit commun, cet article n'a fait que consacrer la garantie de suite, constituée par la loi comme attribut du régime hypothécaire.

Et loin d'être une dérogation au principe d'irrévocabilité, cette consécration du droit de suite ne s'est trouvée, au contraire, qu'une application naturelle des règles générales en matière de contrats et d'obligations.

Donc, aux termes de l'article 2185, et par la seule force des principes, toutes les aliénations volontaires, sans intervention du créancier, d'un bien grevé d'hypothèque, tombent sous le coup de la surenchère.

Aliénations judiciaires. Quand des immeubles grevés d'hypothèque, sont vendus par expropriation forcée, il n'y a plus de clandestinité, tous les hypothécaires avertis, peuvent se rendre adjudicataires, et conséquemment sauvegarder leur droit, dans certaines limites.

Mais cette ressource quoique bonne en elle-même, pouvait, en maintes circonstances, être encore bien insuffisante. Il peut arriver, en effet, que les créanciers aient de bonnes raisons, alors même qu'ils ne sont pas couverts par le prix d'adjudication, pour ne vouloir pas ou ne pouvoir pas se rendre immédiatement adjudicataires ; c'est afin de parer à cet inconvénient que le législateur a accordé un délai pendant lequel les hypothécaires pourraient aviser aux mieux de leur intérêt, en surenchérissant eux-mêmes dans le cas de l'article 708 et profiter, sans même surenchérir, des surenchères que pourraient porter de nouveaux amateurs, au cas de l'article 2185.

Donc, aux termes de l'article 708, et par assimilation de ce que les principes exigeaient que l'on fit en matière d'aliénations volontaires, la loi a voulu que toutes les ventes par expropriation forcée, fussent passibles de la surenchère.

Notre droit français ne connaissant que deux espèces d'aliénations d'immeubles hypothéqués, l'aliénation volontaire et l'aliénation forcée, et les deux articles précités comprenant, sans restriction aucune, ces deux genres d'aliénations, il faut évidemment reconnaître que la révocabilité, en ce qui concerne les biens hypothéqués, est la règle générale et règle aussi générale que l'irrévocabilité en ce qui concerne les biens libres.

Or, si la révocabilité et, ce qui est la même chose, la surenchère est la règle générale, l'adjudication sur folle enchère, qui est une adjudication, doit pouvoir être frappée de surenchère, à moins qu'une disposition formelle des lois ne vienne, pour ce cas, détruire la règle et créer l'exception.

Nous pourrions en rester là, et attendre en toute confiance la citation d'une disposition exceptionnelle, mais nous voulons entrer davantage encore au cœur de la question et ajouter surabondamment à notre démonstration.

II.

Les conventions synallagmatiques sont toutes résolubles au cas d'inexécution de l'une des parties contractantes, cette règle est aussi fondamentale qu'elle est élémentaire.

L'effet de toute condition résolutoire, quand elle se réalise, est de remettre les choses dans leur état primitif et réduire à néant la convention résolue, qui juridiquement est censée n'avoir jamais existé, article 1183, code Napoléon.

Dans une adjudication sur expropriation forcée, l'adjudicataire ne devient propriétaire que sous la condition d'exécuter les clauses de l'adjudication en dedans certains délais légaux, article 713 du code de procédure, faute de quoi l'aliénation est résolue pour inexécution, article 733 du même code.

Donc, par application des principes qui régissent les conditions résolutoires, lorsqu'il y a eu revente sur folle enchère, la première adjudication est censée n'avoir jamais existé, la seconde adjudication vient prendre son lieu et place et complètement l'absorber.

Ceci n'est point seulement une conséquence forcée des principes, mais résulte encore :

1° Du texte de la loi qui veut que l'adjudication sur folles enchères ait lieu sur l'ancienne procédure, l'ancien cahier de charges, l'ancienne mise à prix, ce qui démontre qu'il n'y a jamais eu aliénation ;

2° De la localisation au code, de la procédure relative à l'adjudication sur folle enchère. Cette procédure, en effet, est tracée au titre des incidents de saisie immobilière, d'où il suit que la surenchère n'étant qu'un incident, l'expropriation n'a jamais été mise à fin ;

3° Des paroles de M. Persil à la chambre des pairs. Ce

rapporteur s'exprimait ainsi : « Il resterait à vous entretenir des effets de l'adjudication sur folle enchère. . . . . Ces effets, soit qu'on les considère par rapport à l'adjudicataire, soit qu'on veuille les examiner à l'égard des créanciers, doivent être les mêmes que ceux que votre commission vous propose d'attacher à l'adjudication primitive, celle-ci une fois résolue, l'adjudication sur folle enchère prend sa place. Elle devient la véritable adjudication sur saisie immobilière et doit en produire tous les effets; »

4° De l'article 69, § 8 de la loi du 22 frimaire an VII, lequel n'exige qu'un seul droit de mutation pour l'adjudication sur folle enchère et la précédente adjudication.

En présence de ce qui précéde, nous ne pensons pas qu'il soit possible de sérieusement soutenir, que la surenchère ne peut frapper l'adjudication sur folle enchère, par la raison que la loi ne l'a pas spécialement édicté: la règle générale, la surenchère, doit comme nous l'avons dit, avoir lieu après adjudication sur folle enchère, non-seulement parce qu'il y a là une adjudication, mais encore parce que, pouvons-nous ajouter, cette seconde adjudication vient se substituer à la première, évidemment passible de surenchères, qui légalement disparaît par l'abstraction fictive, conséquence de la résolution.

Les principes que jusqu'à présent nous n'avons cessé d'invoquer, sont, du reste, d'un luxe inutile pour la démonstration d'une thèse dont le texte à lui seul vient donner la solution.

L'article 708 porte : « Toute personne pourra, dans les huit jours qui suivront l'adjudication, faire par le ministère d'un avoué, etc....... »

Que signifie ce mot *adjudication*? sera-ce pour le besoin de la cour suprême, l'adjudication folle, l'adjudication résolue, l'adjudication qui de par les lois est censée n'avoir jamais existé ? non apparemment; par adjudication, la loi raisonnable et conséquente avec elle-même, n'aura entendu et pu entendre que l'adjudication qui en est une, que l'adjudication qui subsiste ou du moins peut subsister, en un mot, que l'adjudication qui intervient sur folle enchère.

Le texte et les principes, on le voit, sont aussi favorables que possible à l'opinion que nous voudrions faire prévaloir, reste à voir si cette opinion est contraire à l'esprit de la loi ou au but qu'elle s'est proposée.

Poser la question c'est déjà l'avoir résolue; dans le double intérêt des débiteurs et des hypothécaires, après adjudication sur folle enchère, la surenchère aura l'incontestable utilité qu'elle a dans toutes les adjudications: plus l'immeuble en effet sera vendu, mieux le débiteur sera libéré, mieux les créanciers seront désintéressés.

Dans le double intérêt des débiteurs et des hypothécaires, s'il est un cas où la surenchère doit être permise, c'est assurément au cas d'adjudication sur folle enchère, car personne n'ignore que presque toujours dans la pratique, la folle enchère a l'effet fatal de faire vendre ultérieurement les immeubles à un prix inférieur à celui de la première adjudication.

Il y a plus, si au cas qui nous occupe, la surenchère pouvait ne pas exister, il faudrait procéder immédiatement à la révision du système hypothécaire, et remédier à un vice bien autrement dangereux, bien autrement funeste que ceux qui depuis long-temps ont attiré les yeux de nos législateurs.

Pour tous les créanciers qui ne voudraient pas, ou ne pourraient pas se rendre adjudicataires, le droit de suite ne serait qu'un mot vide de sens, qu'un leurre véritable, puisque ces créanciers devraient voir vendre à vil prix, et sans possibilité de remède ultérieur, un gage suffisant, peut-être, pour les désintéresser.

Pour tous ces créanciers, il y aurait transformation du droit hypothécaire, du droit réel sur l'immeuble grévé en un droit personnel, en un droit chirographaire, et encore en quel droit? en un droit sur un fol enchérisseur, le plus souvent insolvable, contre lequel la ressource désespérée de la contrainte par corps, ne serait qu'une garantie illusoire, et propre non pas à procurer la libération, mais à grossir le chiffre de la perte du créancier.

Maintenant que notre démonstration au triple point de vue des principes, du texte et de l'esprit de la loi, est aussi complète que possible, examinons les raisons invoquées par les partisans de l'opinion contraire.

Nous n'y verrons aucune citation de texte, il n'y en a pas qui nous soient opposables; nous n'y trouverons aucune raison de différencier l'espèce qui nous occupe des autres espèces, il n'y en a point à donner; nous rencontrerons seulement des considérations qui ne nous paraissent infirmer en rien ce que nous avons dit ci-dessus et qu'il est aussi facile de réfuter, que le principe sur lequel pivote toute la jurisprudence de la cour suprême.

III.

La première adjudication, vient-on dire, ne peut être considérée comme non avenue, car elle conserve un effet légal, celui de rendre le fol enchérisseur passible par corps, de la différence qui existera entre son prix d'adjudication et le prix de revente.

Quelle confusion! cause, nous le concédons d'un effet pareil, l'adjudication subsiste si peu que c'est précisément parce qu'elle a été résolue, parce que l'adjudicataire a été dépossédé, qu'il y a lieu à pénalité. Et cette pénalité existe tout à la fois, parce que pouvant avoir par son fait et sa faute causé un préjudice aux créanciers hypothécaires, le fol enchérisseur, doit aux termes des articles 1382 et 1383 (code Napoléon) en faire la réparation; et parce que la condition résolutoire a pour effet d'ouvrir l'action en dommages intérêts au profit de la partie qui a souffert de l'inexécution.

Mais, poursuit-on : en disant que le fol enchérisseur sera contraignable par corps, pour la différence qui existera entre son prix d'adjudication et le prix de revente, la loi montre que l'adjudication sur folle enchère est le terme de la procédure, son dernier acte, et exclut par là même la surenchère.

Ce que nous avons dit précédemment du mot *adjudication*, indique suffisamment ce que nous allons dire du mot de *revente*; c'est-à-dire, précisément le contraire de l'acception arbitraire que prête à ce mot la cour de cassation.

Le mot *revente* n'implique pas le moins du monde l'adjudication sur folle enchère, et le traduire ainsi c'est trancher la question par la question, comme on l'a fait pour le mot adjudication.

Le mot *revente*, disons-nous, ne peut s'entendre de l'adjudication nouvelle, qui peut être détruite par la surenchère; de l'adjudication provisoire qui ne deviendra définitive, qui n'opérera revente, qu'autant qu'il n'y aura pas de nouvel amateur, mais bien de l'aliénation translative de propriété, qu'il y ait ou qu'il n'y ait pas surenchère; c'est pourquoi l'on a dit revente, afin de déterminer par là la terminaison de la procédure, la consommation de l'expropriation forcée.

Mais, ajoute-t-on encore : en prescrivant lors de l'adjudication sur folle enchère, l'observation des formalités voulues par les articles 705, 706, 707 et 711 du code de procédure, l'article 739 de la loi nouvelle indique clairement, en franchissant les articles 708, 709, 710, qu'il entend exclure la surenchère.

La loi nouvelle a été incontestablement toute favorable à la surenchère, en en réduisant le taux, et en la rendant par cela même plus accessible à tous les intéressés, il serait donc extraordinaire qu'extensive d'un coté, cette loi eût été restrictive de l'autre sans motif aucun. Il serait plus extraordinaire encore que les restrictions eussent été implicites et grosses d'ambiguités.

Mais donner à la prétérition des articles 708, 709, 710 la portée qu'on lui prête, c'est faire dire à l'article 379 ce qu'il ne dit pas et, qui plus est, le contraire de ce qu'il dit; c'est confondre le fond avec la forme, le droit avec la procédure qui le vient entourer.

Que porte en effet l'article 739? Il porte : « Seront observées, *lors de l'adjudication* sur folle enchère, les articles 706, 707, 711. » Or, ces articles sont tous relatifs à la forme de l'aliénation, et non à l'aliénation en elle-même; de plus, ils sont relatifs à la forme de l'adjudication et nullement à la forme de la surenchère; on conçoit donc très-bien, que parlant des formalités de l'adjudication sur folle enchère, le législateur n'ait point parlé de la surenchère, qui est une chose toute distincte de l'adjudication et qui a ses formalités particulières.

Et puis, ces mots : *lors de l'adjudication*, indiquent clairement que l'article 739 ne réglemente que la procédure contemporaine de l'adjudication, et non pas, ce qui est tout différent, les suites possibles de cette même adjudication, ses conséquences ultérieures, en un mot : la surenchère.

Mais, ajoute-t-on enfin : l'immeuble ayant déjà subi deux fois l'épreuve des enchères publiques, on comprend à merveille que le législateur n'ait pas permis de rouvrir une troisième fois la lice au moyen de la surenchère.

Il serait assurément loisible de prétendre que la

première vente ayant été résolue, il est anti-juridique d'en vouloir argumenter, nous pouvons cependant en tenir compte sans préjudice pour la réfutation.

Lors de la première adjudication, la surenchère a pu très-bien n'avoir pas lieu, soit parce que l'immeuble était porté à un prix excessif, soit parce que sans être exagérement vendu, cet immeuble l'était suffisamment pour exonérer le débiteur et désintéresser le créancier. Si maintenant l'immeuble se trouve adjugé à vil prix lors de l'adjudication sur folle enchère, pourquoi le créancier intéressé à surenchérir ne le pourrait-il plus faire? — Serait-ce parce qu'il a laissé adjuger? — Mais si ce motif était acceptable, pourquoi n'en serait-il pas de même pour la première adjudication : peu importe que l'immeuble ait subi deux fois les enchères publiques, ce ne saurait être une raison pour s'arrêter précisément en face de l'acte le plus favorable à l'aliénation, qu'afin de rendre plus sérieuse on a entourée de publicité.

On a aussi été jusqu'à juger que dans l'intérêt des créanciers, il fallait, pour économiser le temps et l'argent, proscrire la surenchère. — Ceci, revenant à dire que la surenchère peut être nuisible aux créanciers et aux débiteurs, que le surenchérisseur ira surenchérir pour l'agrément de se nuire à lui-même, ne nous paraît plus de l'argumentation, et ne nous semble pas devoir être réfuté.

DISSERTATION

SUR L'INTERPRÉTATION DU MOT **POSTÉRITÉ** DE L'ARTICLE 747

DU CODE NAPOLÉON.

Aux termes de l'article 747, « les ascendants suc-
» cèdent, à l'exclusion de tous autres, aux choses par
» eux données à leurs enfants ou descendants décédés
» sans *postérité*, lorsque les objets donnés se retrouvent
» en nature dans la succession. »

Que veut dire ce mot *Postérité?* Comprend-il la
filiation légitime et la filiation naturelle, (1) ou bien
n'admet-il que la première descendance à l'exclusion
de la seconde?

Cette question n'a été soumise qu'une fois encore
à l'appréciation de la cour suprême; la solution a eu
pour résultat l'antagonisme de cette cour avec toute la
doctrine nouvelle qui a précédé ou suivi l'arrêt de
1832.

La science long-temps égarée ne pouvant avoir dit
son dernier mot en cette matière neuve encore, quoique souvent effleurée dans les livres, nous la discu-
terons *in extenso*, en commençant par déclarer, que

____

(1) Quand nous parlerons de filiation et descendance naturelle, nous.
sous-entendrons toujours *légalement reconnue*. En effet : « la loi
» n'accorde de droit aux enfants naturels sur les biens de leurs père
» et mère décédés qu'autant qu'ils ont été légalement reconnus. »
(Article 756 du code Napoléon.)

nous nous rangeons du côté de la cour de cassation, qui, nonobstant les doctrines rebelles, nous semble avoir consacré les véritables principes et donné l'interprétation la plus compatible avec le *texte* de la loi, son *esprit*, et *l'économie entière* de la législation.

Heureux si après avoir signalé la voie nous y voyons entrer ceux qui, faisant autorité, possèdent, quand le faux a détrôné le vrai, le magnifique privilège de dissiper les obscurcissantes erreurs, et de ramener à la raison, à l'équité, à la justice, par la rigueur des règles et la puissance du droit.

I.

Nos lois actuelles touchant la filiation illégitime, sont tout à la fois morales et équitables.

Elles ont compris que les enfants naturels étant du sang de leurs auteurs, il serait souverainement barbare de les traiter en race maudite, souverainement inique de leur faire porter outre-mesure la peine d'une faute qui leur est étrangère, et qu'à titre de preuve vivante, ils n'expient que trop par une flétrissante bâtardise.

Mais elles ont compris en même temps que si l'équité se refusait à la complète spoliation des enfants naturels, la morale à son tour, la morale, dont les droits sont plus élevés que ceux des descendants illégitimes, s'opposait invinciblement à ce que ces mêmes enfants naturels, qui jamais ne sauront prétendre à la dignité de filiation légitime, pussent jouir des mêmes priviléges.

Aussi, pour concilier les exigences de la morale avec les besoins de l'humanité, le législateur a-t-il évité le double écueil que présentaient les lois anciennes, et les retours par trop réactionnaires de la loi intermédiaire.

Ne voyant dans les enfants naturels que des créatures de ce monde, n'ayant juste que le droit d'y vivre, les lois anciennes se bornaient à leur accorder l'alimentation, c'est-à-dire, à les empêcher de mourir; l'idée était morale, sans doute, mais sa mise en pratique d'une bien grande inhumanité.

Sous prétexte de philhantropie, la loi intermédiaire assimila complètement les enfants naturels aux enfants légitimes, c'était humaniser le droit, mais c'était aussi primer l'immoralité, désorganiser la famille, base de toute société.

Conserver l'Etat par la famille, et pour ce faire, favoriser le mariage en proscrivant le concubinat, tel a été, tel devait être le but du législateur : c'est pourquoi, tout en réhabilitant la descendance naturelle, tout en lui accordant non-seulement le droit de vivre, mais encore celui de vivre facilement, honorablement, le code n'a cependant pas élevé les bâtards à l'égal de la postérité légitime, et leur a refusé l'étendue des droits de cette dernière.

Et sans vouloir, champ qui fera l'éternelle dispute et des casuites et des jurisconsultes, distinguer entre ce qui découle de la loi naturelle, indépendante de la volonté législative, et ce qui découle de la loi positive, ouvrage arbitraire et domaine exclusif de cette même volonté, nous dirons que le législateur pouvait surtout éliminer les enfants naturels, alors que, comme dans la *reversion*, il s'agissait de choses qu'il était maître de créer ou laisser au néant, de choses qu'il était libre de ne mettre à jour que dans l'intérêt des enfants légitimes.

Ces principes posés, et ils sont incontestables, abordons la question et ses difficultés.

II.

L'interprétation d'un mot ou d'un texte de la loi doit, c'est un principe que nous ne saurions trop répéter, ne pas se chercher hébraïquement dans la lettre morte d'une disposition incomprise, mais bien dans la combinaison du *but* de la loi et des *moyens* d'y arriver, dans le rapprochement de sa lettre et de son esprit.

C'est à ce point de vue interprétatif, le seul rationnel, le seul admissible, que nous traiterons la thèse à examiner.

Le *but* de la loi, favoriser le mariage, les *moyens* d'y parvenir, différencier la filiation légitime de la descendance naturelle, nous sont déjà connus.

Laissons donc ce qui a déterminé le législateur *à faire*, pour ne voir que ce qu'il *a fait;* pour discuter la lettre et en rechercher l'esprit.

Comme il importe avant tout de bien savoir, et de définir, autant que possible, les choses que l'on discute, afin de ne pas se lancer dans le vague, nous commencerons par rechercher : 1° la nature du droit de reversion ; 2° la nature du droit des enfants naturels. Nous serons ensuite plus saisissables, en même temps que nous pourrons mieux saisir nous-même dans le cours de la discussion.

Bien que n'étant pas d'invention moderne, la reversion de l'article 747, est cependant une modification de la reversion admise dans notre vieux droit, lequel avait également modifié, en se l'appropriant, la reversion romaine.

A Rome, et spécialement depuis les lois *Julia* et *Pappia Poppea*, certaines personnes, telles que le père, le grand-père...... étaient *tenues* à constituer une dot convenable au mari de leur fille.

Cette dot s'appelait *dos profectitia*, dot profectice, par opposition à la dot d'une origine autre, qui prenait le nom de *dos adventitia*, dot adventice.

Pour consoler le père de l'*obligation* de doter, pour l'encourager à le faire aussi convenablement que possible, pour ne pas laisser à ce père les regrets ou la crainte de perdre ensemble et la dot et la fille au cas où elle décéderait avant lui, on imagina la reversion, *ne filiæ amissæ et pecuniæ damnum sentiret.*

Aussi, et par suite des idées romaines sur l'*obligation* de doter, *comme conséquence de la puissance paternelle*, la reversion n'eut-elle lieu qu'à l'occasion de la dot profectice, sans jamais s'exercer au cas de dot adventice.

Il importait peu, du reste, que la fille décédât avec

ou sans postérité, la reversion s'exécutait toujours sauf, dans cette dernière hypothèse, une certaine retenue de la part du mari.

Puis, pour certiorer ce droit de reversion, les biens dotaux quoique donnés, au nom de la femme, au mari qui en devenait propriétaire, ne pouvaient être par lui valablement aliénés, ni même par lui seul valablement hypothéqués.

Impliquant donc une espèce de donation *mortis causâ*, la reversion créait, soit par voie de *révocation*, soit par voie de *caducité*, un retrait à *titre singulier*, qui s'exerçait *sans charges*, *sans contribution* aux dettes, même par voie de *revendicàtion* au cas d'aliénations.

En un mot, la reversion était un droit de *retour privilégié*, *particulier*, en dehors de tout principe successoral.

Dans notre vieux droit français, les idées s'étant complètement modifiées, on étendit à *tous les ascendants*, *sans distinction de ligne ou de sexe*, la reversion qui n'avait lieu à Rome qu'au profit du père, grand-père, etc., et à toutes les *libéralités volontaires*, cette même reversion qui à Rome encore n'avait lieu qu'au cas *forcé* de dot profectice.

De plus, et contrairement au droit romain, la postérité devint un obstacle à la reversion; seulement la reversion s'exerçait toujours si, postérieurement au décès du donataire, sa postérité décédait avant l'ascendant donateur.

Mais ici, comme presque partout, on divergeait sur la *nature* du droit, suivant qu'on l'invoquait dans les localités de coutumes ou dans les pays du droit écrit.

Dans les localités de coutumes, où les habitudes franques prédominaient, le droit de reversion était successoral. Il n'avait lieu qu'à *titre universel, avec charges,* et alors seulement que les biens donnés se retrouvaient en nature dans la succession du donataire.

Dans les pays de droit écrit, où les lois gauloises étaient toutes imbues de la tradition romaine, la reversion conserva son caractère primitif de droit de *retour* proprement dit, ayant lieu *sans charges,* à *titre singulier,* et malgré les aliénations.

En restaurant la reversion, un instant abolie par les lois du **17** nivôse an **II**, en la circonscrivant dans les cas prévus par l'article **747**, le code Napoléon admit les extensions du vieux droit français, sauf cependant (du moins en ce qui concerne le cas le plus ordinaire, celui de l'article **747**), celle qui accordait le retrait dans l'hypothèse du prédécès du donataire et de sa postérité.

En ce qui touche le caractère du droit, sa nature, les rédacteurs du code avaient à choisir.

L'ont-ils fait? Nous l'ignorons.

S'ils l'ont fait, ont-ils agi en parfaite connaissance de cause, en prévoyant toutes les conséquences de leur choix?

Nous l'ignorons encore, mais nous nous permettrons d'en douter.

L'article **747** est si inexplicite, si insuffisant à sa matière; les discussions qui l'ont précédé sont si obscures, si contradictoires et, disons-le, si pauvres, que l'on en est à se demander, aujourd'hui encore, si la reversion est, oui ou non, un droit de retour ou un droit successif.

D'un côté, en faveur du retour, on pourrait dire que la disposition reversive s'est fourvoyée par mégarde au titre des successions déférées aux ascendans, par cela seul qu'elle était attributive d'un droit à cette catégorie d'héritiers; que le mot *succéder* s'est, par suite de cette inadvertance, glissé dans le texte au lieu du mot *retourner* qui doit tenir sa place.

Que l'article 351, qui, pour admettre des conséquences nouvelles, ne constitue pas moins un droit identique à celui de l'article 747, porte que « les » choses données *retourneront* à l'adoptant, etc... » ce qui évidemment implique la pensée du retour, et non la pensée successive.

Que ces mots : « Les choses données *retourneront...* » ne sont nullement infirmés par ces autres mots de l'article 352 : « L'adoptant *succédera* aux choses par lui données... » puisque ce même article ajoute aussitôt : « Comme il est dit en l'article précédent... » Or, cet article précédent étant constitutif du droit et créant un retour, l'article 351 qui s'y réfère ne saurait, par une expression impropre, immédiatement, quoique mal corrigée, dénaturer ce droit pour en faire un droit nouveau et d'une toute autre valeur.

Que souvent l'on a employé confusément les mots *retourner* et *succéder*, sans cependant y attacher la moindre importance; témoins les articles 351 et 352; témoin l'article 766, où il est dit : « *Retourneront* égament aux frères et sœurs légitimes, etc. » alors qu'évidemment, dans ce dernier exemple, il s'agit d'une véritable succession.

Que la contribution aux dettes, et les seuls cas dans lesquels la reversion s'exerce, sont loin de prouver un droit successoral; que l'on peut les expliquer par une fusion ou une confusion faite entre deux systèmes en présence; que, de plus, le législateur, en maintenant le droit, était libre d'y apposer certaines conditions.

Que telle est la thèse soutenue par M. de Malleville, (l'un des rédacteurs de l'article 747), plus en position que qui que ce soit d'en apprécier la portée véritable. Il dit : « On s'est servi d'une expression très-impropre, de la coutume de Paris, qui porte aussi, article 313, que *les ascendants succèdent ès-choses par eux données à leurs enfants décédant sans postérité.* Il n'est pas vrai, en effet, que ce soit par succession que les ascendants reprennent les choses par eux données, puisqu'ils ont le droit de les reprendre sans être héritiers, et même en renonçant à la succession de leur enfant. Cependant, cette expression impropre a de très-graves conséquences.

Le mot propre était *droit de retour*, etc. »

Que cet avis a été partagé par l'orateur Siméon, lequel s'exprimait ainsi dans son discours au corps législatif: « Les ascendants qui ne seraient pas successibles reprennent les effets qu'ils avaient donnés au défunt; c'est un *retour légal* que l'équité commande. » Ce même jurisconsulte aurait persisté dans son opinion en critiquant un arrêt de cour de cassation, dans un article inséré au *Moniteur*, que M. Dalloz indique sans en mentionner la date; il nous a été impossible de le trouver.

Que telle est la doctrine adoptée par les auteurs des ouvrages de Potier, mis en rapport avec le code Napoléon. On lit au commentaire de l'article 747 : « Le texte de cet article peut donner lieu à une erreur qu'il importe de relever, c'est qu'on pourrait croire, d'après ces expressions, *les ascendants succèdent*, qu'ils sont héritiers. M. de Malleville cherche à dissiper cette erreur, etc. »

Cette interprétation que, pour notre compte personnel, nous préférerions à celle qu'il est de *mode* de donner aujourd'hui, aurait l'avantage de ne pas mettre en relief un droit aussi bizarre que le droit successif greffé sur la reversion.

Cette interprétation nous placerait de plus à l'abri de certains arguments tirés de l'article 757 du code Napoléon. En effet, étant admis que la reversion constitue un droit de retour il s'en suivrait que, quoi que transmise au donataire, à tel point qu'il en avait, lui vivant, l'*usus* et l'*abusus*, la propriété des biens donnés, ne l'aurait cependant été que sous certaines conditions résolutoires, lesquelles s'accomplissant feraient rentrer les biens dans le patrimoine du donataire, dont ils seraient censés n'être jamais sortis, (article 1183 du code Napoléon); lesquelles conséquemment rendraient sans application l'article précité qui ne saurait avoir trait qu'aux choses appartenant au donataire et trouvées dans sa succession.

D'un autre côté, en faveur du droit successoral, on peut répliquer.

Par la place même qu'occupe l'article 747, par les expressions que surabondamment il emploie, il devient manifeste que la reversion est à titre successif. L'article 351 dit, il est vrai : « Les choses données *retourneront* à l'adoptant.... » Mais la contribution aux dettes prouve combien est impropre ce terme qui n'est plus même reproduit dans l'article 342, où l'on voit que « l'adoptant succédera aux choses par lui données, etc.... » ce qui indique une idée de transmission, etc....

A l'opinion de de Malleville et de Siméon, on peut opposer celle de Chabot au corps législatif, celle de Tronchet au Conseil d'Etat ; ces deux rapporteurs ont prétendu que la reversion avait dépouillé son caractère de droit de retour pour revêtir celui de droit de successibilité.

Ces raisons étant universellement admises, en doctrine et en jurisprudence, *force* nous est de les accepter, sous peine de paraître vouloir tourner la difficulté.

Soit donc ; la reversion est un droit successoral. Mais ce droit va être tellement antipathique aux droits successoraux ordinaires, il va bouleverser tellement toutes les idées reçues en parcille matière, que nous en serons fort peu gêné, et que notre concession n'aura pas grand mérite.

Ce droit est bizarre, anormal, avons-nous dit et disons-nous encore ; justifions cette proposition.

Il porte atteinte : 1° au droit de représentation ; 2° au droit de réserve ; 3° aux ordres de succéder ; 4° à ce

principe que l'on ne peut être héritier pour partie; 5°
à cet autre principe qu'en matière de succession, il ne
faut considérer ni la nature ni l'origine des biens à
partager.

Reprenons. *A la représentation*. Puisque l'ascendant
succède seul à l'exclusion de sa descendance.

A la réserve. Puisque les père et mère ne peuvent
exercer ce droit, sur les biens donnés par l'aïeul,
puisque l'aïeul lui-même n'est pas tenu de précompter
ces biens sur sa réserve; pas plus qu'il ne saurait prétendre que la quotité disponible a été outrepassée, si
la totalité de ces biens se trouvait soit donnée, soit
léguée, soit aliénée.

Aux ordres de succéder. Puisque l'ascendant succède
seul aux biens donnés, alors qu'il ne serait même pas
au degré successible.

*Au principe que l'on ne peut être héritier pour
partie*. Puisque l'ascendant succède quand même il ne
serait pas héritier, quand même il renoncerait à la
succession ordinaire.

On tente, nous le savons, d'échapper à ceci en pré-
tendant que les biens donnés formant une *universalité
juridique*, qu'il faut appréhender pour le tout, aucune
brèche n'est faite à l'axiôme, *Hereditas pro parte adiri
nequit*. Cela est *fictivement* vrai; mais ce qui est vrai
aussi en *réalité*, c'est que ces mêmes biens ne composent, ou peuvent ne composer qu'une fraction d'hérédité; et que, soit qu'on les considère comme faisant
une succession à *titre particulier*, soit qu'on les envisage comme créant une succession à *titre universel*

(ce qui nous paraît plus conforme aux principes, en présence de la contribution aux dettes *pro modo emolumenti*, au regard des co-héritiers, et *ultrà vires*, vis-à-vis des créanciers, si l'on n'a pas accepté bénéficiairement), sont une *succession* dans la succession, et conséquemment une simple partie de cette dernière.

A cet autre principe, qu'en matière successorale, il ne faut considérer ni la nature ni l'origine des biens à partager. En effet, en admettant qu'en certains cas, la reversion s'exerce sans considération de la *nature* des biens donnés, on doit reconnaître qu'elle ne s'exercera jamais sans considération de leur *origine;* ce qui est tout différent.

Ce qui donne naissance, ce qui détermine la reversion, c'est l'*origine* des biens, leur *caractère de libéralité;* donc, pour être conséquent, il faut *forcément* admettre qu'encore que les biens donnés se trouvent en *nature* dans le patrimoine du donataire, la reversion n'aura pas lieu, si la *cause*, si l'*origine* de la propriété a changé de *caractère*. Des biens donnés, par exemple, ont été vendus, puis rachetés ensuite : le caractère de libéralité s'est évanoui pour faire place à celui d'acquisition; il ne peut plus y avoir de reversion (nous exceptons, bien entendu, le pacte de rachat qui, lorsqu'il se réalise, fait disparaître l'aliénation).

Autre exemple, bien autrement saisissant et qui convaincra les plus incrédules. Un aïeul donne à son petit-fils, celui-ci aliéne; les biens sont rachetés par son père, qui les lui donne à son tour. Ce sera, sans contredit, au père qu'appartiendra la reversion, et non à l'aïeul; car, comme le dit victorieusement M. Marcadé, auquel nous avons emprunté ce second exemple : « C'est la dernière entrée dans la propriété du donataire qui constitue sa propriété définitive, et son véritable et dernier caractère »

Nous pouvons donc, dès à présent, donner cette définition, que la reversion de l'article 747 est une *succession sui generis, antipode* des successions ordinaires, conférant un droit *exclusif* et *privilégié*, au moyen duquel celui qui a, aux *yeux de la loi, la double qualité* d'ascendant et de donateur, reprend, en certains cas et à certaines conditions, les biens par lui donnés lorsqu'ils se trouvent avec ce *caractère* dans la succession du donataire.

Une telle succession nous rendra fort à l'aise; car si elle laisse à l'écart tous les droits successoraux qui compètent aux héritiers légitimes, elle pourra laisser également à l'écart les droits des successeurs irréguliers.

Reste maintenant à vérifier la *nature* du droit des enfants naturels, suivant les articles 756, 757, etc., du code Napoléon.

On est allé jusqu'à prétendre (ce qui serait très-commode pour nos adversaires, qui, si la chose était exacte, auraient fort peu à s'inquiéter du mot postérité) que les droits de ces successibles étaient des droits de *créance*; on arrivait ainsi à ce résultat : Les enfants naturels ne sont pas héritiers (article 756), ils ne sont pas donataires, leurs droits ont lieu en dehors des donations; ils ne sont pas légataires, leurs droits s'exercent *ab intestat;* cependant ils ont des droits. Il faut donc qu'ils soient créanciers.

Il faut, en vérité, se payer de mots, et ne tenir aucun compte des notions les plus élémentaires pour faire un pareil raisonnement.

Et d'abord quels créanciers seraient donc les enfants naturels? Seraient-ce des créanciers chirographaires? Non évidemment, ces enfants ne viennent à succession, *s'il en reste,* que lorsque toutes les dettes du défunt ont été préalablement payées. *Bona non intelliguntur nisi deducto ære alieno.* Seraient-ce des créanciers hypothécaires? Encore moins. Seraient-ce des créanciers privilégiés? Pas davantage. Ces créanciers ne rentreraient, on le voit, dans aucune des catégories de créanciers reconnus par la loi; impossible donc de voir là des créanciers.

S'il en était autrement, qu'on y prenne garde, les enfants naturels, quoique moins favorisés que la postérité légitime, jouiraient souvent de bien plus grands avantages, ce qui serait souverainement ridicule. Les enfants légitimes, en effet, n'ayant qu'un droit successoral, n'arriveraient à la succession qu'autant que l'on aurait désintéressé les créanciers, et partant les enfants naturels.

Que l'on tire les conséquences d'un semblable mode de partager.

Mais, dira-t-on, ces créanciers prendront part concurremment avec les enfants légitimes. Quel gachis! Un ayant droit concourant, non pas avec ceux qui ont des droits de créance, mais avec ceux qui ont des droits d'hérédité, est un successible et non pas un créancier.

Et puis, si les enfants naturels étaient des créanciers, pourquoi, lors de la discussion au conseil d'état, et sur les observations du consul Cambacérès, aurait-on retranché du projet de l'article 756, la disposition qui ne donnait aux enfants naturels qu'un *droit de créance* sur les biens de leurs père et mère décédés? Pourquoi, dans l'exposé des motifs du titre des donations, au corps législatif, l'orateur du gouvernement aurait-il dit que le droit des enfants naturels était un droit de *participation à la succession.*?

Si les enfants naturels étaient des créanciers, pourquoi l'envoi en possession? pourquoi le droit de mutation successorale? Pourquoi la réserve? Pourquoi, pourquoi surtout, la non-vacance de l'hérédité que ne produirait assurément pas une masse créancière? etc... Les arguments fourmillent pour démontrer que les enfants naturels ne sont point des créanciers.

Que sont-ils donc? C'est bien simple, la loi le dit en toutes lettres : des *successeurs irréguliers*, des *successibles.* C'est pourquoi les enfants naturels ont une réserve que leur accorde la jurisprudence. C'est pourquoi leurs droits sont réglés au titre des successions; c'est pourquoi toujours ces successibles ont été mis en regard des héritiers chaque fois qu'il s'est agi non-seulement de régler leurs lots, mais d'en établir le *quantùm.*

En présence des travaux préparatoires du code et de ses dispositions actuelles, il est incontestable que, sans être héritiers, les enfants naturels viennent à l'hérédité; que, sans avoir le *nom*, ils ont la *chose*; la chose s'entend, moins certaines portions variables suivant les cas; moins certains *attributs spéciaux* au titre d'héritier, tels que la *saisine*, etc...., qui, pour les enfants naturels, sont remplacés par des analogues, comme l'*envoi en possession*, etc....

Théoriquement parlant, les enfants naturels ne sont point héritiers, mais ils le sont dans la pratique légale : comme les héritiers, ils sont aux droits et aux devoirs du défunt, et s'ils ne se trouvent pas sur leur ligne, ils suivent une ligne semblable et parallèle.

Tenons donc pour certain que les droits des enfants naturels n'ont pas caractère de créance, mais bien *nature de successibilité.*

III.

Maintenant que nous avons fait un grand pas, en déterminant la *nature* des deux droits que nous venons d'analyser, nous pouvons entrer au vif de la discussion.

Les *successibles* sont divisés en deux catégories bien distinctes : 1° les *héritiers légitimes*, les seuls qui jouissent de ce titre; 2° les *successeurs irréguliers*, c'est-à-dire, ceux qui, bien que successibles, ne se nomment point héritiers.

Pour éviter toute confusion et montrer ce qu'il y avait de différentiel, d'incompatible même, dans les dispositions relatives à chaque classe de successibles, le législateur a pris soin de régler les droits successoraux en deux traités bien distincts.

L'un, se référant aux *successions régulières*, concernant les héritiers légitimes à l'exclusion des enfants naturels.

L'autre, se référant aux *successions irrégulières*, concernant les successeurs irréguliers, sans mot dire des héritiers légitimes.

Or, l'article 747 est placé dans la rubrique des successions régulières, qui ne s'applique et ne peut forcément s'appliquer qu'aux héritiers légitimes, donc le mot *postérité*, qui s'y trouve, ne peut s'entendre que de la *postérité légitime*; et, par suite de la localisation de l'article, il devenait inutile de surcharger ce terme *postérité* de l'épithète *légitime*, qui n'eût rien ajouté à son sens et n'eût pas rendu plus clair ce qui n'avait rien d'ambigu.

Interpréter ainsi, disent les partisans du système contraire, c'est *restreindre* l'acception du mot *postérité*, qui, *grammaticalement*, comprend la descendance naturelle aussi bien que la filiation légitime.

En aucune façon. Il ne s'agit ici de rien moins que d'une question de grammaire; ce n'est conséquemment pas par la grâce du dictionnaire, habile seulement à fournir une définition académique, que la question devra être résolue.

Il s'agit d'une question de droit; on n'a donc qu'à s'occuper de *l'acception juridique*; et au cas actuel, comme en beaucoup d'autres, l'acception judiciaire, ce qui est fâcheux peut-être, ce qui est cacophonique si l'on veut, ne peut avoir la valeur de l'acception usuelle. Pour que le contraire existât, il faudrait violer les principes, faire que l'article 747 eût un pied dans les deux camps, ce qui n'est pas et ne peut pas gratuitement se supposer.

Le mot *postérité*, dans le sens que nous lui donnons, n'a rien de *restreint :* nous lui attribuons le seul *sens légal* qu'il comporte, et, ce faisant, nous nous refusons uniquement à l'*étendre arbitrairement* à une classe de successibles, à laquelle il est complètement inapplicable.

L'argument que nous tirons de l'article **747** est-il un pur argument de texte? un de ces arguments hébraïques que nous avons déclaré proscrire? Non, certes ; car il s'étaie à la fois sur des considérations de loi naturelle et des dispositions de loi positive.

De la loi naturelle. Quand un ascendant donne à l'un de ses hoirs, cet ascendant doit nécessairement prévoir le mariage probable de ce dernier, et sa conséquence plus probable encore, celle de sa postérité.

La prévision se réalise-t-elle, et le donataire meurt-il en laissant des héritiers, l'affection du donateur ira nécessairement encore se porter sur ses petits-fils ; ainsi nous sommes faits.

Quand il s'agit, au contraire, d'enfants naturels, oh! alors la question change de face.

Au moment où il concédait à son fils certains avantages, le donateur ne devait assurément pas supposer le cas, heureusement très-exceptionnel, d'une faute

qui toujours répugne et ne se pardonne presque
jamais.

Et si ce fils décède, la faute commise, ce qui restait
des affections singulièrement diminuées de l'aïeul, ne
se rejettera pas sur la preuve vivante de la faute, sur
le bâtard qui personnellement n'a pas fait injure à
cet aïeul, mais que celui-ci considérera cependant
comme une espèce de tache imprimée au front de la
famille ; ainsi toujours nous sommes faits.

La loi l'a parfaitement senti : elle a présumé, comme
nous, des affections ; en effet, elle a déclaré, article
756, que les enfants naturels étaient *étrangers* aux
père et mère de leurs auteurs, étrangers au point
de ne pouvoir prétendre à aucun droit sur leurs biens.

Certains esprits se récrieront peut-être ; peut-être il
leur paraîtra qu'aux yeux de la nature, les formalités
nuptiales sont de pure fantaisie ; qu'en conséquence,
pour l'aïeul, autant vaut un enfant naturel qu'un enfant
légitime.

Mais il n'en sera pas moins clair que le code a parfaitement interprété la loi de nature, mise en évidence
par les opinions et les mœurs universelles ; puisque
partout, chez les nations civilisées et chez les peuples
sauvages, une différence capitale est faite entre la con-
cubine et l'épouse, entre le fruit d'une cohabitation
passagère et celui d'une union plus durable.

Il n'en sera pas moins clair, que s'il se rencontrait
un Etat en décadence, chez lequel on eût assez faussé
les notions du juste et de l'injuste, la conscience des
droits et des devoirs, pour qu'il ne différenciât plus la

légitimité de la bâtardise, le législateur, lui, devrait faire cette différence ; ramener, par sa présomption, les af-fections dans leurs justes limites, sous peine de consa-crer non-seulement l'immoralité la plus scandaleuse, mais encore de décréter la ruine de l'état, en alimen-tant la gangrène de sa plaie, en légalisant les éléments impurs de sa dissolution.

De la loi positive. Fiction légale, qui fait monter le représentant aux lieu et place du représenté, la *repré-sentation* a lieu à l'infini en descendance légitime.

Au moyen de cette fiction, un hoir qui a des enfants, légalement parlant, ne peut jamais mourir : après lui, vient un autre qui continue sa personne *qui sustinet personam defuncti*, pour être à ses droits et remplir ses devoirs.

Au cas donc d'enfants légitimes, la non-reversion s'explique tout naturellement, ce n'est là qu'une consé-cration nouvelle, qu'une conséquence nécessaire de la fiction de la loi, de la *représentation.*

Mais il n'en saurait être de même au cas d'enfants naturels. Pour eux, pas de fiction, leur auteur mort tout est perdu (du moins au cas qui nous occupe), ils ne continuent pas sa personne ; de son chef, ils n'ont rien à demander.

A supposer, pourra-t-on dire encore, que l'on doive laisser à l'écart la signification usuelle du mot *postérité,* pour s'en tenir à la signification légale, toujours est-il que, pour connaître cette dernière acception, il faudra rechercher ce que la loi elle-même a entendu par le mot *postérité.*

Or, précisément, dans la rubrique dont fait partie l'article 747, les articles qui le précèdent ou le suivent ont employé le mot *postérité* de manière à comprendre les enfants légitimes et les enfants naturels. S'il en était autrement, il faudrait refuser tous droits à ces derniers, ce qui est inadmissible.

Si donc, le mot *postérité* a toujours signifié postérité légitime, postérité naturelle, pourquoi lui donner une signification autre dans l'article 747?

Cet argument, que nous reproduisons dans toute sa force, est plus sérieux que le précédent; il n'est pourtant pas bien solide.

Et d'abord, dire que le mot *postérité* des articles 746, 748, 750, etc..., doit s'entendre de la filiation légitime et de la descendance naturelle, c'est dire une chose inexacte de tout point.

En tant qu'employé au titre des successions déférées aux héritiers, ce mot *postérité* est partout et toujours exclusif de la bâtardise. Et personne ne contestera qu'en l'absence du chapitre des successions irrégulières, seul endroit où soient écrits les droits des enfants naturels, ces derniers ne sauraient rien prétendre sur la succession de leurs auteurs.

Ce titre existe, nous le savons, il doit être exécuté; mais, exception posée à la règle générale, ce titre ne pourra recevoir d'application que dans les cas de son applicabilité. Ces cas quels seront-ils? Tous ceux qui auront trait aux transmissions successorales *proprement dites*, et non à l'hypothèse du retrait qui en est toute différente.

Ce n'est donc en aucune manière biffer dans le titre des successions irrégulières, la section qui a trait aux enfants naturels, que de donner au mot *postérité* le sens que nous lui attribuons. C'est seulement éviter une confusion; c'est seulement donner aux différentes dispositions du code la portée qu'elles ont et qu'elles doivent avoir.

Mais ensuite quand on devrait aller jusqu'à concéder l'interprétation prêtée au mot *postérité* des articles précités, faudrait-il s'empresser d'en conclure que dans l'article 947 ce même mot dût avoir le même sens et la même valeur? Pas du tout.

Les articles 746, 748, 750 et suivants, ne se réfèrent évidemment qu'à la *succession ordinaire*, dans laquelle les enfants naturels doivent prendre la part que la loi leur a *déterminément* assignée.

L'article 747, au contraire, n'a trait qu'à la *succession anormale, privilégiée, anti-ordinaire* de l'ascendant donateur, à l'occasion de laquelle il n'a pas été dit un mot, même par allusion, au titre des successions régulières. Où est donc l'assimilation? Il s'agit de choses inassimilables. Où serait donc la disposition à biffer, dans la section des enfants naturels avec notre interprétation? Nulle part. On ne peut donc plus argumenter.

Dans une foule de cas, les mots *postérité, enfants, descendants*, ont été employés par la loi en sens divers et avec des valeurs différentes. Ainsi, sans sortir de la section des enfants naturels, nous en trouvons de frappants exemples.

Ces mots *enfants* et *descendants* sont aussi génériques et aussi généraux que le mot *postérité*, en bien des articles qu'il serait inutile d'énumérer ces mots embrassent la postérité légitime et naturelle, ils ont parfois cependant une signification plus restreinte.

L'article 759 porte : « En cas de prédécès de l'enfant naturel, les *enfants* ou *descendants* peuvent réclamer les droits fixés par les articles précédents. »

L'article 760 : « L'enfant naturel ou ses *descendants* sont tenus d'imputer sur ce qu'ils ont droit de prétendre du père ou de la mère dont la succession est ouverte, tout ce qui serait sujet à rapport. »

Dans ces deux articles, bien que ces mots *enfants* et *descendants* soient employés sans correctif, il appert qu'ils doivent s'entendre de la descendance légitime et non de la descendance naturelle : car ces articles sont dominés par la disposition inflexible de l'article 756 déjà cité, aux termes duquel les enfants naturels ne peuvent prétendre aucun droit sur les biens des parents de leurs père et mère.

Mais, ajoutera-t-on, si le titre des successions irrégulières ne fournit aucune disposition particulière au droit de reversion, l'article 757 le comprend dans l'étendue de ses termes, et cela suffit.

Nous répondrons plus bas, en démontrant l'inapplicabilité de l'article 757.

Par suite de ce que nous venons d'établir, la disposition de l'article 747 serait isolée, qu'elle nous paraîtrait claire. Mais, heureusement pour notre thèse, cette disposition a, au code, deux sœurs jumelles, qui, surabondamment indiqueraient son véritable caractère. On les trouve dans les articles 351 et 960, lesquels, *chose étrange*, ont été invoqués par les partisans du système contraire.

Suivant le prescrit de l'article 351, la reversion au profit des adoptants donateurs a lieu, lorsque l'adopté qui prédécède ne laisse pas de descendants *légitimes*.

Légitimes! le mot s'y trouve; il est donc clair, même pour ceux qui ne voient que par la lettre, que l'on ne considère ici que la légitimité.

L'adoption, on le sait, est une fiction de la loi qui fait entrer dans une famille étrangère, des personnes qui, *sans sortir de la leur*, sont, en prenant *l'adoptant pour point de départ*, considérées comme des enfants légitimes auxquels elles sont assimilées de tout point, alors même qu'elles seraient en concurrence avec eux.

Donc l'article 351 n'est et ne peut être qu'un calque de l'article 747, qu'une copie corrigée d'un défaut passé inaperçu dans l'original.

L'article 747, en effet, malgré sa récente nuance doctrinale, n'est pas neuf, nous l'avons démontré, et avant de suivre dans l'ordre numérique les dispositions relatives à l'adoption, il les avait précédées dans l'esprit du législateur.

Peu importe que l'article 351 confère aux descendants de l'adoptant des droits qui ne découlent pas de l'article 747; qu'ainsi la reversion ait lieu au profit de ceux-ci toutes les fois que les biens *donnés* par l'adoptant ou *hérités* de lui se trouveront dans la succession de l'adopté donataire.

5

Peu importe qu'*imité du droit ancien*, l'article 352 confère à l'adoptant un droit de reversion sur les biens par lui donnés, qui se retrouveraient dans la succession des enfants de l'adopté, décédés eux-mêmes sans *postérité légitime*

Ces dispositions s'expliquent à merveille par ces considérations, qu'étant totalement étrangère à la famille de l'adoptant, la famille de l'adopté doit être primée par cette dernière, toutes les fois qu'il s'agira des biens en provenant et attribués *personnellement* à une personne qui a cessé d'exister.

L'aticle 960 édicte : « La révocation, pour survenance d'enfants, n'aura lieu qu'au cas de survenance d'un enfant *légitime*. »

Ici encore, évidemment, on exclut la bâtardise pour ne tenir compte que de la légitimité.

La reversion, nous ne l'ignorons pas, est, au cas de l'article 960, constitutive d'un vrai droit de *retour*; mais comme nous avons suffisamment démontré que le droit successoral *sui generis, imaginé* par la doctrine à l'endroit du retrait de l'article 747, ne ressemble en rien aux droits successoraux ordinaires, nous nous permettrons, et on nous permettra, de mettre ces deux reversions sur la même ligne, quand surtout il ne s'agira, comme ici, que d'en examiner, non les *conséquences*, mais le seul *caractère*.

En présence des articles 351 et 960, en présence de ce principe si rationnel qu'il en est mathématique, *que les mêmes causes doivent produire les mêmes effets*, que les mêmes raisons de décider doivent donner la même solution, on peut, suivant nous, se demander comment il est possible de prétendre que le mot *postérité* de l'article 747 comprenne les enfants naturels.

Sera-ce, par hasard, ainsi qu'on l'a soutenu, parce que l'article 747, contrairement aux articles 960 et 351, n'a pas dit postérité *légitime*.

Non, assurément, la maxime *qui dicit de uno negat de altero*, est d'abord *souvent* si pauvre que, quoiqu'en cours encore, elle est depuis longtemps complètement démonétisée.

La maxime ensuite ne serait même pas applicable.

L'article 747, répétons-le pour n'y plus revenir, était suffisamment expliqué par sa rubrique; il devenait donc de superfétation de dire: postérité *légitime*. Quant aux articles 351 et 960, qui n'avaient rien de spécial à telle ou telle catégorie d'héritiers plutôt qu'à telle ou telle autre, force était à la loi de qualifier, de spécifier le terme postérité, afin d'éviter la confusion que l'on n'aurait pas manqué de faire, et avec bien plus juste raison que pour l'article 747.

Si, par suite d'une *inconséquence inexplicable*, le législateur avait entendu différencier la *postérité*, de l'article 747, de la *postérité* des articles 960 et 351, il s'y serait pris, non pas d'une manière pharisaïque, tortueuse, en procédant par réticence, mais en s'expliquant impérativement et d'une façon catégorique.

Passons à un nouvel ordre d'idées.

Totalement étrangers aux parents de leurs auteurs, les enfants naturels ne peuvent prétendre aucun droit sur *les biens* des ces derniers, l'article 756 le dit formellement. *Point de place dans l'affection, point de place dans la succession.*

Comment alors les enfants naturels parviendront-ils à paralyser la reversion, sinon pour la totalité, du moins pour partie (ce qui en principe est *unum et idem*), car en vertu de la règle *le mort saisit le vif,* les biens frappés de reversion font partie des biens du donateur, à l'instant même du décès du donataire?

Voici comme. L'article 757, dit-on, règle les droits des enfants naturels dans *toutes les successions* de leurs parents, sans distinction *de nature* et *d'origine* des biens à appréhender. Les biens donnés faisant partie de la succession du *de cujus,* les enfants naturels doivent y prendre part dans les proportions fixées par le même article.

Commençons par biffer ces mots, trop complaisants, *toutes les successions.* L'article 747 ne porte rien de semblable, il n'a rien de spécial à la reversion. On peut au reste biffer sans préjudice aucun pour l'argument, car l'article 757 dit : tous les biens, ce qui comprend les biens sujets à reversion.

L'argument prouverait trop, s'il prouvait quelque chose. Les articles 750, 751, etc., réglementent aussi des droits qui s'exercent et *vraiment,* eux, sans considération de la nature et de l'origine des biens; et cependant personne, jusqu'à ce jour, ne s'est avisé de se faire une arme de ces textes, soit au profit des ascendants, soit au profit des collatéraux, pour en frapper le droit de reversion.

Comme les articles 750, 751 et suivants, l'article

757 doit s'entendre de tous les biens qui composent la succession ordinaire, et non pas de ceux qui produisent le droit reversif.

Il ne faut pas, ajoutera-t-on encore, faire si bon marché de l'article 757 ; il porte : « Le droit de l'enfant naturel sur les biens de ses père et mère est réglé ainsi qu'il suit : Si le père ou la mère a laissé des descendants légitimes, ce droit est d'un tiers de la portion héréditaire que l'enfant naturel aurait eu s'il eût été légitime, etc.... » Or, s'il eût été légitime, l'enfant naturel eût paralysé la reversion pour le tout ; en l'absence de cette qualité, il doit paralyser la reversion pour partie.

Spécieux peut-être au premier abord, l'argument est loin de se trouver décisif : Non-seulement il ne détruit pas les raisons fournies pour l'interprétation de l'article 747 considéré isolément, mais cet argument se trouve détruit par elles à notre sens, quand on rapproche l'article 747 des articles 351 et 960, dont on ne peut le séparer ; parce que d'une part, s'il est facile, raisonnable, conséquent d'admettre l'identité de ces textes, il est, d'autre part, illogique, inexplicable d'en proposer une différence qu'aucun motif, tant soit peu valable, ne saurait justifier.

Du reste, ces mots : *S'il eût été légitime*, de l'article 757, n'ont pas été insérés à dessein dans le texte, pour indiquer que l'enfant naturel devait nécessairement prétendre droit à une portion de tout ce qu'il aurait obtenu en totalité s'il eût été légitime. Ils ne s'y trouvent que parce que, devant *forcément* comparer, ou, pour parler plus exactement, différencier l'enfant naturel de l'enfant légitime, afin de déterminer, suivant les cas, le *quantùm* de la portion qui devait être attribuée, la loi a dû *forcément* aussi, par contre et par antithèse de ces mots : *enfants naturels*, mettre en regard ces autres mots : *enfants légitimes.*

En d'autres termes, la loi réglant la fraction des droits successoraux afférant aux enfants naturels, sur l'intégralité des droits des enfants légitimes pris pour point de comparaison ou d'opposition, comme on le voudra; il était impossible de construire la phrase de l'article 757, de même qu'il nous serait impossible de construire la nôtre, sans employer les mots : *enfants légitimes.*

Il y a plus : accorder à la descendance naturelle un droit quelconque sur les biens donnés, serait non-seulement violer l'article 756, mais encore porter atteinte à l'économie, à la philosophie entière du code, où en ligne ascendante ou descendante, les mots *droits* ont toujours les mots *devoirs* pour complément et pour corrélatif.

Quand un ascendant donne à l'un de ses hoirs, il a toujours la certitude de ne pas mourir de faim tant que cet hoir du moins aura de quoi le nourrir. Effectivement, si l'aïeul tombe dans la nécessité et que des aliments lui sont refusés, il pourra faire révoquer la donation pour cause d'ingratitude, voire même, demander une pension alimentaire, que les tribunaux accorderont d'autant plus large qu'il se sera montré plus libéral vis-à-vis de son ingrat donataire.

Mais où serait la garantie en filiation illégitime? Étranger pour ses auteurs médiats, l'enfant naturel ne leur doit exactement rien, et il n'est pas au monde de puissance capable de lui imposer l'obligation alimentaire.

Il pourrait donc arriver qu'un enfant naturel jouit, sans charge aucune, d'une partie notable des biens d'un donateur qui, par suite de circonstances imprévues, serait tombé dans la misère la plus complète.

En vain l'on dira que celui qui donne est mu par l'idée de libéralité. C'est vrai; mais, ainsi que le prouve précisément la reversion dont le but est d'encourager les libéralités, l'idée de libéralité n'est pas exclusive du calcul de réciprocité qui, jusqu'à un certain point, naît de l'obligation alimentaire.

Et puis, en l'absence même de tout calcul, le résultat que nous venons d'indiquer serait toujours une de ces iniquités qui ne sauraient subsister en face d'une loi positive; une de ces immoralités, si révoltantes, que le droit ne saurait être muet pour les flétrir, et impuissant pour les réprimer.

Les raisons développées à l'appui de notre thèse, ont une valeur que la cour de cassation a frappée au coin de son imposante autorité dans l'arrêt suivant:

« La Cour, vu l'article 747 du code Napoléon, attendu que, suivant cet article, les ascendants succèdent, à l'exclusion de tous autres, aux choses par eux données à leurs enfants et descendants décédés sans postérité, lorsque les objets donnés se retrouvent en nature dans la succession; que, dans le sens de cet article conféré avec les autres dispositions du code Napoléon qui le précèdent et qui le suivent, le mot postérité qui y est employé équivaut à ceux de descendants et de postérité légitimes; que, par conséquent, les ascendants succèdent aux choses par eux données, à l'exclusion des enfants naturels du donataire, sans que l'existence de ces derniers fasse obstacle au droit de retour établi à leur profit; que cela résulte encore de la combinaison des articles 750 et 751 du code Napoléon avec l'article 747, d'où il suit que, dans le cas prévu par cet article, l'ascendant donateur exclut l'ascendant de l'autre ligne, les frères, sœurs et autres collatéraux du donataire qui pourraient se présenter à titre d'héritiers légitimes; que loin de déroger au droit de retour dont il s'agit dans l'espèce, l'article 756 du code Napoléon le confirme, en refusant aux enfants naturels la qualité d'héritiers, et en ne leur accordant aucun droit sur les biens des parents de leurs père et mère, qui ne sont pas tenus de les reconnaître, et qui ne peuvent être présumés les avoir eus en vue dans leurs libéralités; *qu'en jugeant le contraire, l'arrêt attaqué a expressément violé la loi précitée;* casse, etc. »

Pourquoi donc l'universalité de l'opposition doctrinale? En voici l'explication :

Tous les auteurs sont d'un avis contraire, mais la chose est moins effrayante qu'elle le paraît au premier

abord; c'est un peu, soit dit en bonne part, l'histoire
de La Fable.

. . . .

On avait mis des gens au guet,
Qui, voyant sur les eaux de loin, certain objet,
Ne purent s'empêcher de dire
Que c'était un puissant navire ;
Quelques moments après l'objet devint brulot
Et puis nacelle, et puis ballot,
Enfin bâtons flottants sur l'onde

. . . .

. . . .

De loin c'est quelque chose et de près ce n'est rien.

Tous les auteurs, ou à peu près, se sont bornés à
apostiller, presque sur la foi du maître, l'opinion du
premier jurisconsulte qui se soit occupé de la matière,
l'avis que Chabot a *systématiquement* émis en faveur
des enfants naturels.

Nous disons systématiquement, parce que l'opinion
de Chabot se rattache bien plus, selon nous, à l'homme
politique, qu'elle n'émane du jurisconsulte.

C'est pour cela que la discussion de Chabot, ordi-
nairement si solide, ne renferme ici que des raisons
tellement médiocres, que l'on s'étonne de les rencon-
trer sous sa plume.

Chabot fut un de ces néophilanthropes qui contri-
buèrent le plus à faire passer la loi égalitaire, qui
plaçait sur la même ligne les enfants légitimes et les
enfants naturels. Le discours qu'il prononça au club
des Jacobins est un curieux monument de ce genre.

Plus tard, au corps législatif, Chabot fit une espèce

d'amende honorable. Mais bientôt le vieil homme reparut, et, toujours partisan du système égalitaire, Chabot s'empressa de le reconquérir en partie, ne pouvant le faire pour la totalité.

Une porte était ouverte : l'incertitude du caractère de la reversion. Chabot en profita. Pour lui, le droit de retour se transmuta en droit successoral, qu'il battit immédiatement en brèche au profit des enfants naturels.

Puis, l'opinion de Chabot prévalut, on ne sait trop pourquoi, sur l'avis de de Malleville. Elle rallia d'abord l'adhésion de Toullier, puis celle de M. Duranton; c'était autant qu'il en fallait pour que cette opinion devînt universelle.

Voyons-la ; — Chabot argumente : 1° Des articles 756 et 757, réglémentaires des droits des enfants naturels, sans distinction de nature et d'origine.

Nous avons suffisamment répondu à cela pour ne plus être obligé d'y faire une réponse nouvelle.

Chabot dit, en second lieu (et c'est la raison qui a principalement touché ses imitateurs), que le droit de l'ascendant doit passer après le droit de l'enfant naturel, par le motif que la reconnaissance de ce dernier *équivaut au moins* au testament qui aurait pu avoir lieu en sa faveur.

Nous sommes grandement étonné que l'on ait pu faire, et surtout que l'on ait pu admettre, le parallèle de deux actes aussi dissemblables que la *reconnaissance* d'un enfant naturel et le *legs qu'on ne lui a pas fait.*

Un testament est un *mode de transmettre la propriété;* une reconnaissance est une *manière de cons-*

tater la filiation; et ces deux choses seront identifiées! mais alors, il faudra admetttre la réciproque, et dire que celui qui a testé en faveur d'un enfant naturel, l'a par cela même légalement reconnu. Où mèneraient donc de pareilles hérésies?

Et la comparaison, en l'admettant raisonnable, serait repoussée par les faits et le texte des lois sur les successions.

Que signifie-t-elle au fond? Ceci, apparemment: Que la reconnaissance d'un enfant naturel implique, de la part de celui qui l'a faite, la volonté de transférer à ce même enfant la totalité de ce qui peut lui revenir.

Mais rien n'est plus faux qu'un pareil supposé. Tous les jours, on voit exhéréder des enfants légitimes, plus chers que des enfants naturels, et c'est précisément à cause de cela et en prévision de ce cas, antipode de la supposition de Chabot, qu'à côté de la réserve légale des enfants légitimes, on a jurisprudentiellement créé la *réserve des enfants naturels*, réserve que Chabot s'est empressé d'accueillir en leur faveur.

Chabot, on le voit, s'est réfuté lui-même, et n'a pas attendu pour cela que, dans une espèce donnée, il y eût concurrence entre un ascendant donateur et un enfant naturel légalement reconnu, mais formellement déshérité.

Chabot ajoute, en troisième lieu, comme *ultima ratio:* Si l'ascendant eût voulu exclure la postérité naturelle, il eût pu facilement le dire; s'il a gardé le silence, c'est que son intention a été toute contraire. (Il s'agit, bien entendu, d'ascendants qui n'auraient pas notre manière de voir, sans quoi l'exclusion formelle serait pour le moins superflue).

Certainement l'ascendant aurait pu exclure la descendance naturelle : personne ne voudra le contester ; mais alors, il n'y aurait plus de question ; il s'agirait, non plus d'un *retrait légal*, mais d'un *retour conventionnel*, d'un simple point de fait ; il n'y aurait plus à discuter.

Puis cet argument qui n'en est pas un, peut à l'instant même être retourné contre Chabot et détruire la raison que l'on a trouvée si décisive, celle qui est tirée de l'assimilation de la reconnaissance avec le testament.

Si en effet le donataire eut, ce qu'il pouvait faire, disposé testamentairement au profit d'un enfant naturel, sa volonté se fût manifestement exprimée, il n'y aurait plus à rechercher le sens légal du mot postérité, il n'y aurait plus, pour éviter la conséquence du dilemme de Chabot, il n'y aurait plus, disons-nous, à se creuser la tête pour enfanter un parallélisme tel que celui du testament, avec la reconnaissance d'un enfant naturel.

Deux auteurs modernes, et des meilleurs, ont aussi appuyé l'opinion de Chabot. Ils ont apporté chacun une raison nouvelle, qu'il nous est impossible de trouver beaucoup plus sérieuse que celles que nous venons de réfuter.

« S'il existait à la fois, dit M. Marcadé, un enfant naturel et un enfant légitime, personne n'aurait l'idée de demander la reversion même pour partie, quoique l'enfant naturel prît alors une partie des biens donnés ;

mais s'il en est ainsi malgré la présence de l'ascendant donateur, le droit de ces enfants est donc plus fort que celui de cet ascendant ».

Nous commencerons par répondre, que c'est une manière fâcheuse que d'aller, pour résoudre une espèce, chercher son point d'appui dans une autre espèce *complètement opposée.*

Et nous ajouterons que ce qui paraît logique à M. Marcadé, nous semble souverainement illogique.

Quand un enfant naturel est en concours avec un enfant légitime, c'est ce dernier seul qui paralyse le droit de retour, en se présentant par suite de l'affection présumée de la loi, et du bénéfice de la représentation, armé de l'article 747, qui, nous l'avons démontré, en est une conséquence sinon forcée, du moins très-naturelle.

L'enfant naturel en ce cas, il est vrai, prend une certaine part; mais c'est parce que la *reversion a été détruite,* et le droit de succéder, le droit de *succession ordinaire ouvert* par l'enfant légitime ; ce qui ne saurait faire que l'enfant naturel puisse prendre la même part, alors que se présentant seul en face de la *reversion qui subsiste,* il ne peut de lui-même faire naître son *droit successoral.*

Que ce résultat ait quelque chose de singulier, c'est possible, mais une singularité ne peut autoriser une violation de principes, alors surtout que la loi, même en matière d'enfants naturels, a d'autres singularités identiques que l'on ne saurait décliner, encore bien que l'on pût faire le même raisonnement.

Exemple. Du chef de son auteur, décédé lui-même postérieurement à la mort de son père légitime, un enfant naturel a incontestablement des droits à faire valoir sur la succession de ce dernier. La raison paraîtrait également vouloir que l'enfant naturel dont l'auteur fût décédé avant son père légitime, pût encore exercer les mêmes droits lors de la mort de celui-ci. Et, cependant, cela ne saurait être, par le motif encore, qu'au cas présent, comme dans l'espèce qui précède, l'enfant naturel a besoin d'une tierce personne pour faire naître un droit qu'il ne peut s'ouvrir à lui-même.

En admettant, avec nous, que le mot *postérité*, de l'article 747, ne s'applique qu'à la *seule postérité légitime*, M. Zachariœ trouve néanmoins, dans la généralité des termes de l'article 757, un argument qui le décide à entamer la reversion au profit de la descendance illégitime.

Et, pour être conséquent avec ce système, ce que nous préférons à l'argumentation de lettre, qui conduirait à un résultat contraire, MM. Aubry et Rau, étendent la solution même aux enfants naturels de l'enfant adoptif, bien que l'article 351 dise formellement « que le retrait s'exercera toutes les fois que le donataire prédécédera sans laisser d'*héritiers légitimes....;* car, disent MM. Aubry et Rau, une différence entre les deux cas ne saurait se justifier par aucun *motif rationnel.* »

Nous applaudissons de grand cœur à cette identification des deux espèces, que nous avions faite dans un sens opposé bien avant de connaître l'opinion de ces estimables auteurs; mais nous ne savons comment ils pourront expliquer la différence qui existera entre ces deux cas et celui de l'article 960, qui porte aussi que la révocation n'aura lieu que par suite de la survenance d'un *enfant légitime*, et qui ne tombe pas sous le coup de l'article 757.

A MM. Aubry et Rau, nous dirons, non-seulement que l'article 351 résiste à la violation d'un texte qui éclairerait, au besoin, celui de l'article 747, loin de pouvoir être détruit par l'inexplicité de celui-ci; mais que, de plus, l'article 747 lui-même, résiste aussi énergiquement au dommage qu'on veut lui faire au moyen de l'article 757; car, étant admis que le mot *postérité* dont parle l'article 747 ne se réfère qu'à la postérité légitime, il faut en même temps admettre que les autres mots du même article, « les ascendants succèdent à *l'exclusion de tous autres*, » font obstacle aux droits de tout ce qui ne serait pas postérité légitime, et conséquemment aux droits de la postérité naturelle.

Cette interprétation n'est en aucune manière contraire au texte de l'article 351, ajoutent MM. Aubry et Rau, puisqu'ils reconnaissent que la présence des descendants naturels de l'enfant adoptif n'empêche pas d'une manière absolue le droit de retour.

MM. Aubry et Rau pour concilier deux choses inconciliables, à savoir le texte qu'ils violent et le raisonnement qu'ils font, nous paraissent rapetisser leur argumentation, et abdiquer l'indépendance qui en était le caractère.

Que la reversion soit empêchée pour le tout ou pour partie, le principe est le même. La question n'est pas de savoir si l'enfant naturel aura un droit quelconque, droit qu'on laissera passer parce qu'il n'est qu'une fraction d'un droit plus étendu, parce qu'il laisse subsister la reversion fractionnée dans une proportion pareille ; la question est de savoir si cette fraction de droit *pourra naître*, si elle *pourra exister ;* nous croyons que toute notre discussion aura démontré le contraire.

Ce que disent MM. Aubry et Rau, à l'occasion de l'article 351, à savoir que bien qu'en partie confisquée au profit de l'enfant naturel, la reversion n'en reste pas moins debout encore, pourrait s'étendre à l'article 747. Mais cette opinion mixte n'aurait aucune chance de succès en présence des principes, d'une discussion sérieuse, et de ces mots surabondants à *l'exclusion de tous autres,* dont ne parle pas l'article 351, encore bien qu'il les contienne virtuellement, car pour nous les articles 351, 747, 960, se reflètent comme trois miroirs fidèles, ne pouvant fournir qu'une seule et même disposition, parce qu'ils ne reproduisent qu'une seule et même pensée.

Peu partisan sans doute en matière juridique de la maxime *Audaces fortuna juvat,* le tribunal d'Arras se mit du côté des gros bataillons et rendit le jugement suivant :

« Considérant que les termes dans lesquels l'article 747 du code Napoléon se trouve conçu, sont *généraux, clairs, précis, et n'ont besoin pour leur intelligence d'aucune espèce d'interprétation ;* qu'en effet le mot postérité, *soit dans le sens de la loi*, *soit dans le sens grammatical*, s'applique aussi bien aux enfants naturels qu'aux enfants légitimes; que, quand le législateur a voulu faire entre eux une distinction, il s'est servi d'expressions qui ne pouvaient laisser aucun doute à cet égard, ce qui résulte évidemment des articles 351 et 960 du code Napoléon.

« Considérant que les droits des enfants naturels reconnus sont réglés dans les articles 657 et suivants, *et s'exercent dans toutes les successions*, dans les limites indiquées par la loi; qu'il n'y a rien dans l'article 647 relatif aux successions déférées aux ascendants, qui fasse obstacle à l'exercice de ce droit.

« Que c'est en vain qu'on invoque le retrait établi dans cet article en faveur des ascendants; que ce retrait, qui diffère essentiellement de celui introduit dans l'ancien droit, n'est rien autre chose qu'un droit successoral subordonné à certaines éventualités; *que de même que tout créancier peut exercer les droits qui lui ont été conférés par le donataire sur les objets donnés, de même, et à plus forte raison, l'enfant naturel, en vertu des articles 747 et 757, peut revendiquer la part qui lui est assignée;* car le droit de l'ascendant se borne à reprendre les biens qui se trouvent encore dans la succession, et sous la condition des charges dont ils ont pu être grévés; l'ascendant n'est qu'un héritier qui, rencontrant un enfant naturel dans la succession, doit souffrir que les droits, d'ailleurs restreints, que la loi accorde à cet enfant soient liquidés et prélevés avant que de reprendre ce qui lui revient.

6

» Le tribunal, etc..... »

Ce jugement que nous nous abstiendrons de critiquer, fut *tout naturellement* frappé d'un appel, qui l'infirma. Et l'arrêt d'appel obtint lui-même, le 9 août 1854, conformément aux conclusions remarquables du savant premier avocat-général, M. Nicias Gaillard, l'éclatante confirmation de l'arrêt rendu par la cour de cassation, chambre civile. En sorte que persistant dans son ancienne jurisprudence, la cour suprême s'est, on peut le dire, prononcée *in terminis.*

Voici les arrêts de la cour de Douai et de la cour de cassation.

Arrêt de Douai. « La Cour ; — Attendu qu'aux termes de l'article 747 du code Napoléon, les ascendants succèdent à l'exclusion de tous autres, aux choses par eux données à leurs enfants ou descendants décédés, sans *postérité,* lorsque les objets donnés se retrouvent en nature dans la succession ;

« Attendu que le mot postérité employé dans l'article précité, ne peut s'entendre que de la postérité légitime ;

« Attendu que s'il est vrai de dire que lorsque le législateur a entendu consacrer un droit, en faveur des enfants légitimes, à l'exclusion des enfants naturels, il s'en est expliqué en termes précis, notamment dans les articles 351 et 960 du code Napoléon, il faut aussi reconnaître qu'il a expressément désigné les enfants naturels lorsqu'il a voulu leur appliquer des dispositions relatives aux enfants légitimes ; qu'on en trouve la preuve dans l'article 383 du code Napoléon ;

« Attendu, d'autre part, qu'il est impossible de méconnaître que, dans certaines dispositions, le mot postérité employé seul ne doive s'entendre que de la postérité légitime à l'exclusion de la postérité naturelle;

« Qu'ainsi, dans les articles 746, 748 et suivants, il ne peut être douteux que le mot postérité ne soit exclusif des enfants naturels;

« Attendu que pour saisir le sens et la portée d'une disposition de loi, il ne faut pas l'isoler de la matière sur laquelle la loi statue;

« Attendu que, dans l'article 747, comme dans ceux qui le précèdent et qui le suivent, le législateur s'occupe de régler l'ordre des successions régulières, c'est-à-dire, de celles qui sont déférées à la parenté légitime, et que ce n'est que dans le chapitre suivant et dans l'article 756 et suivants, qu'il s'occupe des successions irrégulières, c'est-à-dire, de celles déférées aux enfants naturels;

« Que ce serait méconnaître les règles d'une saine interprétation, que de donner au mot postérité, dans l'article 747, un sens différent de celui qu'il reçoit dans les articles qui le précèdent et dans ceux qui le suivent;

« Que le sens de cet article, comme celui des articles 746, 748 et suivants, est dominé par la matière même à laquelle ils se réfèrent, c'est-à-dire, à la succession déférée aux divers ordres de la parenté légitime;

« Attendu que l'intention du législateur, manifestée

dans l'article 747, concourt à restreindre l'application de du mot postérité à la descendance légitime;

« Qu'en effet, le droit spécial et exceptionnel, consacré par cet article, prend sa source dans la disposition du droit Romain, qui a voulu épargner a ux ascendants la double perte de leurs enfants et des biens dont ils s'étaient dépouillés en leur faveur, *ne et filiæ amissæ et pecuniæ damnum sentiret;* (ff. l. 6 de jure dot);

« Que ce droit avait aussi été introduit pour exciter la générosité des ascendants qui eût pu se refroidir, sous la double crainte qu'ils auraient eue de perdre tout à la fois leurs enfants et leur fortune, *formidine parentum circà liberos munificentia retardetur* (ff. l. 2. de bon. quæ lib.) ;

« Attendu que cette préoccupation si légitime et si morale du législateur, ne saurait s'étendre aux enfants naturels;

« Que, loin que l'existence d'un enfant naturel soit pour l'ascendant donateur une consolation de la perte de son fils, elle est une douleur de plus et un témoignage vivant de la tache faite à sa famille;

« Attendu que si l'ascendant qui se dépouille en faveur de son fils, est présumé embrasser, dans sa libéralité, la descendance légitime de son fils, cette présomption ne peut s'étendre aux enfants naturels de ce dernier;

« Que, loin de continuer la famille, les enfants naturels en rompent le lien et en détruisent l'harmonie;

« Que ce serait donc méconnaître la véritable pensée du donateur que de faire participer aux bienfaits de la donation, un enfant naturel, que non-seulement il n'a pas pu comprendre dans ses intentions libérales, mais qu'il en eût certainement exclu, s'il avait pu pressentir les écarts qui lui ont donné la vie;

« Attendu, en effet, que, par acte entre vifs passé devant Mᵉ Petitpret, notaire à la résidence de Vimy, le 17 août 1840, Augustin-François Houlier a fait, entre ses deux enfants, alors existants, Onésime-Célina Houlier et Denis-Augustin Houlier, le partage anticipé de ses biens;

« Attendu que cette démission de biens, faite dans la forme des donations entre vifs, est soumise comme les donations elles-mêmes au droit de retour, dans les conditions prévues par l'article 747 du code Napoléon;

« Attendu qu'Onésime Houlier est décédée sans postérité légitime; que la survivance d'Onésime Lallart, son enfant naturel, ne peut empêcher l'exercice du droit de retour, au profit d'Augustin-François-Joseph Houlier, son père, des biens compris dans la donation du 17 août 1840, et qui se retrouvent, en nature, dans la succession d'Onésime-Célina, donataire :

« La Cour, émendant le jugement dont est appel, dit que les biens donnés par Augustin-François-Joseph Houlier à Onésime-Célina Houlier, dans le partage du 18 août 1840, et qui se retrouveront en nature, dans la succession de celui-ci, retourneront au donateur, sans que Lallart puise y prétendre aucune part. »

Arrêt de Cassation. « Attendu que, suivant l'article 747 du code Napoléon, les ascendants succèdent, à l'exclusion de tous autres, aux choses par eux données à leurs enfants et descendants décédés sans postérité, lorsque les objets donnés se trouvent en nature dans la succession ;

« Attendu que cette disposition classée dans le chapitre 3, concernant les divers ordres de successions régulières, déférées soit aux descendants, soit aux ascendants, soit aux collatéraux, n'a pour objet, comme toutes les autres dispositions du même chapitre, que de régler des rapports de succession qui ont pour objet les liens de parenté nés du mariage ; que par conséquent, il n'y est pas question des enfants naturels dont les droits ne se trouvent fixés que dans le chapitre 4, relatif aux successions irrégulières ; qu'il suit de là que l'article 747, lorsqu'il établit un droit de retour à titre de succession en faveur de l'ascendant, donateur, si le donataire décède avant lui sans postérité, ne prononce cette dispense de retour que dans le cas où le prédécès sera survenu, sans que le donataire ait laissé de postérité légitime ; que c'est, en les entendant aussi, seulement de la famille légitime, que les expressions génériques d'enfants, descendants et ascendants, sont employées dans le même chapitre 3 ; et que le mot postérité se trouve reproduit dans les articles 748, 750 et 751 ;

« Attendu que cette interprétation n'est nullement en opposition avec la rédaction des articles 351 et 960 ; que dans la première de ces dispositions, relative au droit de retour réservé à l'adoptant, au cas où il survit à l'adopté, et dans la seconde qui déclare les donations révoquées par survenance d'enfants, il a été indispensable de dire expressément que ce droit de retour et la révocation des donations, n'auraient pas lieu, si l'adopté laissait des enfants légitimes, ou s'il en survenait au donateur; qu'en effet, ces matières n'impliquaient pas, par elles-mêmes, l'exclusion des enfants naturels, mais que relativement au droit de retour dont il s'agit dans l'article 747, il a suffi pour exprimer la même exception réduite aussi en cas de l'existence d'une descendance légitime, que cette disposition ait trouvé place dans la partie du code qui ne régit que les successions régulières;

« Attendu que les motifs de la loi se joignent à son texte pour en déterminer le sens véritable; que si la survie d'enfants légitimes du donataire a dû faire obstacle au droit de retour légal, c'est parce que l'ascendant donateur est supposé avoir voulu les rendre éventuellement l'objet de sa libéralité, en les confondant dans l'affection qu'il portait au donataire; que cette présomption manquerait de vérité, si elle était appliquée à la descendance naturelle; que d'une part, le donateur ne peut être présumé avoir étendu les mêmes sentiments de préférence jusqu'à l'enfant illégitime, dont la naissance, au donataire, s'il avait pu le prévoir, attestant l'oubli des premiers devoirs de la famille, aurait plutôt changé qu'elle n'aurait raffermi ses intentions bienfaisantes; que, d'autre part, la filiation naturelle n'établit de rapports de parenté civile qu'entre l'enfant et les parents qui l'ont reconnu; qu'elle ne l'introduit pas dans la famille à l'égard de laquelle il n'est, devant la loi, qu'un étranger;

« Attendu que la loi se contredirait elle-même, si n'ayant fait cesser le retour légal que par la survie d'une postérité légitime, lorsque ce retour est réclamé au nom de la paternité contractuelle, résultant de l'adoption, elle accordait moins de faveur aux ascendants donateurs en général.

« Attendu que l'article 757, d'après lequel l'enfant naturel prend une part dans la succession de ses père et mère, n'apporte aucune dérogation au droit des ascendants donateurs ; que ce droit constitue pour ceux-ci, à l'exclusion de tous autres successeurs réguliers ou irréguliers, une succession particulière, dont l'attribution n'est soumise qu'aux seules conditions qui sont énoncées dans l'article 757 ;

« Attendu, dès-lors, qu'en décidant, que sur les biens donnés par Houlier, père, à Onésime-Célina, sa fille légitime, et qui existaient encore en nature au décès de celle-ci, l'enfant naturel qu'elle a laissé, n'aurait pu prétendre à aucun droit au préjudice du retour légal acquis au donataire : l'arrêt attaqué, loin de violer les dispositions de lois invoquées à l'appui du pourvoi, en a fait, au contraire, une juste application ;

« Rejette le pourvoi.

DISSERTATION

SUR LE DROIT CONFÉRÉ AUX CRÉANCIERS PAR L'ARTICLE 882

DU CODE NAPOLÉON.

I.

En confirmant son ancienne jurisprudence (arrêt du 1er juin 1850. — Devilleneuve 1851 2. 608), par la solution affirmative de la question de savoir si les créanciers non opposants et non intervenants peuvent attaquer pour fraude à leurs droits un partage consommé, la cour de Grenoble paraît devoir raviver la controverse qui dès longtemps déjà, divise les cours et tribunaux sur l'interprétation combinée des articles 882 et 1167 du code Napoléon.

Cette controverse a enfanté trois systèmes, deux absolus, exclusifs l'un de l'autre; puis un troisième faisant de l'éclectisme, puisant dans les deux premiers, essayant de les concilier par une solution mixte.

Certaines cours décidaient, que, par cela seul qu'il y avait fraude, la fraude émanât-elle du seul cohéritier débiteur, le partage était attaquable de la part des créanciers.

D'autres voulaient que le partage une fois consommé,

fût complètement inattaquable, encore bien qu'infecté de dol, de quelque part et si universellement qu'il se fût manifesté.

D'autres enfin, rejetaient l'action des créanciers au cas de fraude du débiteur seul, en admettant cette action au cas de collusion des autres parties copartageantes.

Sérieux en jurisprudence, et vivace encore aujourd'hui, ce débat n'a que médiocrement ému la doctrine, depuis Toullier, l'un de ses plus anciens organes, jusqu'à M. Marcadé, son expression la plus nouvelle, nos meilleurs auteurs ont été unanimes pour rejeter le premier, le dernier de ces trois systèmes et proclamer dans toutes les hypothèses la déchéance du droit des créanciers. Nous nous rallions complètement à la doctrine et allons jusqu'à déclarer, que ce n'est point sans un certain étonnement que nous voyons l'opinion unanime des jurisconsultes manquer de la consécration unanime de la jurisprudence. Telle est notre proposition, essayons de la démontrer.

II.

De tous temps les biens du débiteur ont été considérés comme le gage commun de ses créanciers. La règle *bona non intelliguntur nisi deducto ære alieno*, aussi ancienne que le droit, a été adoptée par tous les législateurs; il ne pouvait y avoir désaccord sur un pareil principe.

Le principe posé, on devait s'accorder encore sur la

conséquence, c'est-à-dire, la sanction qu'il devait comporter. Aussi tous les législateurs s'entendirent-ils sur ce nouveau point, que sous peine de rendre la maxime irritante, il fallait veiller non-seulement à ce qu'on ne la put ouvertement enfreindre, mais surtout à ce que les fraudes des débiteurs fussent impuissantes à la paralyser d'une manière indirecte, en arrivant par de tortueux ambages, à l'annihilation de l'action utile des créanciers.

Ce sur quoi on s'entendit moins, et ce sur quoi il était permis de moins s'entendre, puisque la question pouvant être envisagée sous différents aspects, il pouvait y avoir divergence dans les solutions, était ce dernier point; quels sont les moyens à prendre pour arriver à la solution, pour mettre à l'abri les droits du créancier, sans trop nuire sinon à ceux du débiteur, du moins aux droits corrélatifs des tiers cointéressés? Et cette question qui s'agita sur bien des chefs, s'agita notamment au cas de partage.

A Rome, où ils n'étaient pas légalement censés connaître les partages auxquels pouvaient prétendre avoir droit leur débiteur, et où ils n'avaient du reste aucun moyen, soit de s'opposer au partage, soit d'y intervenir, les créanciers étaient habiles au moyen de l'action (prétorienne fictive), *paulienne* ou *révocatoire* à faire résoudre un partage consommé, comme fait en fraude de leurs droits. Inutile de parler ici de la double nature de l'action paulienne, et des différents caractères que, suivant les cas, elle pouvait revêtir. Ce qu'il faut retenir, c'est qu'à Rome, *les créanciers impuis-*

sants à prévenir un mal éventuel, avaient, quand il s'était réalisé, la faculté d'y porter remède même au préjudice, en bien des circonstances, des tiers intéressés.

Sous l'empire des coutumes, la physionomie du droit des créanciers fut complètement modifiée. On trouva que l'intérêt des cohéritiers étant, lui aussi, éminemment respectable, il valait infiniment mieux *prévenir le mal que d'avoir à le guérir* au dommage de leurs droits, dut-on, pour prévenir ce mal, tomber dans l'excès contraire à celui que l'on voulait éviter, et sacrifier parfois les créanciers à la famille.

On admit, en conséquence, en présomption légale, que les créanciers, s'ils étaient vigilants, devaient connaître tous les partages intéressant leur débiteur; et cette présomption admise, on permit aux créanciers, soit d'intervenir au partage, soit de s'opposer à ce qu'il fut fait hors de leur présence, en leur donnant le droit de faire résoudre, comme entaché de fraude, le partage qui aurait eu lieu au mépris de leur intervention ou de leur opposition, mais en leur déniant celui de faire, en l'absence de ces mesures précautionnelles, résoudre comme frauduleux un partage consommé, et cela *quod notandum*, que le débiteur ait ou non colludé avec ses cohéritiers. On peut consulter à ce sujet les Coutumiers, Dargentré-Chopin, sur la coutume de Paris, livre 2, titre 5, nombre 8. — Dumoulin, sur la même coutume. § 1er, Gse 3, n° 15, TT., dans son Traité des successions, titre des rapports, Lebrun qui combat l'opinion de ces deux derniers auteurs, au cas de renonciation frauduleuse, paraît entièrement revenir à cette opinion au cas de partage dolosif, dans son titre subséquent des partages, livre 4, chapitre 1er, N. 63.

III.

Les rédacteurs du code se sont trouvés en présence de ces deux théories contraires; ont-ils fait une fusion ou une option? S'ils ont opté, en faveur de laquelle se sont-ils prononcés?

La réponse à ces questions ne saurait être douteuse, pour quiconque a soigneusement examiné la filiation de l'article 1167, ses transformations dans les projets de rédaction, les exposés de motifs, et les discussions auxquelles il a donné lieu. De cet examen, en effet, résulte à l'évidence que le droit romain avec ses distinctions a été répudié, pour faire place au droit coutumier, lequel, on le sait, a été presque toujours, et malgré l'énergique résistance des avocats du midi, ses éloquents défenseurs, l'objet des prédilections de nos législateurs actuels.

Lors de la discussion au conseil d'état, du titre des contrats et obligations, la rédaction du projet de l'article 1167, était ainsi conçue :

« Ils (les créanciers) peuvent aussi, en leur nom personnel, attaquer tous actes faits par leur débiteur en fraude de leurs droits. »

Plus tard, lors de la présentation nouvelle au conseil d'état du projet rédigé conformément aux amendements adoptés dans les séances des 11, 18, 25 brumaire et 2 frimaire, le conseil ajouta à la rédaction primitive la disposition suivante, qui (rappelant, l'article 882) a posé à n'en pas douter, une double dérogation à la règle générale de résolution, au cas de fraude aux droits des créanciers ; cette disposition la voici :

« Ils (les créanciers) doivent néanmoins, quant aux droits énoncés aux titres des successions et des contrats de mariage, se conformer aux règles qui y sont prescrites. »

Enfin, après conférence tenue au Tribunat, cette rédaction devint définitive, de telle sorte que l'article fut en dernier état de cause maintenu tel que nous le lisons aujourd'hui.

« Ils peuvent aussi, en leur nom personnel, attaquer tous actes faits par le débiteur en fraude de leurs droits.

« Ils doivent néanmoins quant à leurs droits énoncés aux titres des successions et des contrats de mariage se conformer aux règles qui y sont prescrites. »

Or, en ce qui concerne les successions, et plus spécialement les partages, l'article 882 disposant : « Les créanciers d'un co-partageant, pour éviter que le partage ne soit fait en fraude de leurs droits, peuvent s'opposer à ce qu'il y soit procédé hors de leur présence. Ils ont le droit d'y intervenir à leurs frais, mais ils ne peuvent attaquer un partage consommé à moins toutefois qu'il n'y ait été procédé sans eux et au préjudice d'une opposition qu'ils auraient formée. » Il est manifeste que les rédacteurs de l'article 1167, règle générale susceptible d'exception, n'ont formellement et d'une manière surabondante dérogé à cette règle par l'exception, renvoyant à l'article 882, lequel par avance avait déjà créé une exception à la règle générale qui devait être ultérieurement posée, et n'ont admis comme présomption légale *juris et de jure,* la présomption coutumière que dans le seul but de faire bien comprendre l'impossibilité radicale, pour les créanciers réputés non-vigilants, de provoquer la résolution d'un partage qu'ils prétendaient avoir été frauduleusement consommé.

S'il pouvait, au surplus, et nous ne le croyons véritablement pas, rester quelque doute, ce doute se trouverait entièrement levé par ce qu'a développé, et sur le texte, et sur l'esprit de l'article 1167, Bigot-Préameneu dans son exposé des motifs au corps législatif.

« Il faut encore, disait ce rapporteur, pour que les contrats ne puissent nuire aux tierces-personnes, que les créanciers aient le droit d'attaquer en leur nom, les actes faits en fraude de leurs droits.

« On n'a cependant pas voulu *que les créanciers pussent troubler le repos des familles,* en attaquant, comme frauduleux, certains actes qui sont nécessaires, *actes qu'ils ne sont point censés ignorer* et dans lesquels on leur donne *seulement le droit d'intervenir* pour y défendre leurs droits; ces cas sont prévus dans le code Napoléon. Tel est celui d'un cohéritier dont les créanciers peuvent s'opposer à ce

7

qu'il soit procédé hors de leur présence au partage des biens de la succession qu'il recueille, et y intervenir à leurs frais *mais sans avoir le droit d'attaquer ce partage lorsqu'il est consommé*, à moins qu'on eût procédé sans égard à une opposition qu'ils auraient formée.

Tous les mots dans cet exposé portent coup, et ne laissent aucune place pour la moindre petite ambiguité.

IV.

Qu'objecte-t-on à ce système dans les deux camps de nos adversaires? Rien de bien sérieux, et toutes les objections peuvent se résumer en une seule que voici :

La fraude est une cause générale de rescision des actes qu'elle entache, l'article 882 (auquel renvoie l'article 1167), ne déroge pas à ce principe. — Cet article, en effet, se compose de deux phrases : et s'il est vrai que dans la première on s'occupe du cas de fraude, il faut reconnaître que rien de pareil n'est prévu dans la seconde, où le mot *fraude* n'est même pas répété; l'article, donc, sainement entendu, ne crée aucune exception à la règle. — C'est ainsi, du reste, que l'a positivement interprété l'un des orateurs, M. Treilhart; c'est ainsi qu'il faut l'entendre dans l'hypothèse surtout de collusion de la part de tous les cohéritiers, car alors il y aurait trop d'inconvénient à admettre une autre interprétation.

A cette objection, qu'on ne nous accusera certes pas d'avoir affaiblie, la réponse est facile; en présence surtout de ce que nous avons dit avant d'y arriver.

En règle générale, oui, la fraude est une cause de rescision, mais la règle fléchit incontestablement devant l'exception. Or, au cas de partage, il y a exception évidente dans l'article 882 d'abord, et dans l'article 1167 ensuite, par la raison qu'à moins d'être un non-sens, et, qui plus est, un contre-sens, ce dernier article n'aurait pas renvoyé à l'article 882, si cet article n'eût point contenu *in fine* une dérogation à la règle.

Prendre texte de ce que le mot *fraude*, inséré dans la première partie de l'article 1167, a disparu de la seconde, pour en induire que le cas de fraude a été excepté de la disposition finale, c'est non plus faire de l'argumentation, mais de l'argutie la plus subtile et la plus hébraïque.

La pensée qui a dicté l'article, cela est certain, a été une et unique, et les deux parties de la même phrase qu'il renferme concourent à la rendre homogène. On ne peut donc ainsi éplucher les mots, décapiter l'article pour en isoler une partie et chanter victoire de ce qu'il n'y ait pas eu redondance inutile dans une seconde disposition entièrement dominée par une première.

La pensée a été une et homogène, disons-nous; que signifierait, en effet, la seconde partie de l'article entendue dans le sens que lui prêtent nos contradicteurs; rien absolument, car si le partage impugné par les créanciers n'était pas frauduleux, ces mêmes créanciers *sans intérêt*, seraient aussi *sans action* et n'auraient pas, alors même que le partage eût été consommé nonobstant leur intervention ou leur opposition, *qualité* pour attaquer ce même partage par cette raison infiniment simple, que les *mesures précautionnelles* qu'ils auraient prises et qu'ils étaient autorisés à prendre, dans le but unique d'éviter la fraude, seraient devenues, en supposant qu'on les eût respectées, complètement inutiles en face de l'évènement et du résultat de la liquidation.

Et l'orateur Treilhart ne pharisaïsait point de la sorte alors qu'il s'exprimait ainsi sur l'article 882 :

« Le payement des dettes est la première et la plus importante obligation des héritiers : les créanciers dont l'intérêt ne peut être révoqué en doute, peuvent s'opposer, pour la conservation de leurs droits, à ce que le partage soit fait hors de leur présence, mais ils ne peuvent pas attaquer un partage fait *sans fraude* en leur absence, à moins qu'il n'y eût été procédé au préjudice d'une opposition qu'ils auraient formée. Ils sont bien maîtres d'intervenir, mais on n'est pas obligé de les appeler. »

En admettant que ces mots sans *fraude*, constitutifs d'une phrase incidente, ne soient pas un *lapsus* mêlé par mégarde au cours d'une discussion, il nous est impossible de penser que Treilhart ait eu la naïveté de dire que des créanciers sans intérêt et conséquemment sans qualité, pussent attaquer un partage non frauduleux, par cela seul qu'on aurait fait sans eux ce que l'on n'aurait pas fait mieux en leur présence. Ces mots de Treilhart, s'ils ont été intentionnels, ne peuvent qu'accuser une arrière pensée toute personnelle et *sans écho*, mal formulée par un orateur imbu encore de la loi romaine ou désireux de la conserver.

Et puis, lorsqu'ultérieurement à la discussion de l'article 882, eut lieu la discussion dernière et plus approfondie sur le droit des créanciers, au cas de fraudes à leurs intérêts, à propos de l'article 1167 ; lorsque cet article eut mis nettement en lumière, dans une adjonction bien significative, et la dérogation à la règle de son premier paragraphe, et le renvoi à l'article 882, qui y avait dérogé également ; lorsqu'enfin les paroles du rapporteur Bigot-Préameneu eurent sommé tous les opposants, tous les contredisants, de s'expliquer, et sur la lettre, et sur la pensée bien connue de l'article, aucune réclamation ne s'éleva de la part de Treilhart qui par son silence, prouva ou qu'il n'avait pas pris au sérieux ces mots *sans fraude*, ou, que les sentant bien et dûment hors la loi, il passait condamnation.

Que maintenant il ne puisse pas y avoir quelqu'inconvénient à ce qu'au cas de collusion des cohéritiers du débiteur, les créanciers surpris par un partage imprévu, soient forclos du droit de le faire résoudre ; c'est une question que nous n'avons pas à aborder, car la question à trancher n'est pas là, la loi n'est pas à faire, elle est faite, dure peut-être, mais enfin une loi dure est une loi *dura lex sed lex* ; les considérations qui ont *fléchi devant la rédaction*, doivent à bien plus forte raison *fléchir devant l'application ;* tourner un texte clair, positif, ce n'est plus interprèter, mais violer.

Le code n'a pas voulu distinguer entre les cas de fraudes personnelles aux débiteurs, et les cas de fraudes communes entre eux et leurs cohéritiers; de hautes considérations de famille lui ont fait rejeter les distinctions prétendûment équitables de la loi romaine, parce que ces distinctions grosses de procès, grosses des frais qu'ils entraînent, étaient un remède véritablement pire que le mal, en ce sens qu'au cas de fraude du débiteur seul, les créanciers mécontents ne manqueraient jamais de crier à la collusion de tous les héritiers.

Pour nous, tout en reconnaissant les inconvénients de la loi, il nous est impossible de la blâmer; s'ils ne peuvent punir les cohéritiers au moyen de la résolution de l'acte que ceux-ci ont concouru à rendre frauduleux, les créanciers ne leur sont cependant pas livrés désarmés et à merci. Ces créanciers ont en effet, dans les articles 1382 et suivants, les moyens de faire réparer, par les complices du dol, le préjudice né de la collusion.

V.

Deux mots encore pour terminer sur cette matière.

Qu'il y ait ou n'y ait pas collusion, les créanciers forclos au cas de fraude, auront toujours, non plus de leur chef, mais bien aux termes de l'article 1166, la possibilité de faire valoir, à l'occasion du préjudice causé, les droits de leur débiteur dans tous les cas où celui-ci pourrait les faire valoir lui-même. C'est ainsi que les créanciers seraient habiles à provoquer un nouveau partage s'il y avait lésion de plus du quart, etc., etc.

Un partage simulé n'étant qu'une apparence et non une réalité, rien, au cas de simulation, ne s'opposerait à ce que les créanciers demandassent, non pas un nouveau partage, parce qu'un partage simulé n'en est pas un, mais la nullité de l'acte indûment qualifié tel.

DISSERTATION

SUR

LA COMPÉTENCE EN MATIÈRE DE CONTREFAÇON,

ET SUR

LE POINT DE SAVOIR SI, DÉFENDEUR, SOIT AU CORRECTIONNEL,

SOIT AU CIVIL, LE PRÉTENDU CONTREFACTEUR

PEUT PORTER DIRECTEMENT UNE ACTION EN DÉCHÉANCE OU EN NULLITÉ,

PARDEVANT

LE TRIBUNAL CIVIL DU DOMICILE DU BRÉVETÉ.

Les questions les plus usuelles, sont loin d'être toujours les plus approfondies. Rien, par exemple, de plus pratique que les points de savoir si, sous l'empire de la loi du 5 juillet 1844, les prétendus contrefacteurs assignés, soit au civil, soit au correctionnel, peuvent introduire *rectâ viâ*, une action principale en nullité ou en déchéance de brevet pardevant le tribunal civil du domicile du bréveté.

Eh bien, de ces deux questions, l'une relative au défendeur au correctionnel, n'est traitée *in extenso* nulle part, que nous sachions; l'autre relative au défendeur au civil, n'est même point prévue par les auteurs, et se trouverait sans solution, si n'était un arrêt de cassation en date du 3 décembre 1849.

Trouvant utile d'éclaircir le premier point, et ne pouvant adopter les principes admis par l'arrêt précité, lequel, nous l'espérons, n'est pas destiné à faire jurisprudence, nous allons, en traçant l'historique de la question de compétence, indiquer les raisons qui nous font regarder comme incontestable, pour le défendeur au civil et pour le défendeur au correctionnel, le droit de saisir d'une action en déchéance ou en nullité, le tribunal civil du lieu du bréveté.

I.

Sous les lois des 31 décembre 1790 — janvier 1791, des 14 — 15 mai 1791, la juridiction à laquelle devait être portée *l'action* en contrefaçon était le tribunal de paix.

Mais pardevant quelle juridiction fallait-il proposer *l'exception* de déchéance ou de nullité? c'est ce que ne disait pas la loi, c'est ce sur quoi ne s'entendaient point les organes de la doctrine.

Henrion de Pansey (Compét. des juges-de-Paix, chap. 63), Foucart (Droit administratif, tome 2; p. 129), Etienne Blanc (Traité de la contrefaçon, p. 116), prétendaient que cette exception pouvait être présentée au tribunal de paix, parce que le juge de l'action devait être le juge de l'exception.

Berriat (Compét. des juges-de-paix, tom. 1, p. 334), Carré (Justices-de-Paix, n° 1791), Biret (Compét. des juges-de-paix, tom. 1, n° 334), soutenaient qu'impliquant une question de propriété, cette exception ne pouvait être soumise qu'au tribunal civil, attendu qu'au vœu de la lettre et de l'esprit des lois de 1791, le juge-de-paix n'avait à s'occuper que de *l'action possessoire* pour *trouble* porté à l'exercice des droits du bréveté. (Contrairement à son caractère actuel la propriété industrielle était alors assimilée à la propriété immobilière.)

II.

A la législation de 1791 vint succéder la loi de 1838 (25 mai — 6 juin), qui, par son article 20, mettant à l'écart les justices-de-paix, vint déférer les *actions en nullité ou en déchéance des brevets* aux tribunaux civils, et les *actions en contrefaçon* aux tribunaux correctionnels.

Au point de vue de l'*action*, c'était certes trancher nettement la question de compétence; mais en ce qui concerne l'*exception* de nullité ou de déchéance, c'était pour le tribunal correctionnel laisser subsister toute entière, la vieille querelle soulevée à l'endroit des justices-de-paix.

On s'en aperçut bien lors de la discussion de la loi, et les explications fournies par M. le garde-des-sceaux et M. Quénault impliquèrent, pour les tribunaux correctionnels, une négation de compétence sur les exceptions de nullité ou de déchéance de brevets.

« L'attribution aux tribunaux correctionnels — dit M. le garde-des-sceaux — aura donc cet effet nécessaire, quoiqu'*indirect*, sur lequel une disposition expresse était inutile, qu'à l'avenir les tribunaux de première instance prononceront, autant sur les nullités et déchéances qui s'élèveront incidemment, que sur celles qui feront l'objet d'une demande principale. »

Et, à ceux qui trouvaient de grands inconvénients

à séparer, en cette matière, le moyen de défense du moyen d'attaque, M. Quénault vint répondre : « Il y a non-seulement une raison de principe, mais encore une raison tirée de la nature de l'objet dont il s'agit, pour ne pas laisser aux juges, saisis de l'action de contrefaçon, la connaissance des actions en nullité ou déchéance. Si le jugement de l'action en nullité ou déchéance, était accordé au tribunal devant lequel la contrefaçon est poursuivie, il en résulterait que vous auriez eu des tribunaux et des lieux différents, des jugements nombreux qui pourraient être différents sur la nullité ou la déchéance d'un brevet ; de telle sorte qu'on pourrait juger dans un lieu, qu'un homme a conservé son brevet, et dans un autre qu'il ne l'a pas conservé : que dans tel endroit il est privilégié, et qu'il ne l'est pas dans tel autre. C'est l'appréciation approfondie de la matière qui a conduit à centraliser dans une seule juridiction, le point de savoir si le brevet existe, ou si l'invention est tombée dans le domaine public ; c'est, je le répète, afin de centraliser la jurisprudence pour obtenir *l'unité de la chose jugée* en pareille matière, qu'on réserve *à un certain tribunal,* le tribunal civil du domicile du bréveté, la connaissance des actions en nullité ou déchéance, c'est-à-dire, la question de savoir si l'objet est tombé dans le domaine public, ou s'il est resté le privilège du bréveté. »

Les explications fournies par M. Quénault, étaient aussi saines que juridiques, il eût été à désirer, suivant nous, qu'elles passassent dans la loi restée complètement muette sur ce point. Mais cela n'eut pas lieu, et la jurisprudence la plus accréditée n'entra nullement dans l'esprit de ces observations.

La cour de cassation (arrêt du 25 mars 1842), et la cour de Paris (arrêt du 18 mai 1842), décidèrent que le juge correctionnel était compétent pour connaître de l'exception de nullité ou de déchéance.

D'abord, parce qu'en l'absence de texte positivement contraire, il fallait appliquer le principe que le juge de l'action était le juge de l'exception.

Ensuite, parce qu'il importait de distinguer les *actions principales*, en nullité ou en déchéance de brevets, les seules dont s'occupât l'article 20 de la loi de 1838, des *exceptions* de nullité ou déchéance que cet article n'avait nullement touchées.

Et, tel était l'état de la jurisprudence, lors qu'intervint la loi actuelle du 5 juillet 1844.

III.

§ 1er.

Cette loi a posé des principes bien nets, en ce qui concerne la compétence, soit qu'il s'agisse d'*action* en nullité ou en déchéance, soit qu'il s'agisse de la même prétention formulée par voie d'*exception*.

1° S'agit-il *d'action directe, principale*, en nullité ou en déchéance, le tribunal à en saisir est le tribunal civil, et, qui plus est, l'*unique* tribunal civil du domicile du bréveté. (Articles 34 et 35).

Cette action peut être intentée par tout intéressé (articles 34 et 35), et par le ministère public aux cas des numéros 2, 4, 5, de l'article 30.

Puis, dans toute action en nullité ou en déchéance, il est loisible au parquet de se rendre partie jointe.

Les conclusions d'un intéressé ne peuvent faire prononcer qu'une déchéance ou une nullité purement relative à celui qui la provoque.

Les conclusions du ministère public, au contraire, à fin de nullité, lorsqu'elles sont accueillies, donnent lieu à un jugement absolu vis-à-vis de tous, *erga omnes* (article 37).

Pourquoi maintenant le tribunal civil compétent est-il seulement celui du domicile du bréveté ?

Parce que tout défendeur doit être assigné pardevant ses juges naturels.

Parce que les conclusions du parquet, *un et indivisible* en France, ne doivent pas être contradictoires sur un seul et même point, *nullité absolue, déchéance absolue :* contradictions qui infailliblement arriveraient, si différents tribunaux civils étaient en même temps saisis de la question.

Pour éviter la contrariété des jugements, sur un seul et même litige ; pour ne pas jeter la perturbation dans la chose jugée ; pour arriver à la *vérité judiciaire*, au moyen de l'*unité* de la jurisprudence dont parlait M. Quénault, et qui est de principe fondamental en toute espèce de matière ;

2° S'agit-il d'*exception* opposée à une action en contrefaçon, le tribunal correctionnel du domicile du défendeur en pourra connaître. (Article 46).

Et différents tribunaux en pourront connaître à la fois ;

Parce qu'il ne s'agira ·plus que d'un moyen de défense dont doit être saisi le juge de la demande.

Parce que purement relatives à tel ou tel fait, les conclusions du parquet pourront se contredire sans inconvénient pour *le principe.*

Parce que les jugements également spéciaux à telle ou telle espèce, pourront de même se contrarier sans porter atteinte à la *vérité judiciaire* résultant de la chose jugée.

Les articles 30 et 46, on le voit, ne s'entredétruisent nullement, ils ne s'occupent point des mêmes actions, de questions ayant la même portée ;

3° En ce qui touche la différence qui peut exister entre l'effet des jugements, sur la question de nullité ou de déchéance, suivant qu'elle est présentée par voie d'exception, ou par voie d'action ; cette différence se comprend à merveille.

Actions. — Aux cas des N°s 2, 4, 5 de l'article 30, si la découverte, invention, application, n'est pas brevetable ; si elle est contraire à l'ordre, à la sûreté publique, aux bonnes mœurs, aux lois du royaume ; s'il y a manœuvres frauduleuses du bréveté ; *l'ordre public* réclame impérieusement *rectâ viâ* l'intervention du parquet, et alors ses conclusions doivent être absolues, le jugement, général.

8

Aux cas des N°s 1, 3, 5, 6, 7 du même article 30, l'ordre public n'est plus aussi directement intéressé à ce que le parquet intervienne *motu proprio;* mais comme il importe à *l'intérêt public* que chaque citoyen ne soit pas à tout moment sous l'épée de Damoclès, d'un prétendu inventeur sans droits ou qualités; juge des intérêts publics en jeu, le parquet peut, s'il le trouve bon, conclure dans ces intérêts, et alors encore ses conclusions doivent, comme le jugement, être absolues *erga omnes.*

Exceptions. — Différenciant à tort ou à raison entre l'action et l'exception dans laquelle il voit moins de publicité et moins de solènnité, le législateur ne trouve plus d'engagé au dernier cas que l'intérêt d'un individu, aussi les conclusions du parquet, n'intervenant que dans un intérêt privé, n'ont plus qu'un cachet particulier.

4° Sans distinguer maintenant entre la juridiction civile et la juridiction correctionnelle, tout prétendu contrefacteur a *l'option* de se défendre, soit en présentant pardevant son propre tribunal, et sous forme d'exception le moyen de nullité ou de déchéance, soit en saisissant de ce même moyen par action, le tribunal du domicile du bréveté.

Si le prétendu contrefacteur a été attrait pardevant la juridiction civile, l'exception est tout naturellement proposable, parce que les tribunaux civils sont les juges naturels des questions de propriété.

Si ce même prétendu contrefacteur a été assigné à la barre de la juridiction correctionnelle, il pourra plaider son exception parce qu'il en trouve formellement le droit dans l'article 46 de la loi de 1844.

Pour ce qui est de l'action, elle est permise, en raison de ce qu'elle appartient à tout *intéressé*, suivant le prescrit de l'article 34; et qu'une voie ouverte, à celui qui peut craindre seulement un procès, est *à fortiori* ouverte à celui auquel le procès est déjà fait.

Et, ce dont il faut se parfaitement pénétrer et qu'il faut bien retenir, c'est que l'*option* accordée à quiconque est attaqué comme contrefacteur, de se défendre en présentant sous forme d'exception le moyen de déchéance ou de nullité, ou d'attaquer lui-même le bréveté en saisissant le tribunal de celui-ci d'une action en déchéance ou en nullité, c'est que cette option, disons-nous, qui ne change pas l'état de l'intéressé et n'ajoute rien à ses droits, *n'a été concédée que dans un intérêt public.*

Ce qui fait que les droits d'action, concédés à l'intéressé, à celui qui peut appréhender l'attaque, ne peuvent être contestés à celui qui est attaqué.

§ 2.

Malgré les raisons qui précèdent, certains brévetés ont imaginé de soutenir qu'assigné au correctionnel, le prétendu contrefacteur était déchu des droits d'intenter une action principale en déchéance ou en nullité, parce que, pouvant produire cette prétention par voie d'exception, il ne pouvait la présenter par voie d'action.

C'était d'abord *supposer* qu'un contrefacteur, doit nécessairement pour se défendre invoquer la nullité ou la déchéance, alors qu'évidemment il peut se sauver d'une tout autre manière, en prouvant, par exemple, qu'il n'y a pas identité entre l'objet saisi et l'objet breveté, etc.... etc....

C'était ensuite *confondre* la nullité ou la déchéance purement relative, avec la nullité ou la déchéance susceptible de devenir absolue par l'intervention du ministère public.

C'était enfin vouloir *spolier* arbitrairement, un intéressé d'un droit ouvert par la loi, et ouvert dans l'intérêt public.

Aussi ce système a-t-il été repoussé par l'unanimité de la doctrine et la partie saine de la jurisprudence (— Renouard, p. 478, n° 225. — Blanc, p. 703. — Devilleneuve, loi de 1814.— Devilleneuve, dictionnaire du contentieux, V° brevets d'invention, supplément. — Devilleneuve, lois annotées, tom. 2, loi de 1844. — Jugement de Lille, 10 janvier 1854 — 21 janvier 1854. — Paris, 24 janvier 1854. — Tous trois inédits. —)

§ 3.

Oublieuse, suivant nous, des véritables principes, et de la différence faite par elle, sous l'empire de la loi de 1838, entre la nullité absolue et la nullité relative, la cour de cassation qui alors adoptait une distinction que ne faisait pas la loi, du moins dans son texte ; la cour de cassation, disons-nous, distinguant aujourd'hui là où le législateur n'a pas distingué lui-même, est venue, par son arrêt du 3 décembre 1849, refuser au défendeur au civil, le droit d'intenter une action en déchéance ou en nullité, pardevant les juges naturels du bréveté.

Cette distinction que rien n'autorise, nous paraît manifestement violer l'économie toute entière de la loi de 1844.

Au civil comme au correctionnel, le prétendu contre-facteur est un *intéressé* qui a *l'option* sus-indiquée.

Au civil comme au correctionnel, le prétendu contre-facteur ne peut prendre par voie d'exception, que des conclusions restreintes à l'espèce.

Au civil comme au correctionnel, en qualité de partie jointe à la défense, le parquet ne peut que prendre des réquisitions relatives.

Au civil comme au correctionnel, le jugement qui intervient dans ce cas, ne peut être qu'un jugement spécial.

Et cependant au civil comme au correctionnel, l'intérêt public peut nécessiter sa mise en jeu par l'action directe contre le bréveté.

Les positions sont donc identiques ; or, où il y a identité de cause, il doit forcément y avoir parité d'effet, *ubi eadem ratio ibi idem jus.*

A son choix, le bréveté peut attraire un prétendu contrefacteur devant la juridiction civile ou devant la juridiction correctionnelle, suivant le degré de criminalité que ce bréveté trouve à la contrefaçon. Cela est vrai, l'article 46 le statue ainsi.

Mais l'article 46 ne peut avoir pour effet d'abroger l'article 34.

Mais l'option permise au demandeur n'est point destructive de l'option ouverte au défendeur : le droit de celui-ci se trouvant plus favorable que le droit du demandeur, puisque toujours le droit de la défense est sacré, et doit jouir de la plus complète latitude.

Mais l'option laissée au bréveté ne saurait être de nature à paralyser un droit d'intérêt public.

Mais cette option ne peut enlever à l'adversaire, intéressé à vider d'un coup des procès qu'on lui fait en dix endroits différents, le droit d'actionner en déchéance ou en nullité.

Mais cette option ne saurait conduire à ce résultat, qu'assigné au civil, en raison probablement du peu d'importance du cas, un prétendu contrefacteur aurait, au point de vue de la défense, une position plus désavantageuse, qu'un défendeur assigné au petit criminel.

Mais cette option ne pourrait faire dépendre du caprice et de la manœuvre d'un bréveté, intéressé à n'assigner qu'au civil, pour n'affronter pas une question de déchéance absolue, la possibilité de sauvegarder l'intérêt public tenu perpétuellement en échec en face d'une loi qui a pour but de l'empêcher.

Et puis n'est-il pas de principe que la demande reconventionnelle est toujours facultative ?

Or, l'exception de nullité est-elle autre chose qu'une

reconvention? non assurément; eh bien comment alors le prétendu contrefacteur pourrait-il être empêché de faire valoir ses droits ainsi qu'il l'entend, et surtout suivant les règles du droit commun?

De quoi enfin aurait donc à se plaindre le bréveté? Ne lui fait-on pas la part aussi belle que possible, en consentant à plaider devant son tribunal à lui, devant les juges qui connaissent sa capacité : en lui accordant par là un avantage incontestable, s'il est véritablement un estimable citoyen?

Les arguments fourmillent en faveur de notre thèse.

Sur quels arguments s'est donc fondée la cour de cassation pour étayer sa jurisprudence?

Ses deux raisons, dont l'une nous semble évidemment fausse, et dont l'autre ne nous paraît rien moins que sérieuse, les voici :

1° Sur ce que tous les tribunaux civils ont parité de pouvoirs.

2° Sur ce qu'en matière de connexité il doit y avoir, ainsi que le veut l'article 171 du code de procédure, renvoi pardevant le tribunal premier saisi.

Inutile de répondre à la première objection. Nous avons pleinement démontré la différence entre l'effet d'un jugement intervenant sur une exception, et l'effet du jugement pouvant intervenir sur l'action.

La seconde objection n'est pas plus difficile à résoudre que la première. La loi de 1814 (article 34), serait une dérogation à l'article 171, voilà tout. — *Posteriores leges prioribus derogant. — In toto generi per speciem derogatur, et illud potissimum habetur quod ad speciem directum est.*

Et si l'article 171 était applicable, il faudrait dire avec la doctrine et la jurisprudence, qu'en matière de connexité, la juridiction la plus étendue, fût-elle la dernière saisie, doit absorber la compétence la plus restreinte pour éviter les involutions de procédure, pour économiser les frais, pour se garder des contradictions dans les sentences judiciaires, pour appliquer enfin la règle *accessorium sequitur principale.* (Cassation, 21 juin 1832. — Thomine, p. 324. — Bioche et Goujet, V° exception, section 2, § 2. — Berriat, § 36.).

DISSERTATION

SUR LE

POINT DE SAVOIR, SI, PAR APPLICATION ET EXTENSION DES PRESCRIPTIONS

DE L'ART. 882,

LES CRÉANCIERS ANTÉRIEURS A UNE STIPULATION D'INDIVISION

FRAUDULEUSE ET LÉSIVE DE LEUR INTÉRÊT,

PEUVENT ATTAQUER CETTE INDIVISION, BIEN QU'ILS N'Y SOIENT

PAS INTERVENUS,

ET N'Y AIENT FORMÉ AUCUNE OPPOSITION.

I.

Sous toutes les législations, l'indivision a été considérée comme une chose fâcheuse, et d'une mauvaise économie.

Comme une chose fâcheuse, en ce que l'indivision devait infailliblement nécessiter des embarras entre les co-propriétaires entre eux, des difficultés entre les co-propriétaires et leurs créanciers.

Comme une chose d'une mauvaise économie, en ce que l'indivision paralysait et l'exercice du droit de propriété, et l'administration de cette même propriété, puisqu'une administration collective, et conséquemment tiraillée, devait inévitablement se ressentir des éléments hétérogènes qui entraient dans son action.

L'animadversion du législateur contre les indivisions, s'est surtout manifestée dans le code Napoléon.

Sans trop se préoccuper des disputes romaines, sur le point de savoir ce qu'il fallait décider des *prohibitions* et *stipulations temporaires* ou *perpétuelles* de partage, soit que les *prohibitions* résultassent de *prescriptions testamentaires,* soit que ces stipulations émanassent *d'arrangements entre cohéritiers*, (Digest. lib. 36, tit. 1. — Digest. lib. 17, tit. 2.) le code vint statuer, article 815, que l'indivision n'était imposable en aucun cas, et que le partage pouvait toujours être provoqué nonobstant toutes clauses et conditions à ce contraires.

Mais, comme toutes les règles même les plus générales, ont toujours leurs exceptions, on admit au principe un tempérament permettant de stipuler l'indivision pour cinq ans, parce qu'ainsi que le dit Treilhart dans son exposé des motifs au corps législatif : « Quelquefois il peut exister des motifs légitimes de différer le partage. »

Tempérament de nature à ménager tout à la fois, par son caractère provisoire et limité, le triple intérêt de la propriété, de l'agriculture et du commerce, des copropriétaires et des créanciers.

II.

Mais on a essayé d'assimiler l'article 815 à l'article 882, et de soutenir que, *lésés* par une stipulation d'indivision consentie en *fraude* de leurs droits, les créanciers *antérieurs* à cette stipulation n'auraient pu l'attaquer, à moins que cette stipulation ne se fût réalisée malgré leur intervention ou leur opposition.

Cette opinion nous paraît aussi dangereuse à tous égards, qu'insoutenable en tout point.

Aux termes de l'article 1467, les créanciers trouvent

dans leur qualité, la faculté d'attaquer ce que peut faire le débiteur en fraude de leurs droits.

Donc, pour qu'un acte du débiteur fût à l'abri du *veto* des créanciers, il faudrait un texte, et un texte bien positif.

Ce texte le trouve-t-on même en germe dans l'article 882?

Non, au point de vue de la lettre. Non, au point de vue de l'esprit.

Au point de vue de la lettre, l'article 882 ne fait aucune allusion à l'article 815, et l'article 882 n'est qu'une exception qui, partant, doit être restreinte dans ses plus étroites limites.

Au point de vue de l'esprit, loin qu'il y ait parité de raison pour décider au cas de l'article 815, comme dans l'hypothèse de l'article 822, il y a complète disparité de motifs, à propos de ce qui a déterminé le législateur à créer cette dernière disposition, à propos de ce que, par sa création, il a voulu éviter.

Les droits des créanciers ont été, par l'article 882, sacrifiés à l'intérêt des héritiers, — pour faire sortir de l'indivision vue de mauvais œil, et remplacer cet état par une décision favorable qu'il importait d'encourager en la certiorant, — pour appliquer la fiction légale, *le mort saisit le vif,* fiction consacrée en matière de partage par l'article 883 portant : « Chaque cohéritier est censé avoir succédé seul et immédiatement à tous les effets compris dans son lot ou à lui échus sur licitation, et n'avoir jamais eu la propriété des autres effets de la succession. »

Or, ces raisons sont inconciliables avec les stipulations d'indivision, lesquelles perpétuent un état fâcheux loin d'en faire sortir, lesquelles pendant cinq ans contrarient la maxime le mort saisit le vif, dans une certaine étendue d'applicabilité.

Les droits des créanciers ont été, dans l'article 882, sacrifiés à l'intérêt des héritiers; — pour ne pas entraver le droit d'aliéner, d'hypothéquer, d'administrer; pour ne pas, à la suite d'une rescision, victimer les créanciers des héritiers au profit des créanciers du défunt; — pour éviter les collisions et les complications d'intérêts entre les cohéritiers; — pour ne pas replonger dans l'indivision.

Or, ces raisons sont antipathiques avec l'extension des prohibitions de l'article 882 à l'article 815; puisque pendant l'indivision chacun ne peut vendre, hypothéquer *éventuellement* que les droits et parts indivis que *seul fera connaître l'événement du partage*, ce qui ne saurait compliquer les rapports des créanciers entre eux, les droits des héritiers; puisque ce serait précisément pour arriver au partage que les stipulations d'indivision se trouveraient battues en brèche par les créanciers.

III.

Il y a plus, donner à l'article 815 le caractère de l'article 822, serait violer les principes les plus fondamentaux du droit civil.

Celui qui est obligé personnellement, se trouve tenu à remplir ses engagements sur tous ses biens mobiliers et immobiliers (article 2092). Tous les biens du débiteur sont le gage commun des créanciers, et le prix s'en distribue entre eux, par contribution, à moins qu'il n'y ait entre les créanciers des causes légitimes de préférence (article 2093), hypothèse dans laquelle en vertu de leur *droit réel*, donnant la *suite* et la *préférence*, les créanciers privilégiés ou hypothécaires, ont la faculté de vendre les biens affectés à leur créance, et de se faire désintéresser sur leur prix.

Le débiteur ne peut se libérer partiellement sans l'adhésion des créanciers; il ne peut même, malgré eux, proroger le terme fatal de l'exigibilité, ni obtenir cette prorogation, excepté les cas où en considération des *malheurs*, de la *bonne foi*, et, suivant le prescrit exceptionnel de l'article 1244, dont on ne doit user qu'avec une *grande réserve*, les juges accorderaient un *délai modéré* pour la libération.

Tous ces principes sont respectés par l'article 882, combiné avec l'article 883. Eh bien! ils seraient violés par l'article 815.

Temporairement, les créanciers chirographaires et hypothécaires n'auraient qu'un gage inutile. — Temporairement, les créanciers privilégiés et hypothécaires se trouveraient paralysés dans leur action, la part indivise d'un cohéritier ne pouvant être mise en vente avant le partage ou la licitation (article 2205). — Le débiteur qui ne serait ni *malheureux*, ni de *bonne foi*, trouverait dans son *dol* même, le *droit* de s'accorder, sans *aucune réserve*, les *délais* les plus *immodérés*, quoi qu'en fissent les créanciers, quoi qu'en dise la règle *fraus sua nemini patrocinari debet*.

IV.

L'exception apportée au cas de l'article 882, ne doit pas être étendue à l'article 815, cela résulte encore de deux arguments de texte :

1° A propos du droit des créanciers, l'article 2205 rappelle la restriction de l'article 882, sans aucune mention de l'article 815, lequel conséquemment se trouve écarté *inclusio unius est exclusio alterius*; (Godefroy).

2° Suivant l'article 788, les créanciers sont habiles à attaquer une renonciation frauduleuse faite au préjudice de leurs droits. A plus forte raison donc, ces créanciers doivent-ils pouvoir impugner une indivision qui les vient frauduleusement léser. Qui peut le plus peut le moins, *si vinco vincentem te, a fortiori te vincam*.

En vain dirait-on qu'une intervention ou une opposition empêcherait les vices et le mal ci-dessus signalés.

L'opposition et l'intervention se trouvent souvent impuissantes à prévenir le mal, cela est trop évident pour qu'il soit besoin d'insister sur l'inexact supposé de la fiction motivée par l'intérêt exclusif des familles qu'avant tout le législateur a voulu protéger, fiction suivant laquelle, au cas de l'article 882, les créanciers sont censés pouvoir agir au mieux de leurs intérêts.

Et puis, en toutes choses, il en est une préférable au plus puissant remède, c'est l'absence de mal. Or, nous croyons l'avoir démontré, le mal ne saurait exister, il est repoussé par l'économie entière de la législation.

DISSERTATION

SUR

LA LIBERTÉ DU TESTATEUR EN CE QUI CONCERNE SES DISPOSITIONS,

LEUR EXÉCUTION,

ET SUR LE CARACTÈRE ET L'ÉTENDUE DES POUVOIRS

DE L'EXÉCUTEUR TESTAMENTAIRE.

§ 1er.

Capacité, *propriété*. Ces deux mots, ces deux droits, donnent à eux seuls la plus grande partie du thême dont toutes nos lois civiles ne sont que le développement ou le commentaire.

La *capacité* est le droit de manifester librement, pleinement, toutes ses volontés, de les exécuter ou de les faire exécuter.

La *propriété* est le droit d'user et de disposer librement, pleinement, de son patrimoine, en partie ou en totalité.

La capacité et la propriété, droits absolus, sacrés, inhérents à notre nature, auxquels rien ne saurait porter atteinte, ne sont limités que par la *légalité*, laquelle a dû forcément intervenir, pour combiner, harmoniser les droits de tous, de façon à ce que les droits de l'un ne fussent ni gênés ni troublés par les droits de l'autre, soit dans leurs principes, soit dans leur exercice.

Or, les limites apposées par la légalité dans un

intérêt d'*ordre*, de *garantie* et de *régularité*, consistent seulement en ceci :

1° Que les droits de capacité et de propriété ne pourront s'exercer et s'exécuter que dans les *formes* déterminées par la loi.

2° Que dans leur manifestation, que dans leur exécution, les droits de propriété et de capacité, ne pourront porter atteinte aux bases essentielles de toute société, c'est-à-dire, à la *loi*, à l'*ordre public*, aux *bonnes mœurs*.

Dans ces limites, les droits de capacité et de propriété sont non-seulement *reconnus*, mais encore *consacrés* par la loi qui *facilite leur action*, qui *sanctionne leur exécution*.

§ 2.

Dès qu'il a atteint sa capacité, et tant qu'il la conserve, l'homme (dans les limites ci-dessus indiquées bien entendu, et pour n'y plus revenir), peut, durant toute son existence, disposer arbitrairement des choses sur lesquelles repose son droit de propriété, et cette disposition doit, quant même, se réaliser.

Aux approches de la mort, à son moment suprême, l'homme peut disposer encore de ces mêmes choses, car il a la plénitude de sa capacité, la plénitude de sa propriété.

Cette disposition doit, quant même encore, se réaliser, car les intentions dernières d'un mourant sont ce qu'il y a de plus inviolable ; immatérielle, du reste, comme l'âme dont elle émane, la volonté survit au corps, et une loi qui ne la ferait pas religieusement exécuter, serait entachée d'un désolant matérialisme, d'une inimaginable immoralité.

§ 3.

Pour qu'une volonté soit *sûrement* exécutée, *il importe* qu'elle ait un exécuteur, et, qui plus est, un exécuteur dont les *pouvoirs* soient *corrélatifs* à *l'étendue* de cette même *volonté*.

L'exécuteur des volontés d'une personne qui a testamentairement disposé existe-t-il ?

A-t-il un caractère et des pouvoirs aussi étendus que le comporte la réalisation de ces mêmes volontés ?

A ces deux questions, la réponse doit être des plus affirmative. En logique, en justice, et conséquemment en légalité.

§ 4.

Quant à l'existence de l'exécuteur testamentaire, elle est incontestable, il suffit, pour s'en convaincre, de jeter les yeux sur l'article 1025 du code Napoléon.

Cet article porte : « Le testateur pourra nommer un ou plusieurs exécuteurs testamentaires. »

§ 5.

Quant à l'étendue des pouvoirs de l'exécuteur testamentaire, on est loin de s'entendre, ce dont nous nous étonnons, en doctrine et en jurisprudence.

Ici l'on trouve que l'exécuteur testamentaire est le mandataire de l'héritier. (Vazeille, article 1025, n° 1.)

Là, que l'exécuteur testamentaire est le mandataire du *de cujus*. (Marcadé, article 1025, n° 1).

Plus loin, que l'exécuteur testamentaire a un mandat *sui generis*.

Partout, dans ces trois camps, on infère des principes généraux du mandat, de l'article 1026 et de l'article 1031, que l'exécuteur testamentaire ne peut directement agir que dans les cas prévus par ce dernier article.

Tout ceci est à notre sens ce que l'on peut imaginer de plus confus et de plus erronné.

§ 6.

Evidemment l'exécuteur testamentaire ne saurait être le mandataire de l'héritier.

Dans l'économie actuelle de nos codes, il est de la nature du mandat d'être conféré par le mandant, d'être révoqué *ad nutum* par ce dernier. Il est surtout de la nature du mandat de ne créer aucun antagonisme entre le mandataire et le mandant, lequel ne peut être obligé qu'en raison de ce qui aura été fait conformément à ses volontés.

Or, l'exécuteur testamentaire n'est pas choisi par l'héritier, mais par le *de cujus*.

C'est pour exécuter les volontés de ce dernier, et non celles de l'héritier, que l'exécuteur testamentaire a été désigné; c'est au cas de résistance de l'héritier, contre celui-ci, que l'exécuteur testamentaire luttera; c'est à celui-ci que l'exécuteur forcera la main par tous les moyens possibles, pour que les dispositions du défunt soient complètement réalisées.

L'exécuteur testamentaire, enfin, ne saurait évidemment être révoqué par l'héritier. (1)

§ 7.

Sans doute, en satisfaisant au prescrit de l'article 1027, l'héritier pourra faire tomber la saisine conférée aux termes de l'article 1026.

Sans doute encore, en accomplissant immédiatement les volontés du testateur, l'héritier pourra neutraliser,

---

(1) Vainement on dirait que l'exécuteur est un mandataire *imposé* aux héritiers.

Car il ne pourrait être imposé que par la loi ou par le testateur.

Or, dans un cas comme dans l'autre, l'exécuteur devrait agir au nom des héritiers, ce qu'il ne fait pas.

Et puis, la loi ne reconnait pas de mandataire imposé. — En toute hypothèse, le mandant choisit son mandataire.

en grande partie, l'action de l'exécuteur testamentaire ; mais cela n'implique aucune révocation de mandat.

Pourquoi l'exécuteur testamentaire a-t-il été préposé ?

Uniquement pour faire exécuter le testament dans ses dispositions mobilières, dans ses dispositions immobilières.

En ce qui touche les dispositions mobilières, pourquoi, par la collation de la saisine mobilière, la loi a-t-elle permis de brider momentanément la capacité de l'héritier, de mettre en tutelle et en séquestre son droit de propriété ?

Uniquement pour faciliter l'exécution de ces dispositions, la rendre plus certaine et plus rapide.

Eh bien, du moment que pour l'exécution des legs mobiliers une somme suffisante a été consignée, la saisine n'a plus de raison d'être, au point de vue de *l'intention présumable* du testateur, et surtout au point de vue de la dérogation aux principes généraux, aux principes d'ordre public, sur la liberté des personnes, sur sa franchise des biens, en d'autres termes, sur la capacité, sur la propriété.

Du moment que toutes les volontés du testateur ont été réalisées, le ministère de l'exécuteur devient inutile.

Donc, c'est parceque, ce qu'a voulu assurer le testateur a été assuré, c'est parce que, ce qu'a voulu faire le testateur a été fait, c'est en un mot, parce qu'il n'y a plus d'exécution possible, c'est parce que l'héritier a exécuté lui-même, que l'exécuteur testamentaire cesse d'agir, cesse de détenir, et non point parce que ses pouvoirs ont été révoqués par l'héritier.

§ 8.

L'exécuteur testamentaire est-il mandataire posthume du défunt, mandataire conséquemment investi de pouvoirs durant au-delà de la vie du mandant, ou bien, l'exécuteur testamentaire a-t-il un mandat *sui generis* de nature à ne commencer que *post mortem*, une sorte de mandat d'outre tombe?

Non, tel n'est pas le caractère, que pour concilier les principes du mandat avec l'exécution du testament, il convient de donner à l'exécuteur testamentaire, lequel du reste, en vertu de ses qualités, agit en son nom, et nullement en celui du testateur décédé.

L'artice 2003 du code Napoléon porte : « Le mandat finit par la mort naturelle ou civile, l'interdiction ou la déconfiture, soit du mandant, soit du mandataire. »

Fondé en raison autant qu'en droit, cet article est général, il n'y est dérogé nulle part, l'exécution testamentaire n'implique *nécessairement* aucune exception à la règle, il ne faut donc pas *supposer* dans cette exécution le mandat innommé qu'elle n'a pas constitué. (1)

---

(1) Vainement on dirait que l'exécuteur peut être le mandataire du testateur par la raison que celui-ci revit en son héritier.

D'abord, cela ne pourrait s'appliquer qu'au cas où il y aurait héritiers.

Puis, il faudrait admettre, contrairement aux règles du mandat, un mandataire imposé ; un mandataire qui n'agit pas au nom de son

§ 9.

Qu'est-ce donc que l'exécuteur testamentaire ?

Le voici : l'exécuteur testamentaire est l'homme *du choix du défunt*, mais l'exécuteur testamentaire comme bien d'autres personnes *ne tient ses pouvoirs que de la loi*.

Au testateur appartient le droit de désigner celui sur qui repose sa confiance, cela est juste, cela est moral ; mais à cette seule désignation se borne le droit du testateur, car un cadavre ne saurait se survivre et se faire représenter.

Toutefois cette désignation du testateur faite, comme il y a de lui quelque chose qui survit, sa volonté, comme cette volonté doit être respectée, et qu'elle serait inhabile à se faire respecter elle-même ; pour vitaliser cette volonté, lui donner un corps, la loi intervient, en disant à l'homme choisi par le défunt : en vertu des pouvoirs que *moi loi* je te confère, tu deviens exécuteur du testament, et envers et contre tous tu le feras exécuter. Cela est rationnel, cela est moral.

mandant ; un mandataire qui ne saurait se trouver révoqué par celui qui continue la personne du mandant ; un mandant personnellement débiteur (l'héritier) qui, pour faire exécuter les volontés de ses auteurs, volontés qui seraient devenues fictivement les siennes, continuerait une procuration contre lui-même, afin de se faire contraindre à agir malgré lui, toutes choses absurdes et ridicules.

§ 10.

Cette définition de l'exécuteur testamentaire, cette appréciation de son caractère, définition et appréciation qu'il est extraordinaire de n'avoir encore rencontré nulle part, puisque seules à notre avis, elles peuvent satisfaire la raison et harmoniser les textes, cette définition et cette appréciation, auxquelles nous nous sommes attaché dans l'intérêt des principes, cette définition et cette appréciation enfin qui nous mettent très à l'aise pour l'étendue du pouvoir de l'exécuteur testamentaire, n'étaient du reste pas indispensables à la détermination de ces mêmes pouvoirs, nous ne comprenons pas en effet, que ceux qui ont considéré l'exécuteur testamentaire comme mandataire de l'héritier, comme mandataire du *de cujus*, comme mandataire *sui generis*, aient pu ainsi qu'ils l'ont fait, limiter les pouvoirs de l'exécuteur testamentaire.

§ 11.

La limitation était basée, 1° sur ce qu'aux termes de l'article 1026, la saisine ne pouvait être augmentée, et que conférer à l'exécuteur testamentaire certains pouvoirs comme celui, par exemple, de vendre les immeubles, était augmenter la saisine ; 2° sur ce que les pouvoirs de l'exécuteur testamentaire se trouvaient rigoureusement circonscrits par l'article 1031, en dehors duquel ne pouvait rayonner l'action de cet exécuteur.

Ces considérations n'auraient dû toucher personne, nous allons le démontrer.

§ 12.

L'argument tiré de l'impossibilité d'étendre la saisine n'est pas sérieux.

Autre chose est la saisine, autre chose est le droit d'aliéner ce dont un tiers est ensaisiné. La saisine et l'aliénation sont deux droits complètement indépendants qui ne sauraient se confondre. La preuve en est que jusqu'à l'aliénation d'une chose dont l'exécuteur n'est pas ensaisiné, l'héritier reste provisoirement en jouissance, administre, fait les fruits siens, etc..., etc... La preuve au besoin se tirerait surabondamment de l'article 1031 lui-même, suivant le prescrit duquel l'exécuteur non ensaisiné, peut faire vendre le mobilier.

§ 13.

L'argument tiré de la prétendue limitation légale (de l'article 1031), n'est pas plus embarrassant que le premier.

Est-ce ainsi qu'on l'a souvent dit et répété, parce que l'article 1031 est énonciatif et pas limitatif.

Nullement, l'article 1031 n'est ni énonciatif, ni limitatif dans l'acception qu'on lui a donnée, il est aussi général que possible.

La loi prévoyante, a voulu atteindre un double but dans l'article 1031.

D'abord indiquer par certains détails de quelle façon l'exécuteur devra procéder dans les intérêts combinés de l'hoirie et du testateur, ensuite et par-dessus tout, conférer à l'exécuteur les pouvoirs illimités de réaliser la totalité des dispositions testamentaires.

Dans les numéros 1, 2, 3, de l'article 1031, la loi a indiqué à l'exécuteur sa ligne de conduite pour que les formalités relatives aux mineurs et aux absents soient respectées ; pour que les forces de la succession soient régulièrement connues et constatées ; pour qu'à défaut de deniers suffisants, le mobilier soit aliéné antérieurement aux immeubles auxquels les familles tiennent davantage, etc..., etc....

Dans le n° 4, la loi a donné à l'exécuteur le mandat le plus indéfini, elle a dit : « Ils (les exécuteurs) veilleront à ce que le testament soit exécuté. » C'est-à-dire, que si le testateur n'a pris aucunes dispositions à cet égard, les exécuteurs feront, par les mesures légales qu'ils jugeront convenir, exécuter ses volontés ; que si le testateur a pris certaines dispositions à fin d'exécution, l'exécuteur agira suivant la teneur du testament et des voies et moyens y indiqués (*dicat testator et erit lex voluntas ejus — Novella, 22, cap. 2.*)

Quoi de plus général, quoi de plus naturel. Où trouve-t-on la restriction, l'énonciation? vraiment, nous le répétons, nous ne comprenons point que le véritable sens de l'article, sens résultant clairement des textes, n'ait pas plus tôt frappé.

§ 14.

En résumé donc, les exécuteurs testamentaires sont désignés par le testateur; mais ils ne tiennent leurs pouvoirs que de la loi.

Ces pouvoirs, conséquences de la faculté de tester, corrélatifs aux dispositions testamentaires, sont illimités comme celles-ci, sous les seules restrictions, toutefois, que ces volontés, dans leur manifestation, dans leur exécution, n'auront rien de contraire à la loi, aux bonnes mœurs, à l'ordre public.

DISSERTATION

SUR

L'INCOMPATIBILITÉ DES DISPOSITIONS DE L'ARTICLE 900

DU CODE NAPOLÉON,

AVEC LES PRINCIPES GÉNÉRAUX DU DROIT, ET L'ÉCONOMIE ENTIÈRE

DE NOTRE LÉGISLATION ACTUELLE.

10

Toute volonté doit être respectée, alors même qu'elle ne peut être exécutée.

Une volonté licite, une volonté légale, a un effet *positif*, elle se traduit par sa réalisation.

Une volonté illicite, une volonté illégale, a un effet négatif, elle ne se réalise pas, mais elle est respectée en ce sens, que cette volonté par son inaccomplissement, empêche l'accomplissement de l'acte dont elle a été la condition *sine quâ non*, et qu'elle a déterminé.

Aussi l'article 1172 porte-t-il : « Toute condition d'une chose impossible, ou contraire aux bonnes mœurs, ou prohibée par la loi est nulle, et rend nulle la condition qui en dépend.

Peu importe que la condition soit suspensive ou résolutoire, pourvu cependant qu'il s'agisse *de faire*, car s'il s'agit de ne *pas faire*, évidemment cette condition ne pourra exercer aucune influence sur la convention qui la renferme (article 1173.)

Si je vous vends ma maison à la condition que vous tuerez mon ennemi, (chose contraire à toutes les lois), ou que vous épouserez votre sœur, (chose contraire aux bonnes mœurs), ou que vous trouverez la transmutation des métaux, (chose impossible), et que vous me donnerez 100,000 fr., la vente sera nulle, quoiqu'on m'offre les 100,000 fr., et elle sera nulle par la raison que ma volonté ne pourra être exécutée tout entière, qu'il y aura eu erreur dans mon consentement (article 1109), que mon obligation aura reposé sur une cause fausse ou illicite. (article 1131.)

En regard de l'article 1172, vient se placer l'article 900, il y est écrit : « Dans toute disposition entre vifs ou testamentaire, les conditions impossibles, celles qui seront contraires aux lois ou aux mœurs, seront réputées non écrites. »

C'est-à-dire, précisément le contraire de ce qui est édicté par l'article 1172: d'un côté la condition vicie, à cause de son inexécutabilité, de l'autre côté la condition ne vicie pas nonobstant son inexécutabilité.

Je vous donne ma maison à la condition que vous tuerez mon ennemi, ou que vous épouserez votre sœur, ou que vous opérerez la transmutation des métaux, aucune de ces conditions ne se réalisera, et cependant, malgré ma volonté, contre ma volonté, la donation sera bel et bien exécutée.

Il y a donc antinomie complète, sinon entre l'article 1172, qui parle des conventions en général, et l'article 900, qui ne concerne que les libéralités entre vifs ou testamentaires ; du moins entre les principes qui dominent les dispositions de ces articles.

A quoi tient donc cette antinomie?

Est-ce à ceci, que celui qui donne à telle ou telle condition veut avant tout donner?

Evidemment non, et cette prétendue raison est du dernier ridicule.

D'abord elle pourrait s'appliquer à toutes espèces de contrats, aux ventes, aux louages, aux échanges, etc..., etc... Partout on pourrait dire : celui qui vend, loue, échange à des conditions impossibles, veut avant tout louer, vendre, échanger !

Puis elle est absurde: en tout et toujours celui qui veut, qui ne veut qu'à certaines *conditions déterminantes*, veut quoi? que sa volonté soit respectée, exécutée, ou qu'il n'y ait rien de fait; et non qu'à sa volonté on substitue arbitrairement une volonté diamétralement contraire; cela est trop incontestable pour qu'il soit besoin d'insister.

Est-ce à ceci, que les libéralités se soutiennent par elles-mêmes, parce qu'elles trouvent dans les sentiments de générosité de leur auteur, une cause qui les vivifie?

Evidemment encore non. Cette prétendue raison n'est autre que la précédente; le ronflant de la phrase n'en diminue pas le creux; le vide des mots ne saurait se combler par leur sonorité.

La générosité ne pourrait faire spolier un donateur par son donataire; la justice et l'équité ne pourraient au préjudice de l'un, violer et dénaturer un consentement au profit de l'autre; de deux choses l'une, ou la condition indique une volonté réelle, ou la condition révèle une insanité d'esprit.

Au premier cas, la libéralité doit être nulle pour inexécution des conditions; au second cas, elle doit être nulle pour démence et folie, sans qu'il soit besoin de se demander si la condition est l'ouvrage d'un seul, ou si toutes les parties contractantes y ont participé, sans qu'il soit besoin de se demander si l'acte est assez sérieux pour être exclusif de l'idée de badinage; car ici encore de deux choses l'une, ou l'acte n'est pas sérieux, et alors il ne doit point avoir d'effet, ou l'acte est sérieux, et alors il doit se réaliser pour le tout, *aut totum agnoscere aut toto recedere oportet*, cela est trop incontestable encore pour qu'il soit besoin d'insister.

A quoi donc tient cette antinomie?

Uniquement à l'inintelligence, à la confusion, et à la contradiction inconcevable, qui ont présidé à la rédaction de l'article 900 du code Napoléon.

II.

A Rome où elle avait un *caractère essentiellement civil*, au lieu de reposer comme chez nous sur les liens de parenté, l'organisation de la famille se rattachait, avant tout, à l'ordre politique, à l'ordre religieux, à l'ordre civil.

L'universalité des choses sacrées et profanes des familles, *sacra familiæ*, *sacra gentis*, individus, propriétés, meubles, immeubles, droits corporels et incorporels, appartenait au *pater familias*, au chef, au maître de la famille.

Investi d'une qualité toute civile et toute juridique que n'aurait su atteindre ou faire disparaître la mort naturelle, le chef de famille ne pouvait point périr; à sa mort il était remplacé, ou par celui qu'il avait désigné lui-même, ou à défaut de désignation par celui qu'indiquait la loi.

Cette faculté qu'avait le *pater familias* de se donner un successeur, de se substituer une personne qui continuerait la sienne, qui *personam ejus sustineret*, cette faculté, disons-nous, s'exerçait par un acte que l'on nommait *testamentum*, de l'étymologie *testatio mentis*, attestation de la volonté.

Revêtu toutefois par la loi, par le peuple, de la qualité de chef, de maître de l'une des familles qui composaient l'agrégation des familles romaines, la grande corporation de l'état, le chef de famille ne pouvait seul disposer de ces fonctions, de cette qualité; à côté de son assentiment, il fallait que vînt s'adjoindre le consentement général, le consentement populaire.

En conséquence, dans les comices curiates *calatis comitiis*, convoqués deux fois l'an à cet effet, le *pater familias* présentait son successeur au peuple, et celui-ci l'acceptait.

Les assemblées tenues pour la faction du testament, l'étaient exactement comme pour la promulgation des lois, et avec les mêmes solennités, car le testament était une loi particulière, aussi disait-on, *dicere legem testamenti, condere testamentum*, de même que l'on disait : *condere legem.*

De là, la ressemblance complète entre la loi et le testament, soit dans la *forme*, soit dans l'*effet.*

Dans la forme, le testament devait être fait *uno contextu*, car lorsque les comices étaient interrompus, leurs opérations se trouvaient nulles et à recommencer.

Dans l'effet, le testament était général alors même qu'il n'avait été fait que pour partie, *neque enim idem ex parte testatus, ex parte in testatus decedere potest*, car le propre d'une loi est de concerner la généralité.

Mais dans le principe, dans l'organisation primitive du peuple romain, organisation éminemment aristocratique où le patriciat était tout, la plèbe rien, le testament devenait à peu près impossible aux prolétaires.

Ceux-ci s'en indignèrent, et après bien des débats, bien des orages, la loi des XII tables vint niveler les rangs, et porter indistinctement pour tous *uti* LEGASSIT *super pecuniâ tutelâ ve suæ rei, ita jus esto.*

A partir de cette époque, le testateur fit sa loi lui-même, lui seul, *legassit*, et si cette loi se fit encore dans les comices, ce fut non plus pour que le peuple y concourût, la ratifiât, mais pour qu'il en fût le témoin, *teste populo*, pour qu'il sût quel devait être le successeur du père de famille.

Le mode de succession régulière, normale, continua à être le testament, c'était seulement à son défaut, *si intestato moritur*, que d'une manière exceptionnelle la loi venait régir le sort de l'hérédité.

Faire son testament, faire sa loi, se survivre en quelque sorte, et renaître comme le phénix de ses cendres, était un droit que dans les idées romaines il fallait exercer, sous peine de malheur et même de déshonneur.

Pour les patriciens, le testament était un souvenir de leur ancienne suprématie; pour les plébéiens, le testament était une preuve de leur émancipation et de leur affranchissement.

Pour tous, le testament se trouvait un avantage; par ce moyen, en effet, le testateur pouvait imposer à son héritier, qui tenait tout de lui, toutes les conditions imaginables pourvu qu'elles ne fussent pas contraires à la loi; conditions, complètement impossibles à celui qui décédait intestat, puisque l'héritier devait tout à la loi, rien au *de cujus*.

Aussi, plus tard, lorsque les formes du droit primitif tombèrent en désuétude, pour faire place à d'autres formalités moins solennelles, fut-on excessivement large pour favoriser et valider les testaments.

On permit de les faire *verbalement*, de les *inscrire sur le sable*, on réputa non avenues, pour empêcher *la caducité*, les conditions impossibles, par la raison qu'entre deux maux, il fallait choisir le moindre, et qu'il était moins malheureux pour le testateur d'avoir fait une loi même contre ses volontés, que de ne l'avoir pas fait du tout.

On permit même au chef de famille, de faire dans

son testament, le testament de son fils (*substitution pupillaire*, *substitution exemplaire*), afin que ce dernier pût jouir du bénéfice de faire sa loi, au cas où il mourrait sans avoir atteint sa puberté, *si priùs moriatur quàm in suam tutelam venerit.*

III.

Toutes ces choses très-rationnelles, qui s'enchaînaient et se comprenaient admirablement en droit romain, sont, sans aucune raison d'être, dans notre droit actuel où la succession *ab intestat* est l'hérédité normale, légale, la règle générale, et la succession testamentaire, l'hérédité extraordinaire, l'exception.

C'est donc par suite d'une grande *inintelligence* et d'une flagrante *contradiction* avec les règles des successions, avec les principes sur la validité des obligations, que les dispositions romaines ont été reproduites dans notre code actuel, et c'est par suite d'une inintelligence bien plus excessive encore, qu'en imitation d'une loi *toute politique* dont la *portée* a été complètement *incomprise*, l'on a étendu aux *libéralités* entre vifs, (égarement dont la source, cette fois, n'était plus la transformation du rationalisme romain, qui jamais n'admit une chose aussi barbare), les règles relatives aux testaments.

Le 12 septembre 1791 une loi vint porter :

« L'assemblée nationale après avoir entendu le rapport de ses comités de constitution et d'aliénation, décrète ce qui suit :

Toute clause impérative ou prohibitive qui serait contraire aux lois ou aux bonnes mœurs, qui porterait atteinte à la liberté religieuse du donateur, héritier ou légataire, gênerait la liberté qu'il a, soit de se marier avec telle personne, soit d'embrasser tel état, emploi ou profession, ou qui le détournerait de remplir les devoirs imposés, et d'exercer des fonctions, déférées par la constitution, aux citoyens actifs et éligibles, est réputée non écrite. »

Rien qu'à la lecture de ce texte, il est facile de s'apercevoir qu'il s'agit purement d'une loi de circonstance, d'une politique nouvelle qui veut définitivement s'asseoir sur les ruines d'une politique ancienne, et malgré la résistance que pourraient entraîner ses vieux préjugés.

Mais cela devient bien plus évident encore, lorsque l'on jette les yeux sur la motion d'ordre sur laquelle fut rendue la loi précitée.

On lit en cette motion : — « C'est le moyen d'arrêter les effets malheureux de l'intolérance civile et religieuse, c'est le besoin de poser de justes bornes aux préjugés et au despotisme de quelques citoyens qui ne pouvant se plier aux principes de l'égalité politique et de la tolérance religieuse, proscrivent d'avance par des actes protégés par la loi, l'exercice des fonctions publiques, l'union de leurs enfants avec des femmes qu'ils appellent roturières, ou avec des personnes qui exercent un autre culte religieux ou qui ont une autre opinion politique..... C'est ainsi qu'ils écrivent la défense ou la condition de se marier à telle ou telle personne, à une femme de telle ou telle classe, de telle ou telle religion. »

Sans paraître s'apercevoir de l'esprit, du but de la loi de 1791, deux choses qui pourtant devaient aveugler, confondant en outre les conditions impossibles avec les inhibitions de l'assemblée nationale, les rédacteurs du code allèrent bien plus loin que cette dernière dans la rédaction de l'article 900 qui nous régit aujourd'hui.

Pour combler la mesure, voici du reste qui va démontrer jusqu'où ont été l'inintelligence, la contradiction des rédacteurs du code, et prouver qu'en ce qui concerne les donations entre vifs, les principes de l'article 900 ont prévalu moins en raison d'idées préconçues, de plan arrêté, qu'à la suite d'une sorte de coup de dés, digne pendant de la sentence des *buchettes*, d'impérissable mémoire, avec cette circonstance aggravante cependant, qu'au coup de dés *dont s'agit*, le législateur a eu la main aussi malheureuse que possible, ce qui n'est pas encore démontré avoir existé pour l'oracle de Mesle.

On lisait en l'article 67 (devenu l'article 1172 actuel) du projet de la commission du gouvernement au titre des contrats et obligations conventionnelles en général :

« Toute condition d'une chose impossible ou contraire aux bonnes mœurs, ou prohibée par la loi, est nulle et rend nulle la convention entre vifs qui en dépend.

» Il en est autrement dans les dispositions testamentaires. »

On lisait en l'article 32 (devenu l'article 900 actuel),
du projet de la commission du gouvernement au titre
des donations entre vifs et testaments.

« Dans toutes dispositions entre vifs ou à cause de
mort, les conditions impossibles, celles qui sont contraires aux lois ou aux mœurs, sont réputées non
écrites. »

C'est-à-dire qu'à l'endroit des libéralités entre vifs,
ces deux articles étaient en flagrante et choquante
contradiction.

Semblables aux pédagogues qui dans chaque mot
d'un auteur classique trouvent plusieurs beautés dont
l'auteur est complètement *innocent*, semblables aux
sophistiques promoteurs d'une certaine doctrine, qui
par un obscurcissant probabilisme, s'ingénient à
détruire jusqu'à la certitude et l'évidence même,
les partisans du texte, s'il en existe d'assez entichés
pour vouloir faire ici de la conciliation, nieraient
en vain la contradiction — car les donations sont
des contrats, des obligations — car la rubrique des
contrats et obligations n'est pas exclusivement applicable aux contrats et obligations à titre onéreux,
ainsi que l'indique ce qui est dit des dispositions testamentaires — car la donation peut n'être pas entièrement gratuite — car l'article 67 (1172) comprenait
non-seulement les contrats, mais les actes, puisqu'il
y est parlé de testament, ce qui repousse toute distinction comme toute subtilité.

Pour avoir échappé à la Cour suprême et à bien d'autres tribunaux, cette contradiction ne passa point inaperçue au tribunal d'appel de Douai, mais nous l'avouons à regret, oublieuse du grand précepte :

Arguet ambiguè dictum mutanda notabit ;

en signalant l'antinomie, le tribunal de Douai n'alla point jusqu'à indiquer la vraie rectification, il se borna en effet à faire une observation ainsi conçue :

« Art. 32 (900). — Par conséquent, ces conditions sont nulles, mais n'annuleront pas les actes où elles se trouvent. Or, l'article 67 du titre 2 est ainsi conçu : *Toute condition d'une chose impossible.... rend nulle la convention entre vifs qui en dépend. Il en est autrement pour les dispositions testamentaires.* Ainsi des deux côtés, les dispositions testamentaires contenant des clauses nulles, sont déclarées valables; mais *les dispositions entre vifs* sont, dans les mêmes cas, annulées au titre 2 et confirmées au titre 9. Il est aisé d'effacer cette contradiction (Fenet, t. 3, p. 525.) »

Pour effacer la contradiction, on toucha à l'article 67 (1172), on eût aussi bien touché à l'article 32 (900), *et tout se trouva ainsi harmonisé!!!*

Espérons que, négation insensée et violation impie de la volonté humaine, ce contre-sens des droits et des principes ne tardera pas à disparaître des codes qu'il vient défigurer; espérons qu'au vœu de tous les jurisconsultes, la loi française marchera l'égale du code prussien, du code Frédérick, lesquels ont rejeté et le droit romain, et les précautions de la Constituante, qu'enfin, pour les donations, pour les testaments, comme pour tous les autres actes, comme pour toutes les autres obligations, il faudra dans l'application, dans l'interprétation, dans l'exécution, ne rechercher, ne voir, ne vouloir que le respect et la réalisation de volonté. *Cum verba sunt clara standum est dispositioni importatæ per verba, nec alia est admittenda voluntatis quæstio, nec conjecturis agendum tam in ultimis voluntatibus quam etiam in contractibus, nec dici potest aliam fuisse testatoris intentionem, eo casu silent advocatorum cavillationes* (Peregrinus de fidei commissis, art. 11, nos 2 et 3.)

DISSERTATION

SUR

LA QUESTION DE SAVOIR SI LES STIPULATIONS ANTÉ-NUPTIALES RELATIVES

AU PARTAGE DE LA COMMUNAUTÉ,

ET CONTRACTÉES SOUS L'EMPIRE DE LA LOI DU 17 NIVÔSE, AN II,

SONT OU NON DES AVANTAGES RÉDUCTIBLES AUX TERMES

DE CETTE LOI ;

ET SUR LA QUESTION DE SAVOIR, SI AU CAS DE L'AFFIRMATIVE,

LES RÉSERVATAIRES D'UN ÉPOUX MORT DEPUIS 1804,

PEUVENT PRÉTENDRE FRAPPER

DE RÉDUCTION CES MÊMES STIPULATIONS.

A Rome, déjà les lois différenciaient les stipulations concernant le partage de la communauté, des libéralités proprement dites. « *Si non donandi animo, sed negotii gerendi causâ dotem promiserit; in donatione enim nullum negotium mixtum est.* » (*Digest. lib. 24, tit. 1, de don. int. vir. et uxor.*)

Contenue en germe au Digeste, cette distinction s'était développée et avait fini par devenir aussi universelle qu'incontestée dans notre vieux droit français. Il était de règle que les stipulations anté-nuptiales réglementant le sort de la communauté, constituaient une convention sociale, et non une libéralité. Tous les auteurs se trouvaient unanimes sur ce point.— Lebrun, Traité de la comunauté, liv. 1, chap. 3, n°s 18 et 20. — Louet, lettre D, somme 24. — Ricart, des Donations, part. 1re, chap. 4, sect. 3, gl. 1, n°s 1130 à 1137. — Renusson, part. 1, chap. 4, n° 67. — Pothier, Communauté. — Duplessis, Coutume de Paris, tom. 1, pag. 423, 430, etc..., etc....

Et cette distinction a complètement passé dans notre

droit actuel, l'article 1525 porte en effet : « Il est permis aux époux de stipuler que la totalité de la communauté appartiendra au survivant ou à l'un d'eux seulement, sauf aux héritiers de l'autre à faire la reprise des apports et capitaux tombés dans la communauté du chef de leur auteur. Cette stipulation n'est point réputée un avantage sujet aux règles relatives aux donations, soit quant au fond, soit quant à la forme, mais simplement une convention de mariage et entre associés. »

Mais *quid* sous l'empire de la loi de Nivôse, muette sur la distinction et dont les termes sont généraux, ce qui pourrait les faire considérer comme englobant toutes les libéralités, ainsi que cela résulte d'une certaine jurisprudence ? (On lit dans cette loi, *article 13:* « Les avantages singuliers ou réciproques stipulés entre les époux encore existants, soit par leur contrat de mariage, soit par des actes postérieurs, ou qui se trouveraient établis dans certains lieux par des coutumes, statuts ou usages, auront leur plein et entier effet, nonobstant les dispositions de l'article 1er auquel il est fait exception en ce point. — Néanmoins s'il y a des enfants de leur union ou d'un précédent mariage, ces avantages, au cas qu'ils consistent en simple jouissance, ne pourront s'élever au-delà de moitié du revenu des biens délaissés par l'époux décédé, et s'ils consistent en des dispositions de propriété, soit mobilière, soit immobilière, ils seront restreints à l'usufruit des choses qui en seront l'objet, sans qu'ils puissent excéder la moitié du revenu de la totalité des biens. » — *Article 14.* — « Les avantages légalement stipulés entre époux dont l'un est décédé avant le 14 juillet 1789, seront maintenus au profit du survivant. A l'égard de tous autres avantages échus et recueillis postérieurement, ou qui pourront avoir lieu à l'avenir, soit qu'ils résultent de dispositions matrimoniales, soit qu'ils proviennent d'institution, dons entre vifs, ou legs, faits par un mari à sa femme ou par une femme à son mari, ils obtiendront également leur effet, sauf néanmoins leur conversion ou réduction en usufruit de moitié, dans le cas où il y aurait des enfants conformément à l'article 13 ci-dessus. »)

Suivant nous, la loi de Nivôse n'a point abrogé les distinctions précitées, soit qu'on l'envisage au point de vue de *sa lettre*, soit qu'on la considère au point de vue de *son esprit*.

Au point de vue de son esprit. C'est surtout des lois révolutionnaires qu'il est vrai de dire qu'elles ne doivent être entendues que *secundùm subjectam materiam*, conçues en effet précipitamment pour la plupart, par des hommes qui n'étaient rien moins que jurisconsultes et n'avaient même nullement la prétention de l'être; d'où la conséquence que ces lois de circonstance, faites presque toujours dans un intérêt social ou politique, avaient pour but unique, (quoi qu'il puisse en paraître résulter de contraire de certains termes mal appropriés au langage juridique) non de modifier la totalité des anciens principes qui ne gênaient pas, non de codifier une législation nouvelle, en des décrets disparates ou contradictoires, mais uniquement d'appliquer certaines parties du droit à certaines réformations utiles ou nécessaires, aux yeux des réformateurs; le reste des règles juridiques se trouvant sauvegardé.

Or, chacun sait que la loi de Nivôse, toute belle qu'elle soit, a été avant tout une loi politique et de nivellement égalitaire, entre les provinces, entre les Français.

Que le but de la loi de Nivôse était de détruire l'ancienne constitution de la famille, de même que déjà s'était trouvée détruite l'ancienne organisation de la société ; d'anéantir les privilèges d'aînesse, de masculinité, etc., l'affectation des propres suivant cote et ligne. De substituer au lien civil purement factice, l'ordre naturel des affections enseignées par la voix du sang, de faire succéder à l'inégalité absurde et révoltante, la plus équitable et la plus inflexible des égalités ; de ramener enfin la diversité des règles des pays de droit écrit et des pays de coutumes à une rigoureuse et logique unité.

Que pour arriver à ce résultat la loi de Nivôse 1° proscrivit les diversités de législations; 2° prohiba les partages aristocratiques; 3° abolit la règle *paterna paternis materna maternis;* 4° réglementa les successions et détermina la légitime des héritiers.

Mais, en dehors et au-delà de ces prescriptions et de leurs dépendances, la loi de Nivôse n'a exactement rien disposé, notamment en ce qui touche aux *stipulations* anté-nuptiales, relatives au partage de la communauté, partage qui ne se confondait en rien avec les abus que l'on entendait réprimer ; nulle part, en effet, il n'apparaît que la loi de Nivôse ait voulu empêcher ces stipulations matrimoniales, anéantir une distinction antique fondée en raison autant qu'en droit, choses qui cependant, eussent valu la peine d'être explicitement mentionnées; choses qui assurément eussent été positivement établies, si dérogeant aux législations précédentes, aux dispositions coutumières, harmoniques entre elles sur ce point, harmoniques avec le droit écrit, on avait entendu considérer comme *libéralités*, des stipulations touchant une collaboration commune, stipulations regardées jusque-là comme des conventions entre associés.

Si donc le législateur n'a rien statué sur ces stipulations, si elles n'ont rien qui, directement ou indirectement, vienne heurter les idées du temps, contrecarrer le résultat que l'on se proposait d'obtenir, on ne voit pas comment en l'absence de toute abrogation des principes préexistants, on pourrait les prétendre détruits, alors que ces principes sont d'une telle justice, d'une telle justesse qu'ils nous régissent encore aujourd'hui; alors surtout que l'on ne rencontre rien dans les discussions du projet du code Napoléon, de nature à indiquer qu'il ait été question de se départir du système de la loi de Nivôse, pour en revenir aux anciennes règles du droit romain, comme du vieux droit français.

Au point de vue de sa lettre. Effectivement, malgré sa généralité apparente, la lettre ne saurait comprendre les dispositions matrimoniales, concernant le partage de la communauté.

Au moment de la rédaction de la loi de Nivôse,

ces dispositions ne se trouvaient nullement considérées comme des *libéralités*, comme des *avantages*, mais comme des *conventions*, comme des *stipulations*.

Il n'est donc pas supposable, que sans avoir laissé entrevoir l'intention de déroger aux anciens principes, le législateur ait été donner la qualification d'*avantages* aux stipulations anté-nuptiales *passées* et *futures*, les dénommer confusément et inexactement ainsi, en les comprenant dans les actes véritablement constitutifs des libéralités.

Cette improbabilité devient surtout frappante quand on rapproche les termes des articles 13 et 14, concernant les *libéralités que les époux se font entre eux*, des termes de l'article 15, concernant les libéralités faites aux époux par des tierces personnes.

Dans cet article, la loi n'emploie plus le mot *avantage*, mais bien les mots *donations* et *dispositions*, expressions concernant tout ce qui peut être fait, tout ce qui peut être disposé au profit des époux, des époux qui *sans distinction préexistante*, qui *sans distinction possible*, profitent d'une libéralité, toutes les fois que par contrat de mariage, une tierce personne vient à *titre gratuit* disposer en leur faveur.

Du reste, relativement au partage de la communauté, l'interprétation de la loi de Nivôse an II, est donnée par une loi contemporaine, celle du 9 thermidor an II.

A la question de savoir : « Si ce que certains statuts accordaient aux femmes, *non à titre de communauté*, mais par droit de préciput ou d'hérédité, sur certains genres de biens de leurs maris, est un avantage réductible à un usufruit de moitié, lorsqu'il y a des enfants. » L'assemblée nationale a répondu : « Que cette question n'est pas douteuse pour la réductibilité au cas prévu, *ne pouvant être question d'une appropriation à titre de bénéfice de communauté, là où cette communauté n'existe point.* »

Sans doute il n'est point, en cette réponse, formellement expliqué que les stipulations anté-nuptiales pour le règlement de la communauté sont irréductibles, mais cela résulte virtuellement et invinciblement et de la position de la question et de la réponse. Evidemment, en effet, on distingue les conventions afférentes à la divison de la communauté, de celles qui ont trait à autre chose; c'est donc ici ou jamais le cas d'appliquer la règle *qui dicit de uno de altero negat. Inclusio unius est exclusio alterius.*

II.

Maintenant, en supposant que les dispositions qui nous occupent, aient pu être frappées de réductibilité sous l'empire de la loi de Nivôse, ces stipulations ne pourraient être querellées aujourd'hui au cas où l'époux prémourant serait décédé depuis la promulgation du code Napoléon.

Aux termes de l'article 1525, les biens de communauté attribués même universellement à l'époux survivant, ne constituent en rien une part, une portion distraite de la succession du prédécédé. Cela seul qui fait partie de la succession, cela seul qui doit rentrer dans les biens qui la composent, parce que cela en est sorti, est, (au cas d'attribution universelle), l'intégralité des apports et capitaux tombés dans la communauté du chef du *de cujus*.

C'est seulement au moment de la mort, que s'ouvre le droit successoral, que naît la légitime, la réserve qui n'est qu'une *succession diminuée*: *Hœreditas ita diminuta, nihil aliud quam legitima.* (God. Nov. 37. Lex. 7 Tit. 20. Lib. 48. Digest.).

Ce sont donc les lois du temps du décès, qui devront être consultées pour savoir quelle est cette légitime, cette portion grevée d'indisponibilité. La réduction ne peut être demandée que par les réservataires et sur la réserve seulement, et la réserve est non pas ce qu'elle aurait pu être sous l'empire d'anciennes lois abrogées, mais bien ce qu'elle est sous l'empire des lois en vigueur lors de l'ouverture de la succession.

Mais les héritiers pourraient-ils se faire une arme de ce que, les stipulations matrimoniales étant irrévocables, c'est la loi du temps de ces stipulations qui doit être appliquée, attendu que les *libéralités* qui *dépouillent* au moment de la perfection de l'acte, sont dès lors parfaites elles-mêmes, à partir de cette même époque.

Nous ne saurions encore le croire.

Autre chose est prétendre restreindre une libéralité,

ex post facto, et par l'effet rétroactif d'une loi nouvelle, autre chose est prétendre qu'une libéralité valable, *ab initio*, valable sous l'empire des lois nouvelles, n'a pu être frappée de réductibilité par une loi éteinte dont les éventualités ne se sont pas réalisées. Loin que ces deux opérations se ressemblent, elles sont au contraire positivement antipathiques.

Qu'une libéralité qui a *dépouillé irrévocablement* et *actuellement* le donateur, sinon du *dominium* en *fait*, du moins du *dominium* en *droit*, ne puisse pas être rétroactivement touchée par une loi postérieure, nous le concevons à merveille; à partir du jour de la libéralité, le *droit* a appartenu au donataire, il n'a plus été question du *droit éteint* du donateur.

Mais qu'une libéralité, qui a dépouillé *actuellement et irrévocablement* le donateur, alors que cette libéralité a été valable dans son principe, puisse se trouver réduite par l'effet d'une loi abrogée, nous ne le comprenons plus.

Pourquoi les lois n'ont-elles pas d'effet rétroactif? Parce que la loi abrogée a conservé tout son empire et produit tout son effet, jusqu'au moment où elle s'est trouvée rapportée; parce que la loi nouvelle n'a pu préexister à elle-même, produire ses effets avant sa création. Par contre, une loi rapportée ne peut se survivre, produire des effets posthumes, alors que la cause a cessé d'exister, abroger les lois nouvelles qui se trouvent en vigueur, qui ne peuvent être paralysées évidemment par la législation ancienne qu'elles sont venues précisément invalider.

Sous l'empire de la loi de Nivôse, maître de la *totalité* de ses biens, chacun était évidemment habile à en disposer en *totalité*, sauf une réduction possible, une résolution éventuelle, si certaines hypothèses prévues par la loi venaient à se réaliser. La libéralité était conséquemment valable *ab initio*. Valable *ab initio*, la libéralité devait rester debout si les conditions résolutoires ne venaient point à s'accomplir. Or, quelle différence y a-t-il entre une résolution qui n'arrive point, soit parce qu'il n'y a pas de réservataires, soit parce que les réservataires sont morts; et une dissolution qui n'arrive point parce qu'à la suite d'une loi nouvelle, les ex-réservataires ont cessé de l'être? aucune assurément; dans tous les cas il y a inaccomplissement de la condition résolutoire: rien n'est à distinguer.

Mailher de Chassat s'exprime sur ce point avec une grande justesse, et une extrême lucidité. « Par la donation, dit-il, ou l'institution contractuelle, le père de famille a usé de son droit de propriété en présence des lois qui en limitaient l'exercice dans de certaines proportions et conditions, c'est-à-dire, *éventuellement*, et pour le seul cas où il ne laisserait pas dans sa succession le montant des réserves fixées par la loi du temps du contrat. Que s'il a excédé par sa libéralité la quotité disponible au moment du contrat, il n'a encore violé aucune loi, il a usé de sa chose en propriétaire; la loi en vigueur au temps de son décès, époque à laquelle s'exercent les réserves, aura pu supprimer ou restreindre, soit la qualité d'héritier à réserve, soit les réserves elles-mêmes; et voilà pourquoi si cette dernière étend les limites de la disponibilité du père de famille, elle ne rétroagit pas, elle ne fait que consacrer son droit de propriété dans des limites plus étendues que les précédentes..... Ainsi donc, il faut reconnaître que les lois dont il s'agit d'appliquer les dispositions, ne sont pas de la même nature, et qu'elles agissent à des époques différentes : l'une détermine actuellement d'une manière absolue les effets d'un contrat, l'autre pose éventuellement et pour un certain cas, des limites aux effets de ce contrat. Dès lors plus de contradiction dans leur application, parce que cette application a lieu d'une manière distincte, savoir, l'une à titre de loi générale sur l'exercice même du droit de propriété, l'autre à titre de loi d'exception, ayant pour but de limiter pour de certaines causes l'exercice de ce droit, et cette application a lieu dans des temps différents. »

DISSERTATION

SUR

LE POINT DE SAVOIR, SI MÊME AU CAS D'INSUFFISANCE DES FRUITS

DE LA TOTALITÉ

D'UN FONDS SOUMIS A L'USAGE COMMUN,

LES USAGERS PEUVENT PRÉTENDRE PAR VOIE DE CANTONNEMENT

A LA PROPRIÉTÉ DES DEUX TIERS DE CE FONDS.

SECTION 1re.

—

Historique du Cantonnement.

—

I.

Les *Usages* ne sont nullement des propriétés communales; ils constituent simplement *des droits acquis* à perpétuité (sauf l'exercice d'un certain rachat) au profit des communes, sur des biens dont la propriété n'a jamais cessé d'appartenir aux propriétaires.

Les usages en *général*, émanent de *concessions* féodales faites au temps où, pour fertiliser ses terres et accroître sa puissance, chaque seigneur éprouva les besoins d'attirer les populations dans son domaine, et de les fixer *intra metas territorii.*

Ces concessions furent le plus souvent *gratuites*, et

elles devaient effectivement l'être afin de remplir le but qui les faisait octroyer. Quelques-unes pourtant se trouvèrent à *titre onéreux*, moyennant certaines prestations, charges ou redevances, qui ne furent jamais lourdes, et qui, parfois même, ne constituèrent qu'un tribut purement honorifique.

Il y a des usages toutefois qui découlent directement de la loi. Celle des Bourguignons, par exemple, reconnaît positivement comme un droit naturel, l'usage au *bois mort* et au *mort bois* dans les forêts. « *Si quis Burgundius aut Romanus sylvam non habeat incidendi ligna ad usus suos de jacentivis et sinè fructu arboribus, in cujuslibet sylvâ habeat potestatem, neque ab eo cujus sylva est repellatur....... Si quis vero quemquam de jacentivis et non fructiferis arboribus lignum usibus suis necessarium præsumeri fortassè non permiserit, ac si pignora tulerit, restitutis in triplum pignoribus, inferat mulctœ nomine solidos sex.* »

L'usage est un droit de servitude réelle, discontinue, non apparente.

De *servitude*, parce que l'usage est une charge imposée au fonds sur lequel il est concédé;

Réelle, parce qu'appartenant à une commune, par exemple, l'usage est un asservissement du fonds servant au profit du territoire de cette commune, en telle sorte que ce sont, non les habitants de la communauté, mais bien les feux qui se trouvent usagers. *Debetur ratione rei, et ratione habitationis et prædii possessi.*

Discontinue, parce que l'usage a besoin du fait de l'homme pour s'exercer.

Non apparente, parce que l'usage n'est point indiqué par des signes extérieurs qui viennent le manifester.

II.

Au moment donc où les usages étaient concédés soit d'une manière générale par les lois, soit d'une manière spéciale par les seigneurs, nul n'entendait ni pour le présent ni pour l'avenir aliéner tout ou partie de la propriété ; il était de plus loisible aux propriétaires d'affranchir partiellement leurs domaines de la servitude qui les grevait en totalité ou dans une plus ou moins grande étendue.

L'usage, en effet, créait une indivision de jouissance entre l'usager et le propriétaire. Or, suivant la loi romaine, aucun *propriétaire* ne peut être forcé à demeurer dans l'indivision malgré lui. « *In communione vel in societate nemo compellitur invitus detineri* » (Cod. Lib. III.—T. XXXVII.—Lex. V). Pas même, ce qui se trouve aussi direct et aussi précis que possible, le propriétaire d'un terrain soumis à une servitude. « *Si constat in tuo agro lapidicinas esse, invito te, nec privato, nec publico nomine quisquam cædere potest cui id faciendi jus non est, nisi talis consuetudo in illis lapidicinis consistat, ut, si quis voluerit ex his cædere, non aliter id faciat nisi priùs solitum solarium domino præstet, ità tamen lapides cædere debet postquam satisficerit domino, ut neque usus necessarii lapidis intercludatur, neque commoditas rei domino adimatur. »* (Dig. — Lib VIII. — T. IV — Lex. XIII).

Et dans nos anciennes lois françaises, ce droit des propriétaires est clairement reconnu en une ordonnance rendue par Philippe-le-Hardi en 1280. « Aux usagers des forêts, y est-il dit, seront faites, livrées ès lieux propres et commodes, et ès dites livrées ne se trouvent matières et bois nécessaires aux dites usages et suffisances, leur en sera délivré ailleurs ès dites forêts par lesdits forestiers, à concurrence de ce qui leur sera nécessaire pour leur usage, sans qu'ils puissent indifféremment prendre par toute la forêt. »

Ce droit des propriétaires était admis par tous les jurisconsultes, (Salvaing, De l'usage des fiefs, chap. 96. — Duval, *De rebus dubiis*, traité 7. — Dunod, Prescription, part. 3, chap. 6. — Chasseneux, Coutume de Bourgogne, tit. 13, § 2, gl. 1, n° 27. — Panormitanus, *De Arbitris*, chap. 4. — Isernius, Ordonnances des deux Siciles, liv. 3. — Mathieu, *De afflictis*, § 290. — Bouhier, Coutume de Bourgogne, chap. 62, n° 81.) et consacré par la jurisprudence.

Les usagers essayèrent bien de contester, en soutenant que toute servitude foncière était essentiellement indivisible, et devait s'étendre à la totalité du fonds qui s'y trouvait soumis, et en se basant sur la loi XIII, § 1, Lib. VIII. Dig. *de servit. rusticorum prædiorum*, laquelle porte : « *Si totus ager itineri, aut actui servit, dominus in eo agro nihil facere potest quo servitus impediatur, quæ ita diffusa est ut omnes glebæ serviant.* »

Mais ces prétentions furent écartées avec infiniment de raison, et parce que la propriété ne pouvait être rendue inutile, *ne proprietas domino reddatur inutilis,* et parce qu'au fond des choses, ces prétentions ne se trouvaient nullement justifiées. Dérogatoire, il est vrai, à la loi XIII T. IV sus-indiquée, mais nullement anti-nomique avec elle, le texte de la loi XIII se trouvait inapplicable. Il n'était, en effet, que tout spécial à une servitude relative à un fait insusceptible de divi-sion, donc, ce texte ne pouvait être généralisé pour s'é-tendre aux servitudes divisibles, comme le sont la plu-part de celles qui concernent les usages.

Les servitudes, en effet, ne sont pas indivisibles par leur *essence,* elles ne le deviennent *accidentellement* que par rapport à l'objet auquel elles s'appliquent. Mais en *général,* les servitudes peuvent être parfai-tement divisées par la *convention* des parties, par la *volonté* de la loi, par la *force* des choses, ainsi que cela était incontestable sous l'empire des lois romaines, sous l'empire du vieux droit français (Dumoulin, *Divid. et indiv. pars tertia,* nombres 86 et 291), ainsi que cela est incontestable aujourd'hui. (Article 709, code Napoléon, articles 64, 111, 118, code forestier, — Rouen, 26 février 1841, — Paris, 10 août 1815, — Pardessus, Servitudes, nos 4, 22, 23, 305.)

III.

La faculté pour les propriétaires d'affranchir partiel-lement leurs domaines de la servitude qui les grevait, consistait dans le droit de localiser cette servitude, en la restreignant à une certaine portion du domaine; portion variable selon les cas, sur laquelle devaient s'exercer exclusivement les besoins et les droits des usagers : le surplus du fonds restant franc et quitte de toute charge, entre les mains du propriétaire; lequel n'en continuait pas moins d'avoir la propriété de la partie abandonnée aux usagers.

Cela s'appelait aménager, *Aménagement*. L'aménagement, on le voit, était *modificatif* des usages, *sans altérer* le *dominium* des propriétaires, il opérait simplement une séparation des jouissances qui de promiscues devenaient divisées, et tenait tout à la fois du partage (1) et du rachat. (Henrion de Pansey, Dissertations féodales, V° communaux, § 17. — Proudhon, Usufruit, chap. 84. — Merlin, Quest. de dr., V° usage, sect. 2, § 6, n° 29, V° interprétation de jugement. Et Répert. V° cantonnement, § 8.)

L'aménagement n'était pas d'une provocation réciproque, les usagers n'auraient su le demander. Ils en eussent été invinciblement empêchés par application de ce principe, que personne ne pouvant être malgré soi privé de sa propriété, il faut, afin de se trouver apte à exiger le partage d'un fonds, en être le copropriétaire. Or, pur droit de servitude, l'usage est précisément exclusif, et antipode de toute idée de copropriété. *Nulli*

----

(1) Il ne faudrait pas prendre ce mot *partage* au pied de la lettre. Le partage en effet, ne saurait exister, qu'entre individus ayant indépendamment du droit réel dans la chose indivise, le droit de sortir de l'indivision à leur première volonté.

enim res sua servit. (Dig. *De servit.* Lex XXVI, Tit. II.)
Non pars substantiæ fundi sed accidens, servitus.

Sur le point de savoir si l'aménagement était possible, alors que le fonds servant se trouvait insuffisant pour les besoins des usagers, il y avait quelque difficulté. Grivel (Arrêts du Parlement de Dôle, § 66.), Salvaing (Usage des fiefs, page 478), soutenaient la négative; mais l'opinion la plus accréditée était affirmative, et très-judicieusement selon nous, car la loi ne distingue nulle part, et tout propriétaire a le droit de partager. (Chasseneux — Bouhier — Panormitanus — Isernius — Mathieu, etc.... *Locis supra citatis.*)

IV.

Vers la fin du XVIIe siècle ou au commencement du XVIIIe, à l'aménagement vint succéder un droit nouveau, le *cantonnement*, ou pour parler plus exactement peut-être, l'aménagement se transforma et prit le nom de cantonnement.

Ce nouveau droit, ou cette transformation du droit ancien, comme on le voudra, s'introduisit non par les textes, mais par l'usage et le plus vieux des arrêts connus jusques ici sur les cantonnements est du 21 décembre 1726 (Henrion de Pansey , dissertations ^féodales).

La différence *capitale* entre l'aménagement et le cantonnement consista en ce que, par l'opération du partage, le propriétaire fut *dépouillé* complètement au profit des usagers de la *propriété* de la portion sur laquelle devaient se concentrer les droits de ces derniers. (Merlin, Proudhon, Henrion de Pansey. *Locis suprà citatis*).

Ce qui fit qu'au double caractère de rachat et de partage que comportait l'aménagement, le cantonnement vint adjoindre un troisième caractère, celui d'aliénation à titre commutatif.

« Le cantonnement, dit Proudhon, participe tout à la fois de la nature du rachat, de celle d'une aliénation à titre commutatif, et de celle du partage.

Il participe de la nature du rachat, parce qu'il est un moyen employé par le propriétaire de la forêt usagère pour forcer les usagers à en recevoir une partie en acquit de leur droit d'usage, et sous la condition que le surplus restera franc de la servitude entre ses mains.

Il participe de la nature d'un acte d'aliénation à titre commutatif, puisque d'une part il emporte cession en toute propriété d'une partie de la forêt usagère au profit des usagers, et que, d'autre côté, ceux-ci abandonnent leur usage sur ce qui reste au propriétaire.

Enfin, il participe surtout de la nature du partage, puisqu'il est opéré pour mettre fin à l'indivision de jouissance où les parties étaient auparavant, et pour attribuer à chacune d'elles une portion divise, correspondante à la valeur de ses droits sur le tout. »

De même que l'aménagement, le cantonnement ne pouvait, bien entendu, être réclamé que par le propriétaire.

Suivant Merlin, le cantonnement paraîtrait, antérieurement à 1789, n'avoir existé qu'aux cas où les besoins usagers n'absorbaient pas intégralement les fruits du fonds grevé du droit d'usage.

Et cette opinion de Merlin se fonde d'abord sur ce que les arrêts de cantonnement avaient tous été rendus à la suite d'interlocutoires destinés à constater les besoins des usagers; ensuite sur un règlement du 15 octobre 1731 pour le ressort du parlement de Grenoble. Règlement où l'on lit:

« Sera permis aux communautés régulières ou séculières, et à tous particuliers propriétaires de bois chargés d'usages, de se faire cantonner dans lesdits bois et d'en faire séparer le tiers à leur profit, pour en jouir, par eux, en toute propriété; sauf néanmoins le cas où le droit d'usage aurait été accordé à titre onéreux, ou sous la prestation de quelques servitudes, cens et redevances, et que les deux tiers restant desdits bois ne seraient pas suffisants pour l'usage de la communauté; auquel cas le cantonnement n'aura lieu, mais jouiront seulement lesdits propriétaires du droit d'usage ainsi que dessus, comme premiers habitants dans lesdits bois sans pouvoir faire autre acte de propriété. »

Nous ne saurions partager l'opinion de Merlin, ni au point de vue du fait, ni au point de vue du droit.

Au point de vue du droit, parce qu'en présence de la généralité des textes et des principes permettant à tout propriétaire de sortir de l'indivision, il nous paraît complètement inadmissible, qu'en matière de cantonnement on ait fait des catégories et des distinctions que rien ne pouvait autoriser.

Au point de vue du fait, parce qu'il nous semble plus inadmissible encore qu'à une époque d'omnipotence féodale, et précisément au moment où la condition des usagers se trouvait améliorée par la transformation du droit d'aménagement, les seigneurs se soient dépouillés eux-mêmes ou aient été dépouillés par la jurisprudence féodale, d'une faculté de droit commun qu'ils pouvaient à *juste titre* revendiquer.

Il est, au reste, d'autant moins supposable que les seigneurs aient fait bon marché ou qu'on les ait privés de la possibilité de réclamer le cantonnement sur les biens qui leur appartenaient; que, précisément dans le même temps, les seigneurs se montraient très-âpres au triage, sur les biens qui ne leur appartenaient pas; et que ces prétentions seigneuriales étaient on ne saurait plus favorisées par la jurisprudence du Conseil d'État, (voir notre Traité de la législation des portions communales, partie 2e, chapitre du Triage), c'est-à-dire, par la juridiction chargée de régler les cantonnements.

Les interlocutoires dont parle Merlin, ne prouvent absolument qu'une chose à savoir qu'avant de régler le cantonnement, le conseil voulait s'éclairer sur les besoins des usagers. Or, aujourd'hui que le cantonnement a lieu dans toutes les hypothèses, on ne procéderait pas autrement, en cas de désaccord ou de difficulté sur l'étendue de ces besoins; et assurément on ne saurait voir dans une pareille voie d'instruction rien qui impliquât une restriction du droit de cantonner.

Le règlement spécial, au ressort du parlement de

Grenoble, dans lequel on avait jugé convenable d'assimiler les cantonnements aux triages, ne saurait être d'aucune valeur pour tout ce qui se trouvait hors le ressort du parlement; ce règlement fort critiqué du reste avait été, à tort ou à raison, motivé par des considérations locales toutes particulières ainsi que cela résulte des remontrances adressées au Roi par le parlement. On lit dans ces remontrances : « Ce règlement fut le fruit des connaissances locales qu'avaient acquises les commissaires, par un travail de plusieurs années sur la nature des bois et pâturages, sur leur étendue, sur le nombre des habitants des communautés riveraines. Ils adoptèrent pour les cantonnements, les règles établies pour les triages, parce qu'ils avaient reconnu qu'on ne pouvait assigner au dessous des deux tiers aux usagers, dans une province hérissée de montagnes affreuses, où les forêts sont moins peuplées, les besoins des habitants plus considérables, les troupeaux plus nécessaires. Avant de censurer leur ouvrage il faudrait s'être mis à portée d'acquérir les mêmes instructions. »

Ajoutons, que de l'aveu même de Merlin la question sur laquelle il se prononce n'a reçu aucune solution en dehors du ressort de Grenoble, de sorte que cette opinion est dénuée de toute base doctrinale ou jurisprudentielle.

Ajoutons également que les dispositions du règlement de 1731, semblaient tellement excessives à Merlin, qu'il paraît répugner à l'idée qu'elles se référassent à autre chose qu'à un simple aménagement, cas auquel nous ne saurions les admettre encore.

Certains auteurs se sont imaginés trouver la trace du cantonnement dans le titre 25 de l'ordonnance de 1669. Mais c'est là une erreur manifeste, car en cette rubrique, l'ordonnance s'occupe non des usages, mais « *Des bois, prés, marais, landes, pâtis, pêcheries et autres biens appartenant aux paroisses et communautés.* »

Le premier texte dans lequel on trouve écrit le droit de cantonnement est l'article 8 de la loi du 27 septembre 1790. Il y est dit : « Il n'est nullement préjudicié par l'abolition du triage aux actions en cantonnement de la part des propriétaires contre les usagers des bois, près, marais et terrains vains ou vagues, lesquelles continueront d'être exercées comme ci-devant dans les cas de droit. »

Arriva ensuite la loi du 26 août 1792; elle statua en son article 5: « Conformément à l'article 8 du décret des 19 et 20 septembre 1790, les actions en cantonnement continueront d'avoir lieu dans les cas de droit, et le cantonnement pourra être demandé tant par les usagers que par les propriétaires. »

Contrairement à toute justice et à toute équité, cette loi révolutionnaire venait ainsi *déroger* au droit primitif, *méconnaître* l'intention des propriétaires de terrains grevés d'usages et *bouleverser* les principes, en créant d'un trait de plume la réciprocité de la faculté de se cantonner. (Merlin, — Quest. de dr.; V° usages. — Pardessus, — Servitudes n° 320. — Curasson, — Usages, tit. 1er, page 25).

Aussi cette faculté fut-elle énergiquement attaquée

lors de la promulgation du code forestier par tous les rapporteurs du projet et notamment par Favard de Langlade dans son discours à la Chambre des Députés.

« Le gouvernement, dit cet orateur, est autorisé, par l'article 63, à affranchir les forêts de l'état des usages en bois, par la voie du cantonnement réglé de gré à gré ou fixé par les tribunaux. »

Cette disposition n'est pas susceptible d'objection, mais il n'en est pas ainsi de la seconde partie du même article, portant : « L'action en affranchissement d'usages par voie de cantonnement n'appartiendra qu'au gouvernement, et non aux usagers. »

La commission a examiné avec une sérieuse attention cette proposition, qui déroge aux principes actuellement en vigueur, puisqu'elle fait cesser le droit de réciprocité en matière de cantonnement, et elle a cherché à se rendre compte de cette innovation.

On admettait très-anciennement un moyen de réduire l'étendue, non pas du droit d'usage en lui-même, mais du territoire sur lequel il s'exerçait, afin d'en débarrasser le surplus de la forêt, et on appelait cela un règlement, un aménagement; mais ce mode n'attribuait aucun droit de propriété à l'usager, sur le sol de la circonscription qui lui était assignée. Ce ne fut que long-temps après la promulgation de l'ordonnance de 1669, que la jurisprudence seule introduisit le cantonnement, qui rend l'usager propriétaire incommutable du canton qui lui est abandonné. De la jurisprudence, le cantonnement passa dans la législation.

La loi du 19 septembre 1790, qui prononça l'abolition du droit seigneurial de triage, déclara qu'il n'était point préjudicié aux actions en cantonnement de la part des propriétaires, contre des usagers de bois.

Avant comme après la publication de cette loi, l'action en cantonnement ne compétait qu'au propriétaire, et jamais à l'usager; mais le décret du 28 août 1792, établit la réciprocité, et déclara que le cantonnement pourrait être demandé, tant par les usagers que par les propriétaires.

Telle est la législation qui nous régit encore aujourd'hui. La Chambre aura à décider entre le principe de la réciprocité et le droit exclusif demandé pour le Gouvernement.

Pour nous, Messieurs, nous avons cru devoir donner la préférence au système du projet du code, et voici les raisons par lesquelles la commission s'est déterminée.

Le principe de la réciprocité a pu être pris, soit dans la maxime que nul n'est tenu de rester dans l'indivision, soit dans cette règle de droit, que l'une des parties ne peut, sans le concours de l'autre, changer la nature d'une convention; mais l'état d'indivision ne s'applique qu'à une chose dont la substance même appartient en commun à plusieurs individus; il faut que les droits de chaque intéressé affectent l'objet possédé; en un mot, il faut qu'il y ait pour tous copropriété : or, comment reconnaître ces caractères dans le conflit des droits d'un propriétaire et des intérêts d'un usager? Loin que l'usage, qui n'est qu'un usufruit restreint, emporte l'idée de propriété, il l'exclut, au contraire, on ne saurait avoir un droit d'usage que sur le fonds d'autrui.

D'un autre côté, c'est une vérité incontestable que, lorsqu'une convention est formée, elle ne peut être résolue ou modifiée que du consentement des parties contractantes. Mais, toute générale qu'elle est, cette vérité n'en admet pas moins des exceptions. Par exemple, la faveur de la libération attribue souvent au débiteur des droits qui sont refusés au créancier. N'est-il pas certain que le débiteur d'une rente perpétuelle est autorisé à s'en affranchir, en remboursant le capital malgré le créancier, quoique ce dernier ne puisse jamais exiger ce remboursement?

L'article 701 du code Napoléon ne confère-t-il pas au propriétaire du fonds grevé d'une servitude, la faculté d'en transporter l'exercice dans un autre endroit, si elle lui est devenue plus onéreuse, ou si elle l'empêche de faire des réparations avantageuses? Ne lui donne-t-il pas la liberté d'user de ce droit, malgré le propriétaire du fonds auquel la servitude est due? On ne peut donc étayer la réciprocité du cantonnement, ni sur l'une, ni sur l'autre des deux règles d'où nous la supposons tirée.

Mais on peut l'exclure par les principes mêmes que nous venons de rappeler touchant la libération et les servitudes.

Si, en effet, comme on n'en saurait douter, l'usage, ou, en d'autres termes, le droit de prendre une portion des fruits de la propriété d'autrui, n'est qu'une servitude, celui qui en subit la charge, doit être seul admis à s'en plaindre, et à en rendre l'exercice moins nuisible à son héritage.

Le cantonnement, d'ailleurs, expose le propriétaire à diviser sa propriété, et à l'aliéner en partie ; lui imposer le cantonnement, le forcer à le subir, ce serait le contraindre à morceler son immeuble et à en vendre une portion. Or, les principes généraux du droit ne s'opposent-ils pas à une telle doctrine ? N'est-il pas certain que nul ne peut être dépouillé malgré soi de sa propriété, hors le cas d'utilité publique ; et ce qui est vrai en thèse générale, ne l'est-il pas davantage encore en ce qui concerne le domaine de l'État ? Voudriez-vous, Messieurs, que les usagers vinssent, selon leurs caprices, démembrer les forêts nationales ? La commission ne l'a pas supposé ; elle a pensé que l'action en cantonnement devait être réservée à l'Etat. Elle n'a vu dans l'innovation de la loi de 1792, qu'une disposition que les circonstances d'alors pouvaient avoir dictée, mais que l'état actuel des choses ne saurait plus admettre. »

Aucune critique n'ayant été élevée aux Chambres, le projet passa sans difficulté, et la faculté pour les usagers de provoquer le cantonnement, se trouva rapportée pour les bois et forêts de l'État, des communes et des particuliers, par les articles 63, 111, 118, du code forestier.

Mais, en attendant toujours une loi réparatrice, cette faculté subsiste malheureusement encore, pour tous les domaines que ne régissent point les dispositions forestières. (Merlin, Répertoire, v° usage, sect. 2, § 6, n° 5.)

Quels que soient les besoins des usagers et l'insuffisance du fonds, le cantonnement peut toujours être demandé. (Cassation, 1er février 1835. — Rouen, 14 août 1845. — Conf. Meaume, n°s 437, 438), sans distinction entre les concessions à titre gratuit ou à titre onéreux (Paris 30 décembre 1834); mais ayant en général pour but de transformer les droits des usagers et propriétaires, en une propriété respectivement affranchie de toute espèce de charges, le cantonnement, à moins de stipulations contraires, entraîne de droit l'affranchissement de toutes les redevances et obligations dont les usagers étaient tenus envers les propriétaires. (Bourges, 18 juin 1834. — Besançon, 23 août 1843.—Cassation 14 mai 1835.—Cassation 14 juin 1844.)

—

Proportions dans lesquelles le cantonnement doit s'exercer.

—

I.

Maintenant que nous connaissons les servitudes d'usages, les moyens de s'en affranchir, les cas dans lesquels ces moyens sont applicables, les personnes qui les peuvent invoquer, que nous savons non seulement ce que ces choses sont dans le présent, mais ce qu'elles étaient dans le passé, qui nous en a montré l'origine et la filiation, nous allons nous trouver à même de comprendre et de résoudre l'importante question de savoir, dans quelles proportions les terrains usagers doivent être partagés, soit qu'ils excèdent le besoin de l'usager, soit qu'ils se trouvent insuffisants pour ce même besoin.

Ce problème, qui depuis l'origine des droits d'usages, a donné lieu à bien des solutions, n'est pas encore complètement résolu aujourd'hui.

Au temps de l'aménagement il n'y avait pas de règles fixes sur le partage, et il *n'apparaît même pas bien clairement* que l'on ait distingué *soigneusement* les cas où les besoins de l'usager absorbaient l'intégralité des fruits du fonds, d'avec les cas où ces fruits surpassaient la consommation de l'usager.

Par une sorte d'assimilation peut-être avec le triage, ou par une équipollence peut-être encore avec une certaine évaluation de l'usufruit, six arrêts rendus aux dates des 5 mars 1531 ; — 12 février 1553 ; — 20 mars 1555 ; — 3 octobre 1590 ; — 6 février 1621 ; — 14 août 1653 ; — avaient fixé l'aménagement à la tierce-partie de la propriété.

Mais par arrêt du 27 septembre 1586, sur 193 arpents 80 avaient été alloués aux usagers. Par arrêt du 11 avril 1589, sur 30 ou 40 arpents de bois, les usagers en avaient obtenu 25.

Au temps du cantonnement et jusqu'en 1789, il y eut même confusion et même incertitude, et bien que le cantonnement se trouvât plus favorable aux usagers que l'aménagement, ceux-ci n'obtinrent pas de moindres parts que par le passé, ce qui, assurément, peut passer pour une bizarre singularité.

Un arrêt du 24 mai 1726, sur 367 arpents en alloua 167 aux usagers ;

Un arrêt du 20 mai 1727 a alloué 3/5 d'un domaine aux usagers ;

Deux arrêts, l'un du 16 décembre 1727, l'autre du 10 mai 1741, ont fixé le cantonnement au tiers de la propriété ;

Un arrêt du 10 février 1778, sur 322 arpents en a adjugé 65 aux usagers ;

Un arrêt du 11 avril 1780, sur 776 arpents, en a accordé 580 aux usagers ;

Un arrêt du 3 juillet 1781, sur 310 arpents en a alloué 202 aux usagers ;

Un arrêt du 21 août 1781 a alloué les 2/3 du bois de l'Auty à ses usagers ;

Un arrêt du 25 février 1783, sur 963 arpents en a attribué 402 aux usagers ;

Un arrêt du 24 juillet 1787 sur 2678 arpents en a conféré 1208 aux usagers.

Ces arrêts, soit en matière d'aménagement, soit en matière de cantonnement, ont-ils été rendus alors que les fonds ne pouvaient subvenir aux besoins des usagers et des propriétaires ? C'est ce que nous ne saurions dire, les textes n'étant pas sous nos yeux ; mais tout nous porte à croire à l'affirmative, car il eût été grandement injuste au cas inverse, de rançonner ainsi les propriétaires ; et puis les propriétaires en leur qualité de seigneurs ne devaient pas être commodes à dépouiller.

Il y a plus, ces arrêts, à notre avis, sont intervenus moins à l'occasion d'usages qu'à l'occasion de communaux sur lesquels les seigneurs prétendaient certains droits ; or, en ce cas, la thèse on le comprend devenait toute différente.

Nous sommes autorisé à émettre cette opinion d'abord en raison de ce que souvent, dans l'ancien droit, on confondait volontairement ou involontairement les usages et les communaux, ensuite, par le motif que rapportant les deux derniers arrêts, cités par nous sur la proportion de l'aménagement, St.-Yon confond évidemment les usages et les communaux. Cette confusion est également faite par Filleau. (*Vide infra.*)

II.

De nos jours, trois grands systèmes se sont formulés. Ceux de Merlin, de Proudhon, et puis celui adopté par la Cour de Besançon, en son arrêt du 10 floréal an IX, arrêt confirmé depuis lors par d'autres décisions de la même Cour. (Voir Recueil des arrêts de la Cour de Besançon, tit. 1er, page 267, etc..., etc...)

Ce système a rallié l'autorité de M. Meaume, tome 1er, pages 675 et 676, et la jurisprudence des Cours de Nancy (arrêt du 21 juillet 1823, rapporté par Meaume, *loco citato;* — 13 février 1841, Dall. 1841, 2, 81), et de Colmar. (Arrêts des 13 juillet 1824, Dall. alph. ancienne édition, tit. 8, pages 747 et 748; —15 février 1838), à ce système encore devraient s'ajouter d'autres décisions jurisprudentielles. Dans ses notes sur Proudhon, M. Curasson dit n° 688 : « Pendant ma longue carrière dans la pratique judiciaire, les nombreux procès qu'a fait surgir l'exécution des lois rendues en faveur des communes, m'ont mis à même de connaître *une foule d'anciens arrêts de cantonnement dont il n'est fait mention dans aucun recueil,* et j'ai toujours vu le droit de propriété *prédominer* sur les usages quels que fussent l'étendue des droits, le nombre des communes usagères, et leur population. »

Après avoir rapporté les fluctuations de la jurisprudence, et déclaré la question mal éclaircie, Merlin dit en son répertoire, v° usage, sect. 2, § 8, n° 9 :

« Que résulte-t-il de ces variations ? une conséquence aussi saine que palpable : c'est qu'il n'y a point d'autre règle à suivre en cette matière que celles des circonstances, ou, en d'autres termes, qu'il faut mesurer les cantonnements sur les droits et les besoins des usagers. Une communauté qui a dans un marais le droit d'y tourber réuni à celui d'y paître et d'y faucher, doit incontestablement obtenir plus que celle qui n'a qu'un simple droit de paisson; et, toutes choses égales, on doit accorder plus à une communauté fort nombreuse qu'à une autre qui l'est moins, et à plusieurs communautés usagères qu'à une seule.

Mais, à moins que les circonstances n'y obligent, on ne doit guère porter le cantonnement au-delà du tiers du fonds usager.

En effet, il semble que l'estimation de l'usufruit qui cependant forme un droit beaucoup plus étendu que celui de l'usage, n'a jamais excédé le tiers de la propriété. Harménopole qui était juge de Thessalonique nous apprend, livre 2, titre 10, § 16, que dans l'Orient l'héritier d'un bien grevé d'usufruit pouvait le vendre en donnant à l'usufruitier le tiers du prix.

Cette proportion a paru si juste, qu'elle a été suivie dans l'article 27 de l'ordonnance du mois de novembre 1441, pour le rachat des rentes sur les maisons de la ville de Paris.

Deux de nos coutumes, St.-Jean d'Angely, article 71, et la Rochelle, article 43, qui ne permettent pas de donner entre vifs ou par testament plus du tiers des propres, ont tellement égalé le legs d'usufruit de tous les propres à celui du tiers en propriété, qu'elles défèrent à l'héritier l'option de réduire le legs d'usufruit de tous les propres au tiers en propriété, ou celui du tiers en propriété à l'usufruit de tous les propres.

Qu'importe que le droit d'usage soit perpétuel, tandis que le droit d'usufruit n'est que viager. Si la durée de l'un est hors de toute proportion avec la durée de l'autre, l'étendue de celui-ci l'est également avec l'étendue de celui-là.

Au surplus, l'idée que je mets ici en avant n'est fondée que sur une simple analogie, c'en est assez pour que les tribunaux souverains puissent accorder aux usagers plus du tiers, sans exposer leurs arrêts à la cassation.

A plus forte raison pourraient-ils sans aucun risque leur accorder moins. »

Après avoir critiqué l'opinion de Merlin, et s'être appuyé sur ce passage de St.-Yon (livre 3, — T. 27, article 6. — note 3) « A mon rapport j'ai vu débouter un seigneur, de partage, de quelques usages et pâturages par lui requis, et les laisser entièrement aux habitants, donc il faut tenir que, quand d'une grande quantité de bois et pâturages communaux, eu égard au nombre des habitants, la tierce-partie est suffisante ou plus que suffisante pour leurs usages, elle leur est adjugée, sinon on leur adjuge moitié, ou plus de moitié; on leur délaisse le tout, selon qu'on le juge leur être nécessaire pour la perception de leurs droits, préférables à la commodité du seigneur qui n'est point recevable à demander règlement, sinon quand les habitants ont de quoi se passer largement d'une tierce-partie ou autre part et portion qui peut leur être délaissée. » — Et sur ce passage de Filleau (livre 1er, partie 2e, titre VIII, page 380). « Mais enfin les villages étant assez peuplés, les seigneurs qui sont toujours demeurés propriétaires des bois usagers et communs, ont voulu faire règler leurs sujets, de sorte qu'aucuns ont été réduits au quart ou au tiers, les autres en la moitié pour les usagers en usages, selon que le bois l'a pu porter, et selon la qualité et nombre des personnes usagères. Bref, on leur adjuge ce qui leur est nécessaire pour leur usage. *Adèo* que le seigneur n'est recevable à demander règlement sinon quand les habitants se peuvent passer avec toute commodité d'une tierce partie ou d'autre part et portion qu'il leur peut être délaissée, autrement les seigneurs sont déboutés de cette demande et lorsqu'on adjuge quelque portion aux seigneurs, ce qui leur est adjugé, la moitié ou autre portion, leur demeure libre en toute propriété sans que des usagers y puissent prétendre aucun droit d'usage ni servitude. » — Proudhon enseigne : « Toutes ces questions sont vaines, et au moins inutiles ; elles sont en opposition avec les principes de la justice commutative ; elles sont absurdes en elles-mêmes et elles sont tout-à-fait impertinentes à la cause du cantonnement.

Elles sont vaines et au moins inutiles, parce qu'elles sont vagues, et ne sont fondées sur rien ni en droit ni en fait. Elles n'ont aucun fondement en droit parce qu'elles ne se rattachent à aucune disposition législative ; elles n'ont aucun fondement en fait, parce qu'il n'y a aucune proportion naturelle entre les valeurs des choses sur lesquelles on les fait porter.

Elles sont en opposition avec les principes de la justice commutative ; car le droit d'usage ne peut être une aumône puisque c'est un droit : on ne peut donc pas dire, que dans le partage à faire, il doit rester au propriétaire une portion quelconque désignée à l'avance, comme si celui-ci n'était tenu de céder que ce qu'il voudra ; les usagers ne sont pas des hommes mis hors la loi : ils ont le droit de faire liquider leur créance et d'exiger la concession d'un équivalent ; donc, jusque-là, on ne peut pas dire qu'on ne doit leur délivrer qu'une telle portion du fonds quelle que soit d'ailleurs l'étendue de leurs droits.

Elles sont absurdes en elles-mêmes, parce que la valeur du droit d'usage est incommensurable avec la partie du fonds quotitativement prise. Dire que le droit d'usage, qui en lui-même n'est qu'une créance ayant pour objet une quantité fixe de voitures ou de cordes de bois à prendre par an, doive être considéré dans sa valeur comme une partie aliquote du fonds, c'est-à-dire, de ce qui est exactement renfermé un certain nombre de fois dans le tout, c'est tout-à-fait déraisonner.

Elles sont impertinentes à la cause du cantonnement; car il ne s'agit pas ici de savoir ce qui doit rester au propriétaire, mais bien seulement de fixer ce qu'il doit relâcher aux usagers pour le rachat de leurs usages. Lorsque les créanciers sont aux prises avec leur débiteur pour faire déterminer le montant de ce qui leur est dû et en obtenir l'adjudication sur lui, on commence par procéder à la liquidation de leurs créances, et on condamne ensuite le débiteur à en faire le paiement, sans s'informer de la quotité des biens qui pourra lui rester après les avoir payées. On doit ici agir de même, et telle est la seule marche qu'il soit permis de suivre pour rendre justice aux parties.

Il faut bien remarquer, en effet, que le propriétaire est ici le débiteur, et que les usagers sont ses créanciers, parce qu'ils tirent ou sont censés tirer leurs droits de lui.

Le propriétaire a la qualité de débiteur, et il l'a également, soit qu'il ait lui-même fait la concession des usages, soit qu'on ne trouve en lui que le successeur de celui qui les avait primitivement établis, parce que, dans ce dernier cas, le fonds ne lui aurait toujours été transmis qu'à la charge d'en supporter les servitudes, et qu'en reconnaissant cette charge, il se reconnaît par là même possesseur obligé à son acquittement.

D'autre part, les usagers ont la qualité de créanciers puisqu'ils sont les successeurs des anciens concessionnaires du droit d'usage.

Que le droit d'usage ait été établi à titre gratuit ou à titre onéreux, cela ne change rien à la qualité des parties; car l'objet d'une donation doit être payé comme celui d'une vente : le propriétaire aura donc toujours la qualité de débiteur, et les usagers celle de créanciers; seulement, dans le cas de donation, ces derniers doivent agir moins rigoureusement contre l'autre, et lui laisser d'une manière plus large ce que peuvent exiger ses aisances, pour ne pas encourir le reproche d'ingratitude ainsi que nous l'avons déjà observé plus haut.

Concluons donc que pour opérer le cantonnement, il faut uniquement rechercher quelles doivent être l'étendue et la consistance d'une portion de forêt, pour que la concession qui en sera faite aux usagers, puisse les remplir de leurs droits, sans s'occuper de la question de savoir ce qui doit rester au propriétaire. »

La Cour de Besançon a pour jurisprudence que dans toutes les hypothèses possibles, et quels que soient les besoins des usagers, la part dévolue au propriétaire ne peut jamais être inférieure à celle attribuée à ces derniers. « Attendu que l'usager ne peut jamais avoir des droits aussi étendus que le propriétaire, et que la jurisprudence constante n'accorde que le quart, et rarement le tiers à l'usager, si ce n'est lorsqu'il y a des circonstances particulières.» (Recueil des arrêts de Besançon, page 34, tit. 1). « Attendu qu'aucune loi n'a fixé la quotité qui doit être adjugée aux communes à titre de cantonnement, dans les bois où elles ont des droits d'usage. Que la jurisprudence soit ancienne, soit moderne, a fixé seulement en principe, que le droit du propriétaire était supérieur à celui de l'usager. » (Même recueil, tit. 1, page 267.)

Il est dit également dans un arrêt de la cour de Colmar, rendu le 13 juillet 1824:

« Considérant, quant au cantonnement respectivement demandé par les parties, que la ville est fondée à prendre des conclusions en appel, pour faire déterminer dans quelle proportion elle entrait comme affouagère et usagère dans la jouissance utile des forêts, proportion que le tribunal a dit de moitié, tandis qu'elle est bien supérieure à cette fixation, qu'elle est fondée à demander également pour la première fois, qu'il lui soit tenu compte de sa participation par moitié aux ventes de bois qui avaient lieu de la part du chapitre, droit formellement reconnu par l'article 10 de la transaction de 1730, que ces demandes et autres de même nature rentrent entièrement dans la défense à l'action principale; qu'elles en sont une conséquence nécessaire et qu'il n'en peut surgir contre la ville aucune fin de non recevoir; qu'ainsi ces droits et autres semblables, doivent être pris en considération, et former les bases tant du cantonnement que du règlement des fruits à restituer; qu'il est établi par les titres déjà mentionnés qu'il compétait à la ville des droits d'usages très-étendus, et qui, par concession ou prescription, s'étaient accrus progressivement de manière à absorber à son profit la majeure partie du domaine utile, et à ne laisser au chapitre qu'une faible partie de ce domaine réunie à sa propriété foncière et à ses prérogatives honorifiques; que ces droits n'ont pu que s'étendre et devenir plus onéreux pour les forêts par l'accroissement de la population; que dans l'état actuel des choses, il n'est survenu en fait de produits susceptibles d'évaluation, autres que ceux inégalement partagés avec la ville, que le droit de chasse et celui des mines et carrières dont il n'appert d'aucune exploitation; que si, dans le silence de la législation sur les demandes en cantonnement, dont l'usage est nouvellement introduit, il est assez admis d'estimer au tiers la valeur de la propriété du sol, ce qui établit le plus communément entre les propriétaires et l'usager des deux tiers au tiers, néanmoins ce ne peut être une règle invariable, et qu'il convient toujours, en prenant en considération les droits solennels de la propriété, d'apprécier toute la force et l'étendue des usages, et de les régler, en outre, d'après le nombre et les besoins des usagers et la possibilité des forêts; que la maxime la plus généralement admise et retenue par la jurisprudence des tribunaux, en matière de cantonnement, est que la condition du propriétaire ne doit pas être de pire nature que celle de l'usager, *ne proprietas domino fiat inutilis;* que cette maxime n'est pas outrepassée, lorsque par l'effet du cantonnement le propriétaire conserve la moitié intacte de sa propriété, et lorsque la convenance est consultée dans l'assiette de cette moitié, de manière à la soustraire, autant que faire se peut, aux mésus des anciens usagers ; que le propriétaire se trouve de droit dégrevé de la part proportionnelle de la garde et de l'impôt, sans que dans aucun cas les usagers qui en sont grevés, par suite du cantonnement, puissent faire valoir cette considération, qui est un accessoire forcé de la propriété, pour se faire attribuer au-delà de la fixation qui leur compète ; que la nature et l'étendue des usages de la ville permettent de lui reconnaître et de lui donner des droits égaux à ceux des hospices et d'ordonner, dès à présent, le partage par égales proportions, entre elle et ces derniers, des forêts assujetties à ces usagers de telle sorte que les experts, après avoir évalué chaque canton de forêts et terrains en dépendant en fonds et superficie, et d'après la situation, la croissance, la facilité de l'exploitation, la valeur vénale des produits et du fonds, après avoir évalué également les portions de ces mêmes forêts défrichées par la ville, et fixé plus ou moins de valeur sur leur ancien état de terrains boisés, il soit fait deux lots égaux en valeur, et entièrement déterminés et fixés par des plans et des pierres bornes, pour être, l'un de ces lots, attribué aux hospices, et l'autre à la ville, en comprenant dans ce dernier les portions de bois qu'elle a défrichées et mises en culture, et en le formant, pour le surplus des cantons, de forêts le plus à sa proximité. »

III.

Ces trois systèmes, on le voit, ont pour point de départ une même idée excessivement rationnelle; à savoir que le cantonnement doit *varier* suivant les *espèces,* que partant, il ne peut y avoir rien de *préfix* et d'uniforme en pareille matière.

Mais les conséquences tirées de ce point de départ sont essentiellement différentes.

Merlin n'admet point que les cantonnements puissent aller jusqu'à complètement dépouiller les propriétaires. Il combine les besoins des usagers avec les possibilités des terrains grevés de servitude, il parle de proportions générales, de ce qui lui semble préférable, mais ne détermine pas la limite à laquelle on doit s'arrêter.

Sans souci des droits des propriétaires, Proudhon, au contraire, entend que les besoins des usagers seuls sont de nature à entrer en ligne de compte, que partant le cantonnement doit au cas où cela est nécessaire, englober la totalité du terrain usager.

Enfin, tout en rejetant les apportionnements préfixes comme point de départ, la Cour de Besançon ne recule pas devant la fixation d'un *maximum,* placé au point où se heurtent les besoins et la possibilité, les intérêts des usagers et les intérêts des propriétaires : choses qui doivent se respecter l'une l'autre, puisque de chaque côté se trouvent des droits également intéressants, des principes également sacrés.

C'est entre ces trois systèmes qu'il faut nécessairement opter. Ils comprennent, en effet, les seules combinaisons auxquelles il soit possible de sérieusement s'arrêter.

De Merlin à Proudhon, il ne saurait, selon nous, y avoir d'hésitation possible, tellement Merlin est dans le vrai et le juste, tellement Proudhon est dans le faux et l'iniquité.

Proudhon pourtant a traité la question avec toutes sortes de hauteurs pour les adversaires. Pourquoi cela? Etait-ce parce que mal convaincu du parti qu'il prenait, Proudhon voulait s'étourdir lui-même ou étourdir les autres? Nous ne saurions le croire. C'était donc parce que profondément convaincu, Proudhon n'admettait pour ainsi dire aucune discussion sur une thèse qui lui paraissait d'une évidence extrême; mais cette conviction robuste a fanatisé Proudhon jusqu'à le complètement aveugler.

Sans donc retourner contre le justement célèbre doyen de la faculté de Dijon, les épithètes d'*absurdité*, d'*impertinence*, de *déraison*, de *ridicule*, qu'il prodigue à ses antagonistes, nous dirons simplement que *tout étonne* dans son système.

Tout. — Le pivot de la discussion de Proudhon, — ses considérations de fait, — ses considérations de droit, — la contradiction choquante dans laquelle sans s'en apercevoir il tombe avec lui-même, — la critique amère qu'en définitive il adresse à Merlin.

Reprenons. — *Le pivot de la discussion de Proudhon.*

Proudhon s'étaye de l'autorité de St.-Yon et de celle de Filleau ; or, ces deux autorités sont d'une double inapplicabilité.

De St.-Yon écrivait en 1610 avant l'introduction du cantonnement, et Filleau publiait son livre en 1634, c'est-à-dire, à une époque où le cantonnement était à peine connu, époque à laquelle, conséquemment, il n'existait aucune jurisprudence sur la matière.

Filleau, du reste, ne parle en aucune façon de cantonnement, mais simplement d'aménagement, de règlement, à propos d'un arrêt du 14 décembre 1607, rendu entre les habitants de Deung-le-Roy, et leurs seigneurs justiciers.

Et ce qui est bien plus capital, St.-Yon ne traite que des *bois communaux ;* et Filleau n'a en vue que les propriétaires des bois *usagers communs* relativement à l'arrêt précité, solution touchant non au règlement véritable, mais plutôt au triage que des seigneurs prétendaient sur un domaine *dont les habitants de Deung-le-Roy se soutenaient propriétaires.* Ceci résulte déjà du passage invoqué par Proudhon ; mais ceci est surtout évident quand on lit le commencement de la note de Filleau, laquelle débute ainsi : « Les seigneurs hauts justiciers ne se pouvant approprier les usages, paturages et communes, situés en leurs justices et seigneuries, ont recherché les moyens d'empêcher que les communautés ne jouissent entièrement desdits usages et communes, et pour y parvenir ont demandé règlement avec eux. »

De façon que ces deux auteurs ne s'occupent que

des terrains appartenant aux communautés et sur lesquels les seigneurs élevaient des prétentions en vertu de leurs priviléges féodaux.

En sorte qu'aux cas rapportés par St.-Yon et Filleau, loin d'y avoir absorption par le cantonnement de la totalité de la propriété du seigneur, et d'y avoir même simple aménagement, il y avait uniquement les usagers restant en propriété et cojouissance de leur chose, nonobstant les prétentions seigneuriales.

Puis, quand ces deux auteurs se trouveraient dans la question, leur autorité ne serait pas d'un bien grand poids. Car ce qu'il s'agit de savoir, n'est pas ce qu'ont enseigné, ce qu'auraient eu le tort d'enseigner deux vieux organes de la doctrine, mais ce qu'il convient de faire aujourd'hui.

Ses considérations de fait. — Proudhon trouve que ce serait manquer à la justice commutative, mettre les usagers hors la loi, et convertir leur droit en une dégradante aumône, que de ne pas leur largement accorder ce dont ils peuvent avoir besoin. Où donc le savant professeur a-t-il pu voir tout cela?

Les usages ont été non des aliénations pour le présent ou pour l'avenir, mais des droits de servitude sur des terrains dont on n'entamait pas la propriété. Voilà qui est incontestable. Au moment de ces concessions, existait et préexistait pour le propriétaire, le droit de sortir de l'indivision, au moyen du partage de la jouissance des biens usagers. Voilà qui est incontestable encore. Le but de l'aménagement était donc d'affranchir une partie de la propriété grevée;

quoique plus défavorable, le cantonnement avait un but identique; voilà qui est toujours incontestable.

Les usagers eux, acquéraient le droit de jouir, *sauf et jusqu'à l'exercice de la clause résolutoire et modificative*, que le propriétaire pouvait exercer quand bon lui semblait.

Eh bien, quand la condition résolutoire, et en même temps la condition *sinè quâ non* des concessions vient à se réaliser, de quoi donc se plaindraient les usagers, en supposant leur position empirée? On pouvait ne concéder rien, on a concédé avec certaines charges, avec certaines conditions qui s'accomplissent, où est le crime? Le droit du propriétaire est écrit dans la loi, dans les principes; ce droit exercé, les usagers, dans ce qui restera, trouveront non une aumône, mais leurs droits.

Avec le système de Proudhon, au contraire, les usagers seraient à côté de la loi, et qui plus est, au-dessus de la loi, puisqu'en dépit des principes, des textes, des conditions de la concession, ces usagers pourraient, au moyen d'un cantonnement, exproprier sans indemnité, en d'autres termes, confisquer une propriété qui n'a pas été aliénée anciennement, que l'on ne veut pas aliéner aujourd'hui.

Avec le système de Proudhon, il resterait au propriétaire, quoi? plus même une aumône, mais la spoliation, l'injuste et ingrate spoliation, en récompense et comme fruit d'une générosité.

A ce calcul, pour les communes très-populeuses, et les terrains non forestiers, les usagers n'auraient qu'à provoquer le cantonnement pour devenir immédiatement propriétaires; ce serait là, on l'avouera, une bien belle équité.

L'usage est incommensurable, dit Proudhon (expression signifiant sans doute que l'usage ne peut être mesuré), c'est possible; mais ce ne saurait être une raison pour que la jouissance absorbât la propriété. Si l'usage ne peut être apprécié d'une manière mathématique, il peut l'être approximativement et surtout d'une façon équitable, de nature à ne détruire, ni le droit, ni la moralité.

Ses considérations de droit. — On conçoit, en effet, difficilement qu'un esprit distingué comme Proudhon, ait vu dans l'usager et le propriétaire, un débiteur et un créancier. Car c'est là une hérésie insoutenable au premier chef, un sophisme qui ne se pourrait étayer que d'une puérile logomachie.

La conséquence de tout engagement, sans doute, est qu'il y ait un stipulant et un promettant, un obligeant et un obligé; mais cela n'est point à confondre avec un débiteur et un créancier. Le débiteur est celui dont tous les biens présents et futurs, sont le gage de ceux auquels il doit, créanciers privilégiés, hypothécaires, chirographaires; or, évidemment, les usagers n'ont sur le fonds servant aucun droit de gage. Ils ne sont nullement les créanciers des propriétaires.

La contradiction choquante dans laquelle, sans s'en apercevoir, il tombe avec lui-même.

Définissant le droit d'usage, Proudhon dit que ce droit participe du partage, de l'aliénation à titre commutatif, du rachat. Caractères qui nécessairement se trouveraient complètement anéantis, si les usagers pouvaient tout accaparer.

Au titre 1er, chapitre 8, après s'être demandé si le propriétaire peut être complètement dépouillé des fruits, lorsque les fruits sont insuffisants aux usagers, Proudhon répond : « Qu'il serait contraire à la nature des choses de donner une interprétation aussi étendue à la concession d'un droit d'usage, qui, comme toute servitude foncière, doit être d'une durée perpétuelle, parce que ce serait convertir cette concession en un acte d'aliénation du fonds lui-même. Il est plus raisonnable de penser que le fondateur, en concédant un simple usage, a voulu seulement s'associer les concessionnaires dans la jouissance de sa forêt; et qu'ainsi il s'est retenu lui-même un droit de participation sur cette jouissance. »

A fortiori donc (même en allant jusqu'à admettre cette idée très-inexacte d'une association), le cantonnement ne peut-il englober tout le terrain usager, puisque le propriétaire se trouverait du même coup, privé de la jouissance et de la propriété?

La critique acerbe qu'en définitive il adresse à Merlin. — Que l'usage perpétuel ne soit pas précisément l'usufruit, cela est vrai; mais toujours est-il que d'un côté moins étendu que l'usufruit, d'autre côté plus durable que ce dernier, l'usage peut lui être analogiquement assimilé.

Peu importe que l'évaluation orientale, dont parle Harménopule, n'ait pas été celle du droit romain ou l'on voit (Digest., Lib. XXV. T. 2, *ad legem Falcidium* Lex 68 et Lex 80, *De usufructu*) que droit aléatoire, l'usufruit au lieu de se trouver uniformément estimé, devait être soumis à une évaluation basée sur le calcul des chances plus ou moins certaines et des probabilités. Peu importe que cette estimation du tiers ne soit plus en harmonie avec les dispositions fiscales de la loi du 22 Frimaire an VII, dispositions variables aussi suivant les cas. Peu importe que cette estimation du tiers soit en désaccord avec certaines appréciations du code Napoléon. Tout cela ne fait pas que l'usage ne soit point plus assimilable à l'usufruit qu'au droit de propriété. Tout cela ne fait point, que le projet du code forestier n'ait présenté (ainsi que nous l'apprend Baudrillard) en l'article 63, un *maximum* du tiers comme limite extrême du cantonnement, *maximum* qui, bien que paraissant dans une *juste proportion*, n'a été repoussé que parce qu'en certains cas *rares* et *exceptionnels*, il a paru convenable de laisser à la conscience des juges la possibilité de le dépasser.

Le système de Proudhon, que, du reste, n'a défendu aucun des organes de la doctrine, est à tout jamais condamné.

Mais suffit-il de s'en tenir à l'opinion de Merlin, sans fixer de *maximum*, de manière à laisser le champ complètement libre à l'arbitraire ; nous ne le pensons point.

De ce qu'un *maximum* n'a pas été fixé par le code, ce n'est pas une raison pour en conclure que le législateur ne se soit préoccupé que des intérêts des usagers et point des intérêts des propriétaires, qu'en laissant à ces derniers une part, si petite qu'elle fût, on peut impunément les dépouiller.

Le vide seul est sans limites,

> Est modus in rebus sunt certi denique fines,
> Quos ultra, citra que nescit consistere rectum.

quelle que soit la profondeur du désert, il a son horizon. Après avoir couvert la plage, les flots les plus envahissants rencontrent enfin le rescif inébranlable contre lequel ils viennent se briser. Mon droit finit là où commence celui d'un autre. Et comme il doit inévitablement arriver un moment, un point, où le droit de l'usager rencontrera celui du propriétaire, il faut nécessairement admettre qu'un terme fatal est à assigner aux prétentions usagères.

L'usage perpétuel est un droit étendu assurément, mais la propriété qui est perpétuelle aussi, et qui est accompagnée des droits d'usages des propriétaires, n'est pas d'une étendue moindre, et c'est certes faire à l'usage une part bien large, que de concéder, ainsi que la Cour de Besançon, la possibilité de comprendre dans le cantonnement la moitié des terrains usagers.

C'est tout au plus jusques là qu'il est permis d'aller, *ne proprietas reddatur inutilis*, sous peine de méconnaître les données de la plus vulgaire et de la plus saine équité.

Quand la loi est muette, la doctrine et la jurisprudence doivent parler pour elle, car il faut que justice se fasse, et justice pour tous, *suum cuique*.

Or, la jurisprudence de la cour de Besançon nous paraît constituer le *summum* de ce qui peut être alloué à l'usager sans trop rançonner le propriétaire; c'est là que pour clore les interminables disputes soulevées par le cantonnement, doit être plantée la borne portant la grande inscription : *Non plus ibis !*

MATIÈRES COMMERCIALES.

PREUVES.

LIVRES AUXILIAIRES.

I.

En l'absence de présomptions réunissant le triple caractère de gravité, de précision et de concordance, voulu par l'article 1353 du code Napoléon, en l'absence même de toute espèce de présomptions, il n'est pas rare de voir les tribunaux consulaires se fonder *uniquement* sur les énonciations d'un ou plusieurs livres auxiliaires, pour admettre comme prouvées des opérations positivement déniées.

C'est là une de ces erreurs capitales, et surtout un de ces abus graves qu'il importe de signaler d'autant plus, qu'aucun auteur jusqu'à présent, n'est venu carrément les combattre, ni même les dénoncer.

II.

Justitia est constans et perpetua voluntas jus suum cuique tribuendi, disait Ulpien; le génie du droit, a dit plus récemment M. Guizot, c'est l'équité.

Ces deux définitions qui se confondent, et n'en font

qu'une, sont rigoureusement vraies, c'est pour cela que ce qu'enseignait il y a deux mille ans, l'un des plus grands jurisconsultes des temps antiques, est ce qu'enseigne encore aujourd'hui l'un des plus grands philosophes des temps modernes. C'est pour cela qu'il y a alliance intime entre la morale et le droit qui en émane directement.

Si l'équité en effet est la plus haute expression du droit, si le droit n'est que la codification des règles de l'équité, pour la mettre au grand jour et empêcher le juge de se lancer dans l'arbitraire, ou de se laisser séduire par le décevant mirage d'une équité vaine ou mensongère, il faudra pour remonter à leur source, aller les puiser dans la morale, dans la philosophie, et reconnaître que les grands principes ont été moraux avant de devenir juridiques.

Aussi, comme il ne saurait exister deux morales et deux équités, il ne saurait y avoir deux droits différents, l'un pour la justice civile, l'autre pour la justice consulaire; de même que la vérité, une, les principes sont uns, et si parfois, à tort ou à raison, il est permis de les plier à ce que l'on appelle l'exigence du besoin, jamais ce besoin ne peut aller jusqu'à les anéantir. Un besoin qui demanderait la ruine des principes serait conspué par le droit; par la raison qu'un tel besoin ne constituerait qu'une immense iniquité.

Chaque fois donc qu'il s'agira, non d'une règle de forme et de procédure, mais d'un principe fondamental de droit et d'équité, ce principe devra *au fond* et en *fin de cause* être appliqué *quant même*, en toutes matières, et pardevant toutes les juridictions.

III.

Ceci posé, il est incontestablement de principe en morale et en équité que personne ne se peut juger soi-même, et que la solution des litiges ne saurait dépendre de la volonté de l'une des parties litigantes.

Il est incontestablement de principe encore, que tous égaux devant la loi, les hommes doivent être égaux dans leurs rapports entre eux, dans leur position devant la justice.

De là, les règles juridiques : 1° Que nul ne peut se créer un titre à soi-même, attendu que le permettre serait tenter l'homme en le mettant entre l'intérêt et le devoir, ce qu'il faut toujours éviter; constituer une partie juge de son procès ou du moins faire dépendre l'événement du procès de la volonté de cette partie si elle est la seule qui soit en position de se créer un titre; ou rendre la difficulté inextricable, si les deux plaideurs pouvant se délivrer des titres à eux-mêmes, s'en font de contradictoires ainsi que cela doit nécessairement arriver.

2° Qu'en conséquence, pour être apte à invoquer un titre, il faut le tenir de celui contre lequel on s'en targue, ou de ceux qu'il représente, ou de ceux par qui il est représenté.

3° Que dans les stipulations réciproques, les contractants doivent avoir parité d'obligations, parité de droits, sans que l'un de ces contractants se trouve à la merci de l'autre, sans que l'un puisse, à sa fantaisie, forcer l'autre à s'exécuter en rapportant la preuve de l'obligation s'il lui plaît de la remplir lui-même, ou s'exonérer de cette même obligation en supprimant la preuve de l'obligation de la partie adverse.

Et de ces règles juridiques, les articles 1325, 1329, 1331 du code Napoléon.

Article 1325. « Les actes sous seing-privé qui contiennent des conventions synallagmatiques, ne sont valables qu'autant qu'ils ont été faits en autant d'originaux qu'il y a de parties ayant un intérêt distinct, etc.....

Article 1329. « Les registres des marchands ne font point preuve contre les personnes non marchandes, etc.....

Article 1331. « Les registres et papiers domestiques ne sont point un titre pour celui qui les a écrits, etc... »

IV.

Ces règles qui ne sont rien moins qu'arbitraires, on le voit, doivent nécessairement s'appliquer aux matières commerciales, et elles s'y appliquent effectivement, sauf quelques modifications toutefois, que le législateur a permis avec défiance, exceptionnellement et en prenant toutes les précautions imaginables;

modifications qu'à tort ou à raison il a pensées nécessitées par les besoins, nous n'ajouterons pas par la bonne foi, du commerce.

Ces propositions sont faciles à justifier, nous allons le faire; puis nous démontrerons ensuite que le système contraire viole ouvertement le texte et l'esprit de la loi que nous allons appliquer.

Première proposition. Au commerce comme au civil, nul ne se peut, en général, faire un titre à soi-même.

L'article 12, au code de commerce, porte : « Les livres de commerce régulièrement tenus, *peuvent être admis*, par le juge, pour faire preuve entre commerçants pour faits de commerce. »

Peuvent être admis et non pas *doivent être admis.* La conséquence est que les livres ne sont pas des preuves, mais que le juge a la faculté de considérer ces livres *comme preuves.* Alors qu'il n'y aura pas d'autres moyens de s'éclairer, sans doute; alors qu'il n'y aura pas d'autres preuves, plus positives dont on aura moins à se défier.

L'article ne dit pas tout cela explicitement, nous le concédons, mais il le dit d'une manière implicite. Nous en appelons sur ce point à tous les jurisconsultes.

Deuxième proposition. Au commerce comme au civil, dans les obligations synallagmatiques il y a parité de position entre les parties contractantes.

L'article 8, au code de commerce, porte : « Tout commerçant *est tenu* d'avoir un livre-journal qui présente, jour par jour, ses dettes actives ou passives, les opérations de son commerce, ses négociations, acceptations ou endossements d'effets, et généralement tout ce qu'il reçoit et paie, à quelque titre que ce soit; et qui énonce mois par mois, les sommes employées à la dépense de sa maison : le tout indépendamment des autres livres usités dans le commerce, mais qui ne sont pas indispensables.

Il est tenu de mettre en liasse les lettres missives qu'il reçoit, et de copier sur un registre celles qu'il envoie. »

L'article 9 porte encore : « Il *est tenu* de faire tous les ans, sous seing privé, un inventaire de ses effets mobiliers et immobiliers, de ses dettes actives et passives, et de le copier année par année sur un registre spécial et à ce destiné. »

La conséquence de ces prescriptions est que s'il obéit à la loi par laquelle il est *tenu* à avoir certains livres, tout commerçant peut contrôler par ses registres les registres de ses adversaires, et se trouver exactement sur le même pied que ceux-ci.

Troisième proposition. Ce n'est qu'avec défiance et en s'entourant de précautions extrêmes que le législateur a apporté en matière commerciale, un tempérament à l'inflexibilité des principes en matière civile.

Les livres indispensables dont la tenue est ordonnée, sont en définitive tous rédigés de la même manière, ne constituent que le même livre appliqué à des choses différentes.

Le livre-journal indique, jour par jour, la totalité de la situation et des affaires du commerçant, au vis-à-vis de lui-même, au vis-à-vis de tous ses correspondants.

Le livre de copies de lettres, relate jour par jour, la totalité de la correspondance de chaque négociant.

Le livre des inventaires est également tenu d'une manière périodique, mais à des intervalles plus éloignés qui ont d'autant moins d'inconvénient, que ce livre n'est qu'un extrait du livre-journal.

Pourquoi maintenant cette *ponctualité*, cette *périodicité* incessante dans la rédaction des registres de commerce, pourquoi cette *uniformité?*

Pour que les livres ne puissent être que difficilement recommencés, corrigés ou falsifiés, ainsi que cela serait très-facile à faire, par exemple, dans un livre de comptes particuliers. On conçoit en effet le péril qu'il y aurait à arranger, pour le besoin d'une cause, un livre de commerce, où au milieu d'énonciations de tous genres relatives à des centaines de personnes, se trouve une mention mise à une date à laquelle on ne soupçonnait pas la contestation ultérieurement élevée par tel ou tel individu; péril accru encore par l'impossibilité de faire subir une altération aux mentions portées à une date correspondante, sur les registres de l'adversaire.

Pour plus de sécurité, les livres nécessaires doivent être cotés, paraphés et visés (articles 10 et 11).

Et toutes ces conditions remplies, les livres indispensables ne peuvent être admis en preuve qu'autant que leur état ne permet, pour ainsi dire pas, les corrections ou falsifications; qu'autant qu'ils sont régulièrement tenus (article 12), c'est-à-dire, sans blancs, lacunes, transports en marge (article 10), surcharges, interlignes; au cas contraire, ces livres ne sauraient ni être représentés, ni faire foi en justice (article 13).

V.

A côté des livres nécessaires, indispensables, dont la tenue est impérative, les commerçants, dans la pratique pour leur commodité intérieure, pour leur avantage personnel, tiennent *chacun dans la forme qui leur convient,* d'autres registres dont la loi ne fait aucune mention (tels que livres de caisse, grands livres, livres d'achats et ventes etc..., etc...), appelés en style commercial, livres auxiliaires.

Eh bien, admettre l'un ou plusieurs de ces livres à servir de preuve, c'est *violer* un grand *axiôme* juridique, *méconnaître* le *texte* de la loi et le *but* qu'elle s'est proposé.

C'est, disons-nous, violer un grand axiome juridique. Il est de règle, en effet, que toute exception est essentiellement limitative. C'est pourquoi l'on dit *exceptio confirmat regulam*, alors qu'il faudrait dire au contraire *exceptio infirmat regulam,* si une exception pouvait au gré de chacun être étendue d'un cas à un autre, sous prétexte de similitude ou d'analogie.

Or, c'est exceptionnellement et par suite d'une disposition limitativement expresse de la loi, que les commerçants sont en position de se créer des titres à eux-mêmes, que trois livres sont de nature à être produits en justice; quand donc le texte serait muet, la force des choses et des principes s'opposerait à ce que l'on conférât aux livres auxiliaires, le caractère revêtu par les registres indispensables.

Mais le *texte* est positif: il est écrit, article 11, « les livres dont la tenue est ordonnée par les articles 8 et 9. ...... » Article 12. « Les livres de commerce régulièrement tenus peuvent être admis par le juge, etc.... » Article 13. « Les livres que les individus faisant le commerce sont obligés de tenir, et pour lesquels ils n'auraient pas rempli toutes les formalités exigées ci-dessus, ne pourront être représentés ni faire foi en justice, etc..... »

En présence de la lettre, il est évident que les livres qui peuvent être invoqués, sont limitativement, excsivement, les livres indispensables, ceux ordonnés par les articles 8 et 9, c'est-à-dire, le livre-journal, le livre de copie de lettres, le livre des inventaires.

Quand au *but* de la loi c'est évidemment le fausser, que d'ajouter créance aux livres auxiliaires.

Le législateur, nous l'avons démontré suffisamment pour n'y plus revenir, a voulu des registres à-peu-près *infalsifiables*, des registres qui se *contrôlassent mutuellement*, qui *équilibrassent* la position des parties : toutes ces garanties disparaîtraient d'un seul coup, par l'invocabilité des registres auxiliaires.

Sans doute, un commerçant qui n'a pas les livres indispensables peut se trouver désarmé en présence du journal de son adversaire. Mais alors ce commerçant doit s'en prendre à lui-même de ce désavantage qu'il a encouru, en n'obéissant point à la loi qu'il ne pouvait ignorer, vis-à-vis de laquelle il lui était si facile de se mettre en règle, puisque rien n'est plus à la portée de tous qu'un livre-journal, que tous les livres nécessaires.

Quand, au contraire, ce qui est dans son droit, un négociant, un petit commerçant surtout, n'ayant pas tenu de ces livres auxiliaires compliqués, hors de sa portée peut-être, et bons seulement pour les hautes spéculations commerciales, se voit opposer ces simples livres auxiliaires, il peut à juste titre se récrier, car de deux choses l'une, l'adversaire a ou n'a pas les livres nécessaires.

S'il ne les a pas, nous venons d'apprécier sa faute et la position qui en résulte;

S'il les a, de deux choses l'une encore, les mentions des livres auxiliaires figurent ou ne figurent pas aux livres indispensables.

Si ces mentions figurent aux livres indispensables, que l'on invoque donc ces livres.

Si ces mentions n'y figurent point, c'est parce qu'elles y ont été oubliées, ou parce que volontairement elles y auront été omises. Au premier cas, celui dont les livres indispensables sont muets, n'a pas à se plaindre *jura vigilantibus non dormientibus subveniunt.* Au second cas, la conduite de celui qui n'a rien énoncé sur ces livres indispensables est inexplicable, et ses registres auxiliaires sont en suspicion légitime. L'inconvénient serait sans doute moindre pour les négociants qui auraient réciproquement des livres auxiliaires. Mais il existerait encore en ce que, tenus diversement, ces registres se contrôleraient mal; en ce qu'en raison de leur diversité de tenue, ces registres prêteraient le flanc à tous les remaniements possibles; en ce qu'on s'habituerait à suppléer aux livres indispensables, par les registres destructifs, de toutes garanties; en ce qu'enfin, on substituerait l'anarchie à la loi, le chaos à l'uniformité.

VI.

De tout ceci nous concluons : Que si la loi, telle qu'elle est, à l'endroit des registres ne se trouve pas impeccable; c'est précisément une raison pour ne pas la rendre détestable au moyen des livres auxiliaires.

Qu'en *aucune hypothèse*, les livres auxiliaires seuls, et par leur *puissance unique*, ne peuvent faire foi en justice, que tenus pour l'intérieur des maisons de commerce, ces livres partagent exactement, en cela, la condition des livres que les particuliers tiennent domestiquement pour leur usage personnel.

Mais à ces conclusions que nous ne voulons ni altérer, ni affaiblir, nous mettrons un tempérament que voici :

Quand la preuve testimoniale est admissible, les présomptions le sont également (article 1353, code Napoléon); et les preuves testimoniales, et partant les présomptions, se trouvent constamment invocables en matières consulaires, (articles 1341, code Napoléon. 109, Code de commerce).

Lors donc que dans une affaire, et en dehors des écritures, se rencontreront des présomptions *suffisamment graves, précises et concordantes,* les registres auxiliaires pourront être produits, afin de compléter ces présomptions. Mais qu'on y prenne garde jamais, jamais si ces présomptions manquent, les registres auxiliaires ne sauront aller jusqu'à les créer.

DISSERTATION

SUR

L'INTERPRÉTATION DU PARAGRAPHE DEUXIÈME DE L'ARTICLE 1352

DU CODE NAPOLÉON.

Parmi les dispositions dont la rédaction est fâcheuse, l'article 1352 se place sans contredit en première ligne.

Cet article porte en effet : « La présomption légale dispense de toute preuve celui au profit duquel elle existe. »

Nulle preuve n'est admise contre la présomption de la loi, lorsque sur le fondement de cette présomption elle annule certains actes ou dénie l'action en justice, à moins qu'elle n'ait réservé la preuve contraire, et sauf ce qui sera dit sur le serment et l'aveu judiciaire. »

Il résulte de ceci, qu'à moins de réserve de preuve contraire, nulle preuve n'est admise contre la présomption légale :

1° Quand la loi annule certains actes ;

2° Quand elle dénie l'action en justice ;

3° Et sauf ce qui sera dit sur le serment et l'aveu judiciaire.

Reprenons : Premier cas. — Quand la loi annule un acte, *la preuve contraire n'est réservée nulle part.*

Tout ce que peut faire celui auquel la présomption

se trouve opposée, est de *nier l'existence* de cette présomption, ce que l'on ne peut appeler sans une incroyable confusion d'idées *prouver contre* la présomption, puisque pour la détruire il faut auparavant admettre son existence, et quoiqu'un auteur ait enseigné le contraire, la chose est trop claire pour qu'il soit besoin d'insister.

Second cas. — Quand la loi dénie l'action en justice, on pourrait trouver quelques exceptions à la règle dans les articles 312, 313, etc., du code Napoléon.

Troisième cas. — Sauf ce qui sera dit sur le serment et l'aveu judiciaire. Ceci constitue un rébus juridique que beaucoup se sont ingéniés à déchiffrer, sans que jamais aucun ait pu en trouver la véritable clef.

Certains auteurs enseignent que l'article 1352 est copié d'Alciat, lequel disait : « *Ubi aliqua lex, vel statutum annulans aliquem actum, editum fuit, ad removendas omnes fraudis occasiones, comprehendit etiam casum in quo constaret nullam fraudem fuisse commissam; quia lex aut statutum procedens in genere ad obviendas fraudes non est restringendum ad eos casus tantùm in quibus fraus commissa est, sed ad omnes alios extenditur in quibus, licèt nulla fraus commissa fuerit committi poterat.* »

Qu'en conséquence ces mots : sauf ce qui sera dit, etc....., ne se réfèrent qu'au premier paragraphe de l'article, et non à sa seconde partie, ainsi que pourrait le faire croire, par sa rédaction vicieuse, le rejet de ces mots *in fine* de l'article. Qu'on doit d'autant plus le décider ainsi, que dans les discussions au Tribunat ou au Corps législatif, rien ne vient indiquer que l'on ait eu l'intention de soumettre les présomptions *juris et de jure* à l'épreuve de l'aveu ou du serment.

Que toutes les présomptions *juris et de jure* sont considérées par la loi comme étant d'ordre public, circonstance qui ne permet pas de les atteindre par la généralité apparente, mais trompeuse, des articles 1356 et 1358, ainsi que cela est évident, par exemple, en ce qui concerne la chose jugée, insusceptible d'être détruite par le serment ou l'aveu judiciaire.

D'autres auteurs prétendent que les présomptions légales qui, en règle générale, n'admettent point la preuve contraire, doivent être rangées en deux catégories.

D'abord, les présomptions légales d'ordre public comme la chose jugée, contre lesquelles aucune preuve ne saurait prévaloir, ni celles émanant des tiers, ni celles émanant des parties intéressées, attendu que l'ordre public ne peut jamais être compromis par l'intérêt particulier.

Ensuite, les présomptions légales créées dans l'intérêt privé, lesquelles, bien que ne pouvant être combattues par la preuve provenant d'une tierce personne impuissante à priver une partie de la protection que lui accorde la loi, sont cependant de nature à être détruites par la partie intéressée elle-même qui est assurément maîtresse de renoncer à ses droits, et qui lorsqu'elle l'a fait ne se trouverait aucunement fondée à s'en plaindre.

Que leur opinion s'étaye d'une manière inébranlable sur le prescrit des articles 1356 et 1358, où l'on voit que, sans distinction aucune, l'aveu fait pleine foi contre celui qui l'a passé, et que le serment litisdécisoire peut être déféré en toute hypothèse.

D'autres auteurs enfin soutiennent que l'article 1352 doit être entendu en ce sens, que contrairement aux autres présomptions qui n'admettent point la preuve contraire, l'aveu et le serment sont deux présomptions légales passibles de cette preuve.

Le premier système paraît contraire à la construction grammaticale de l'article qui doit être présumé écrit en français, et qui, sous prétexte d'interprétation, ne peut être facilement remplacé par un nouvel article à la fois modificatif et abrogatif du premier.

En divisant *arbitrairement* en deux catégories les présomptions insusceptibles de preuves contraires, le second système crée des distinctions, là où la loi les a complètement repoussées. Sans nullement se préoccuper du point de savoir si les présomptions *juris et de jure* se rattachaient plus ou moins directement à des considérations d'ordre public, le législateur a voulu que toutes ces présomptions fussent d'ordre public et, quant même réputées telles. Ce second système est de plus inapplicable au cas où, sur le fondement de présomptions légales, la loi dénie toute action en justice, puisque l'aveu et le serment judiciaires, ne peuvent se produire qu'autant qu'il y a une instance engagée. Ce second système enfin est éminemment inexact en ce point que la partie intéressée à se couvrir des présomptions légales, ne saurait se plaindre de la possibilité de faire tomber les présomptions par l'aveu et le serment, puisque ces deux genres de preuves émaneraient d'elle, partie intéressée. Si, en effet, le serment vient de la partie, il est imposé par l'adversaire, lequel pourrait à son gré ajouter une *nouvelle condition* à l'admissibilité des présomptions légales, ce qui est de toute impossibilité.

Évidemment l'aveu et le serment sont des preuves, et pas des présomptions légales.

Tous les moyens de preuves admis par la loi, se rangent en deux catégories. Ces preuves résultent ou de la confiance que la loi accorde à la déclaration de l'homme, ou de la confiance que la loi accorde à certains *actes* ou à certains *faits* qui rendent vraisemblable le fait allégué.

Toutes les fois que les inductions de vérité tirées par la loi, résultent *a posteriori* de la déclaration orale ou écrite de l'homme, ces inductions prennent le nom de preuves.

Toutes les fois que les inductions de vérité tirées par la loi, résultent *a posteriori* comme les présomptions judiciaires, ou *a priori* comme les présomptions légales, de certains faits, ces inductions prennent le nom de présomptions.

Les présomptions légales sont, ainsi que le porte l'article 1350, celles que la loi attache à certains actes ou à certains faits; ou mieux, les présomptions légales sont la conséquence, *entre plusieurs autres possibles,* que la loi tire d'un fait connu pour arriver à la conséquence d'un autre fait inconnu. — *Entre plusieurs autres possibles*, disons-nous, car cette conséquence n'est pas la seule que l'on puisse tirer du fait, mais bien celle que le législateur a choisie entre toutes dans un intérêt d'utilité générale ou d'ordre public.

A toutes époques donc, par la force même des choses, le serment et l'aveu ont été considérés comme de véritables preuves, et non comme des présomptions.

En droit romain, l'aveu et le serment constituaient les *extraordinariæ probationes*.

Lors de la rédaction du projet du code, le consul Cambacérès, qui ne voulait ni des serments, ni des présomptions, se garda bien de considérer le serment comme une présomption légale (1). L'économie en-

(1) On fut de prime abord, d'un rigorisme draconien dans la détermination des moyens de preuves judiciaires.

On lit dans le premier projet de Cambacérès.

« Le serment judiciaire n'est plus admis.

La loi ne connaît pas de présomptions en matière de preuves, si l'obligation est ambiguë, elle doit s'interpréter en faveur de la libération.

La loi ne connaît pas plus de demi-preuves que de demi-vérités, tous prétendus commencements de preuves par écrit ne pourront faire obstacle à la libération. »

Dans le second projet du même auteur :

« La loi n'admet en matière de preuves :

Ni présomption — ni demi-preuves — ni commencement de preuves — ni serment judiciaire. »

Enfin on retrouve encore dans le troisième projet :

« Le serment judiciaire n'est plus admis. »

Cette opinion de Cambacérès rajeunissant Cujas, avait été inspirée par l'imposante autorité du grand jurisconsulte. Il disait : « *Ut veritas ita probatio scindi non potest, quæ non est plena veritas, est plena falsitas non semi veritas. Sic quæ non est plena probatio, planè nulla probatio est.* »

Sans doute *Summo jure*, la vérité est une et indivisible, sans doute

tière du code prouve bien que l'aveu et le serment ne sont pas considérés comme présomptions, nonobs-

il en est de même de la preuve, mais cela ne saurait faire écarter toutes les vérités que la preuve n'a pu complètement dégager de leurs voiles, car en présence de l'impuissance humaine, cette exigence équivaudrait souvent à la négation de la justice.

Une vérité bien qu'en partie cachée, peut être cependant montrée par une preuve incomplète, et une preuve incomplète peut aussi parfois donner une pleine persuasion, tout ce que la loi peut demander; ce qu'en une foule de cas, elle ne saurait même exiger d'une manière complète, puisqu'en bonne législation, il doit suffire d'une persuasion suffisante, sinon à donner la sécurité la plus parfaite à la conscience du juge, du moins à la préserver de tout reproche intérieur, et à assurer sa tranquillité.

On ne tarda donc pas, séparant la théorie de la pratique, à s'apercevoir qu'afin d'éviter un mal, on tombait dans un pire, que pour trop demander, on allait tout perdre et désarmer la justice, qu'eu égard à l'incessante impossibilité de pénétrer le fond des choses, d'en avoir le dernier mot, c'était non-seulement neutraliser le juge, mais paralyser l'action, que de rejeter les commencements de preuves, les présomptions, le serment.

On ne tarda pas à remarquer que certaines preuves comme les enquêtes et les registres, par exemple, n'inspiraient point plus de garantie que les présomptions et les semi-preuves; on se départit donc des sévérités impossibles, préférant laisser le sort de beaucoup de litiges à l'appréciation du juge, que de rejeter *de plano,* les demandes de tous ceux, qui, à la merci de leur adversaire intéressé à nier, et à nier quant même, se seraient trouvés dans l'impossibilité d'obtenir satisfaction, si à défaut de la matérialité du fait, ils n'avaient pu justifier de leur bon droit avec la justesse des démonstrations mathématiques ou l'inflexibilité du syllogisme.

En conséquence et conformément à l'opinion émise par Condorcet sur la demi-persuasion et sa suffisance (Essai sur le calcul des probabilités), conformément aux doctrines de Mascardus (de probat. conclus. t. I, quæst. 4. n° 5.) De Danty (preuve par témoins, p. 173), les législateurs adoptèrent les preuves et les demi-preuves, ainsi qu'à côté de l'art. 1316 pour la présomption, de l'art. 1347 pour le commencement de preuve par écrit, cela résulte expressément de l'art. 1367 où l'on voit que le serment supplétif n'est admissible qu'au cas où *la demande et l'exception ne se trouvent pas pleinement justifiées sans être totalement dénuées de preuves.*

Et on admit comme preuves les *présomptions* et le *serment*

tant la confusion regrettable faite au paragraphe quatrième de l'article 1350 du code Napoléon.

Mais l'aveu et le serment se trouveraient des présomptions légales, qu'en ce qui concerne les aveux, le troisième système n'en resterait pas moins doublement insignifiant, soit qu'on se place au point de vue de celui qui aurait à profiter de l'aveu, soit qu'on se place au point de vue de celui qui aurait avoué. Dans la première hypothèse, ayant en main la preuve de la fausseté de la déclaration de son adversaire, le plaideur ne considéra jamais comme aveu un mensonge facile à démontrer. Dans la seconde hypothèse, l'article 1356 se charge d'indiquer lui-même les cas auxquels seuls, un aveu erronné peut être rectifié par la partie qui l'a passé. En ce qui concerne le serment litis-décisoire, le serment serait une présomption que ce troisième système n'en violerait pas moins ouvertement la loi, puisque l'article 1363 porte en toutes lettres que la fausseté du serment ne peut être démontrée.

De ce qui précède, la conséquence est que l'article 1352 prévoit trois cas. Dont le premier est d'une entière inapplicabilité, dont le dernier est d'une parfaite inintelligibilité; à moins qu'on y voie un renvoi à des articles qui n'existent pas, renvoi non biffé, par suite d'une négligence d'une grande culpabilité.

Il serait à désirer qu'une rédaction nouvelle vînt mettre un terme à ces singularités.

DISSERTATION

SUR

LE POINT DE SAVOIR SI LA CHOSE JUGÉE EST EXTINCTIVE

DES OBLIGATIONS.

16

Dicté par une raison éminemment faillible, tout jugement de l'homme peut être faillible comme elle, toutefois le *criterium* des vérités étant souvent impossible à trouver, les procès ne pouvant s'éterniser à toujours, la sécurité, la stabilité devant nécessairement se faire, toutes choses qui n'auraient jamais lieu s'il était loisible de remettre indéfiniment en question les points déjà résolus par le juge, et de tourner perpétuellement dans le cercle infranchissable des possibilités d'erreur; on a dû admettre en principe qu'il y avait une *vérité judiciaire*, vérité sinon incontestable, du moins impossible à contester.

La chose jugée, est cette vérité *res judicata pro veritate habetur*, cette vérité dont rien, légalement parlant, ne peut démontrer l'erreur, ni les juges, ni les choses, ni les parties (1).

---

(1) Sans doute, de même qu'il est facultatif à chacun de sacrifier ses droits, de même il sera facultatif à chacun de se désister du bénéfice d'une sentence passée en force de chose jugée, mais de même qu'un droit non utilisé n'en existe pas moins, de même au regard du droit dont elle est déclarative, une sentence n'en restera pas moins debout, bien qu'il plaise à la partie intéressée de n'en pas profiter.

Faut-il en conclure avec certains jurisconsultes que la chose jugée soit une véritable cause d'extinction des obligations?

Evidemment non, car la fiction est inhabile à détruire la réalité.

En toute obligation il y a deux choses bien distinctes à considérer : Ce à quoi l'on s'oblige envers soi-même, ce à quoi l'on s'oblige envers les autres.

Dans le droit naturel, les obligations contractées vis-à-vis de soi-même n'ont pour juge que la conscience, et pour coërcition que le sentiment du devoir, sentiment plus ou moins énergique, suivant que les passions l'ont plus ou moins corrompu.

Par la force des choses, les obligations contractées vis-à-vis de soi- même, n'ont jamais été sanctionnées par le droit civil; nul, en effet, ne peut s'actionner soi-même, et demander aux lois de le contraindre à agir contre sa propre volonté.

Les obligations contractées vis-à-vis d'un autre, créant un droit pour celui-ci, ont par cela seul une sanction et une coërcition. A ceux qui ne vivent point en société, le droit naturel donne la faculté de se rendre justice à eux-mêmes, dussent-ils employer la force pour faire respecter leurs droits, les faire se réaliser; — mais la force n'étant pas toujours du côté du droit, et l'emploi de la force brutale engendrant à chaque instant des collisions qui rendent impossible l'association, chez ceux qui vivent en société, l'emploi de la force a été répudié par la loi positive, qui est venue substituer ses règles à la violence; par la loi

positive qui, privant chacun individuellement du droit
dangereux de se faire justicier, est venue assurer à
chacun la justice de tous; par la loi positive qui, déclarant chacun déchu de ses forces presque toujours
insuffisantes, est venue assurer à chacun l'assistance
de la force publique, force à la fois matérielle et morale deux fois irrésistible contre laquelle tout viendrait
se briser.

Bien cependant qu'en tous les cas possibles (à peu
près du moins) dans un intérêt de moralité et d'ordre
public, la loi ait privé chacun du droit de se faire
justice à soi-même, dans le même intérêt d'ordre et
de moralité public, la loi n'a pas dans tous les cas
possibles remplacé le droit naturel par le droit positif.
L'intérêt particulier devant céder à l'intérêt général,
afin d'éviter des perturbations incessantes, des insta-
bilités continuelles, afin de tarir la source fâcheuse de
certaines obligations, la loi, en certains cas, a refusé
une action pour faire valoir un droit, ou une sanction
pour le faire respecter.

Ce qui n'est pas à dire que, même le grand intérêt
général à part, chacun puisse se plaindre de ce que
dans telles hypothèses données, la loi dénie sa protection, car la somme des droits garantis par les lois
étant infiniment plus considérable que ceux que l'on
serait habile à faire valoir soi-même, il y a pour
tous avantage immense à vivre en société.

Les obligations que la loi ne reconnaît pas, les
obligations conséquemment de pur *for intérieur*, ont
été appelées avec plus ou moins de justesse *obligations*

naturelles. Les obligations, au contraire, auxquelles la loi vient en aide, les obligations de *for extérieur* ont pris avec plus ou moins de justesse encore, le nom d'obligations civiles.

Les lois qui ne créent jamais l'obligation de conscience, qui n'ajoutent rien à la cause de cette obligation, et ne font qu'en assurer les effets, les lois, évidemment, ne sauraient éteindre l'obligation de conscience ou en relever par tel ou tel texte du droit civil. D'abord parce que la loi n'a aucune prise sur les consciences qu'elle est impuissante à atteindre, ensuite parce que pas plus que Dieu la loi ne pouvait faire que ce qui existe n'existe pas. Or, si je dois, encore bien que l'on ne puisse pas me contraindre à payer, je n'en continuerai pas moins à devoir jusqu'à ce que je me sois libéré, cela est évident. Pour quiconque ne s'est pas aveuglé par les subtilités et les sophismes prétendûment juridiques, pour tout homme qui, sous l'influence de la lettre, ne confond pas le droit immuable et primordial, avec le droit arbitraire (1) et positif, la cause avec l'effet, le droit avec l'action, ces données incontestables indiquent clairement que la chose jugée ne saurait anéantir l'obligation.

Non, quoi qu'en disent certains auteurs, même parmi les princes de la science, qui trouvent dans le droit naturel et le droit civil une corrélation telle que ces droits, comme fusionnés en un seul, sont impossibles à séparer, (2) la chose jugée ne détruit pas et

(1 et 2) Parfois dans un intérêt d'utilité générale, le droit positif contrarie arbitrairement le droit naturel, voir notre préface.

ne saurait détruire les droits, dont elle n'anéantit que l'effet. Contrairement donc au paiement, à la compensation, à la confusion, à la remise de la dette qui font disparaître le lien naturel, libèrent la conscience, la chose jugée n'éteint pas les obligations. Elle est purement et simplement *soluto vinculo juris*, une exception perpétuelle que celui au profit duquel elle existe, pourra toujours péremptoirement opposer à son adversaire, sans que pour cela la cause des droits de ce dernier ait cessé d'exister.

Peut-être, dira-t-on, ces considérations transcendantes étaient parfaitement inutiles à la solution d'une question qui ne saurait être bien sérieuse, puisque la loi n'a pas indiqué la chose jugée comme un mode d'extinction des obligations.

Soit, — mais alors ces considérations se reporteront tout entières sur la prescription que l'article 4234 indique positivement comme une cause d'extinction.

DISSERTATION

SUR LE POINT DE SAVOIR SI LES DISPOSITIONS DE L'ART. 283

DU CODE DE PROCÉDURE

SONT RIGOUREUSEMENT LIMITATIVES ET IMPÉRATIVES, OU SIMPLEMENT

ÉNONCIATIVES ET FACULTATIVES.

I.

1. La plus *ancienne* des preuves, la plus *simple*, la plus *générale* et l'une des plus *dangereuses*, est sans contredit la *preuve par témoins*.

La plus ancienne. On la rencontre dans les plus vieux monuments écrits que nous aient légués les premiers âges, et dans ces monuments juifs, grecs, romains, barbares, la preuve testimoniale a précédé toute espèce d'autres preuves.

La plus simple. Rien de plus naturel que d'en appeler au témoignage d'autrui, lorsqu'il s'agit de justifier d'un fait contesté.

La plus générale. De tout temps, en tous lieux, on l'a trouvée tant chez les nations civilisées que chez les peuples barbares; il n'en pouvait être autrement d'une preuve si naturelle, et dont la connaissance n'avait besoin que du sentiment instinctif de ce droit primordial, *quod natura omnia animalia docuit.*

L'une des plus dangereuses, au double point de vue de sa *nature* et de ses *effets*.

Dangereuse au point de vue de sa nature. Cette preuve ne repose que sur la triple présomption *que le témoin ne s'est pas trompé, qu'il n'a pas été trompé, qu'il ne veut point tromper.* Or, en présence de la fragilité de la chair, de la fragilité de l'esprit, une telle preuve porte fatalement en elle les plus grands périls. Il n'est besoin d'être ni bien profond philosophe, ni bien grand légiste, ni même bien consommé praticien, pour se sentir frappé de leur évidence.

Omnis homo mendax. Tout homme est faillible. Involontairement les plus honnêtes peuvent être trompés par leurs sens, et volontairement les moins honnêtes peuvent tromper, sollicités qu'ils se trouvent par l'affection ou la crainte, alors même que n'existent pas pour mobiles plus honteux, l'intérêt personnel, l'appât du gain, la haine, la vengeance, toutes choses qui entraînent ou séduisent facilement ceux qui ont le malheur de se laisser tenter.

Dangereuse au point de vue de ses effets. Par son admissibilité indéfinie, cette preuve multiplie indéfiniment les procès, en engendrant de continuelles contestations nées des souvenirs volontairement ou involontairement inexacts, qu'en l'absence d'écritures ou qu'en dehors des écritures, les intéressés conservent sur les stipulations qui les lient et qu'il s'agit d'exécuter (1).

___

(1) Le peu de durée de la vie de l'homme est une nouvelle source d'inconvénients pour la preuve testimoniale. Afin de parer à cela,

2. Ces périls sont si sensibles que la loi Mosaïque déjà portait comme premier principe : *Non stabit unus testis contra aliquem* (1), (Deuter. Cap. XIX. V. XV), que Tacite, en parlant des témoins s'écriait : « *Odio et terrore corrupti, in dominos servi, in patronos liberti, et quibus deerat inimicus, per amicos oppressi.* » (Hist. Lib. I. § II), que Justinien édictait : *Testium facilitatem per quos multa contra veritatem perpetrantur prout possibile est resecantes, omnibus prædiximus ut...* (Cod. Lib. IV Tit. XX, L. XVII), et qu'enfin au temps même

l'on avait établi le funeste usage de faire entendre précautionnellement et préalablement à toute instance *ad perpetuam rei memoriam*, des témoins lorsqu'il y avait lieu de craindre l'impossibilité ou la difficulté de se les procurer par la suite.

C'est par les lois canoniques surtout que cette procédure abusive (et d'origine Romaine) s'était trouvée acceptée. Elle fut définitivement proscrite en droit civil, par l'article Ier du titre XIII, de l'ordonnance de 1667. « Abrogeons toutes enquêtes d'*examen à futur* . . . . . . et défendons à tous juges de les ordonner et d'y avoir égard, à peine de nullité ».

En circonscrivant dans un espace de temps assez restreint, les procès à l'occasion des personnes et des choses dont Dieu seul était le propriétaire (Lévitique. Cap. XXV. V. XXIII. « *Terra..... mea est.* » V. XLII. « *Homines.... mei servi sunt.* ») Les lois de la *septième année* et l'institution du *Jubilé*, rendaient chez les Juifs la preuve testimoniale, moins fâcheuse que partout ailleurs.

Le Lévitique porte en effet : Cap. XXV V. X. « *Sanctificabis annum quinquagesimum, et vocabis remissionem cunctis habitatoribus terræ tuæ : ipse est enim jubileus, revertetur homo ad possessionem suam, et unusquisque rediet ad familiam pristinam.* »

Et le Deutéronome ajoute : Caput. XV. V. I. « *Septimo facies remissionem.* »

V. II. « *Quæ hoc ordine celebrabitur : cui debetur aliquid ab amico vel proximo ac fratre suo, repetere non poterit, quia annus remissionis est Domini.* »

(1) Reproduite par saint Jean (Evang. chap. VIII) et par saint Mathieu (Evang. chap. XVIII), cette règle au temps de Constantin avait passé dans le droit romain. *Simili modo sanximus ut unius testimonium*

où l'on disait : *Tesmoins passent lettres, parce que papier et parchemin souffrent tout* (1), on répétait proverbialement ainsi que le rapporte Loysel : *Bien fol est qui se met enqueste, car le plus souvent qui mieux abreuve, mieux preuve* (Instituts coutumières, Livre V, Titre V, règle I) (2).

---

nemo judicum in quâcumque causâ facile patiatur admitti, et manifestè sancimus ut unius omnino testis responsio non audiatur, etiam si præclaræ honore curiæ præfulgeat (Cod. Lib. IV, Lex. IX, § 1). Dans les lois barbares : *placuit ut testimonium unius hominis non accipiatur* (Capit. Karol. Lib. V, § CLXII), *ad unius testimonium nemo condamnabitur* (Capit. Kar. Lib. V, § XL), *unius autem testimonium quam libet splendida et idonea videtur esse persona, non audiendum* (Capit. Karol. Lib VIII, § CCVII), *non sub uno teste sed sub tribus personis, coæqualibus, sit probatum* (Lex Baivuariorum, T. II, cap. I, § II). Dans le vieux droit français : « Par la coutume de ladite vicomté laquelle est *moult merveilleuse*, car l'on y prouve son entencion par un seul tesmoing le quel partie adverse puet appeler par gaige de bataille. » (Lettres du 11 mars 1383 sur la vicomté d'Abbeville, voir également la coutume d'Amiens de 1190. « Voix d'un, voix de nun » (Loysel, Inst. cout. liv. v, tit. v, reg. x). Elle n'existe plus aujourd'hui.

(1) Bouthillier (Somme rurale, Tit. CVI) dit sur ce point : Encore est à savoir que s'il est aucun qui se vante de prouver son cas par lettres : scachez que si le défendeur veut dire, toutes ces lettres je les reproche de vive voix, scachez qu'il est à recevoir, et vaudra le reproche de vive voix contre les lettres. Et si le reproche y a suffisant, les lettres seront distraites et ne vaudront. *C. libro quarto rubrica dicta et rubrica de probationibus. L. Cum precibus.* S'il advient que aucun se vante que je lui ai donné aucune chose et de ce me fasse querelle en jugement, et l'offre à monstrer et procurer par lettres, scachez que si je viens dire et exposer par vifs tesmoins contre ces lettres que je lui vendis, je y seray à recevoir. *C. de probationibus L. cum precibus.* Si aucun disait aucune chose être notoire, et manifeste, scachez que plus est action sur ce vive voix de tesmoins que lettres. *Pro hoc vide. specul. in titul. de noto. crimin. § qui de notorio.*

(2) Cicéron se défiait de la preuve par témoins à ce point que dans le plaidoyer pour Cluentius, on trouve « *Equidem vos abducam a testibus, neque hujus judicii veritatem quæ mutari nullo modo po-*

3. Pour conjurer ces dangers, on entoura d'abord la preuve testimoniale de moyens *confirmatifs, répressifs* et *préventifs.* Puis on *limita* cette même preuve de manière à la prohiber en la plupart des cas où étaient surtout à craindre la corruption ou la subornation des témoins.

4. La *confirmation* des preuves testimoniales se trouva dans le serment ; c'est-à-dire, dans *l'invocation* par laquelle on prend Dieu à témoin de la sincérité de la déposition, dans *l'imprécation* par laquelle on prie Dieu de venger le parjure (1). Bien qu'il leur fut défendu de prononcer le mot sacré de *Jehovah*, les Juifs usaient du serment (Selden de synedriis veterum Hebræorum

test, in testium voluntate collocari sinam. Quæ facilime effingi, nullo negotio flecti, ac detorqueri potest. »

(1) Deux formules très-curieuses de serments nous ont été conservées, l'une par la loi des Bavarois, chap. XVI, § VI : *« Et si plurimi testes fuerint, et ad unum conventum venerint, sortiantur illi testes inter se, et cui sors exierit juret taliter, ei dicat, ad testem sortitus sum et ad testem me facere volo. Adprehendat manum proximi sui, et dicat, sic me deus adjuvet, et illum cujus manum teneo, quod ego ad testem illum inter vos per aurem tractus fui de istâ causâ ad veritatem dicendum, tunc solus juret cum suâ manu, postea donet arma sua ad sacrandum, et per ea juret ipsum verbum cum uno sacramentali : et si mendaciter jurat, componat illa, cujus causam abstulit cum XII solidos, et ipsam causam restituat, aut defendat se cum campione suo, si rectè juravit, hoc est pugno duorum. »*

L'autre, par Beaumanoir « Vous jurez se diez vos ahit et tous les saincts et toutes les sainctes du Paradis, et toutes les sainctes paroles qui sun en che livre et tout le pooir que diez a en chiel et en terre, que vos dirés la vérité de che con voz demandera en ce querele poer le quel vous êtes atrait en tesmoignage, selon che que vous savés, et sans menchonche ; ajoustez que voz n'en mentirés por amor ne hayne, por loier, ni por promesse que vous aiés eu, ne que vous atendés a avoir, ni por paour, ne pour cremeur de nului et le tesmoing doivent respondre, ainsi comme voz l'avés dict je jurons noz. »

Lib. II. Cap. XI) (1). Les Athéniens, avant leur déposition, le prêtaient sur l'autel de Minerve : *Adde etiam moris fuisse, ut qui testimonium dixissent, ad aras progressi, se vero dixisse jurarent.* (Sigonius De. rep. Ath. Lib. III. p. 146). Les Romains juraient de dire la vérité : *Testis sine jurejurando non valeret* (Senèque, de irâ). *Jurisjurandi religione testes prius quam perhibeant testimonium, jamdudùm arctari præcipimus* (Cod. Lib. XXII. T. V. L. IX). Il en était de même chez les barbares, *Testes sinè jurejurando testimonium perhibere non possunt.* (Lex Wisigothorum, Lib. II. T. IV. § II. — Lex Longobardorum, Lib. II. T. LI. § II. — Capitulare Karoli magni. Lib V. § CLXII. — Capitulare Karoli magni. Lib. VII. § CCVII. — Additio Karoli ad legem Salicam § IV.) Il en est toujours de même aujourd'hui. (Art. 35 — 39 — 40 — 263. C. P.)

5. La *répression* des dépositions mensongères se rencontra dans les peines du faux témoignage, qui furent toujours d'une grande sévérité. Suivant les lois de Moïse les faux témoins encouraient l'impitoyable châtiment du Talion, *non miserabis ejus, sed animam*

---

(1) Le faux témoignage a été constamment regardé comme un des plus grands crimes au point de vue des lois divines et humaines. Dieu le prohibait dans ses commandements, *non loqueris contra proximum tuum falsum testimonium* portait l'ancienne loi, *faux témoignage ne diras ni mentiras aucunement* porte la loi nouvelle.

Farinacius trouvait dans le faux témoignage un triple crime, contre Dieu, contre la justice, contre les hommes. *Detestabile falsi testis crimen est : Deo, judici et hominibus obnoxius est, triplicem que facit deformitatem, perjurii nempe, injustitiæ et mendacii.* Et, ajoutait le même auteur, *falsi testes pejores sunt furibus, latronibus et abigeis.* Un proverbe populaire dit encore aujourd'hui *un menteur est pire qu'un voleur.*

pro animâ, oculum pro oculo, dentem pro dente, manum pro manu, pedem pro pede exiges. (Deuteron, Cap. XIX. V. XXI). A Athènes, le faux témoin était aussi traité avec rigueur. A la fin de son plaidoyer contre Etienne, accusé de faux témoignage, Démosthènes s'écrie : « Punissez, Athéniens, celui qui par son faux témoignage m'a empêché de venger mes injures; punissez-le pour l'intérêt des lois, pour l'intérêt du serment que vous avez prêté comme juges, et que sa punition puisse servir d'exemple. (Traduction de l'abbé Auger, tom. VI, page 171). Aulugelle (L. XX. C. 1) nous apprend que la loi décemvirale prescrivait de précipiter les faux témoins de la roche Tarpéienne. « *An putas, Favorine, si non illa etiam ex duodecim tabulis de testimoniis falsis pœna abolevisset : et si nunc quoque ut anteà, qui falsum testimonium dixisse convictus esset de saxo Tarpeio dejiceretur, mentituros fuisse pro testimonio tam multos, quam videmus?* » Peine qui fut ensuite remplacée par celles que porta la loi Cornélia *de Falsis* « *Pœna legis Corneliœ irrogatur ei qui falsas testationes faciendas, testimonia ve falsa inspicienda, dolo malo coierit.* » (Digest. Lib. XLVIII. T. X. L. 1. § I) « *Pœna falsi vel quasi falsi deportatio est, et omnium bonorum publicatio : et si servus eorum quid admiserit, ultimo supplicio affici jubetur.* » (Ead. Leg., § XIII). Chez les barbares le faux témoin était puni de l'exil, « *qui varium aut falsum*

---

(1) Certains auteurs estiment que la peine des faux témoignages chez les Juifs et les Romains, n'avait lieu qu'en matière criminelle.

testimonium dixerint aut utriusque parti prodide-
rint, in exilium dirigantur. » (Edictum Théodorici,
§ XLII), ou de la perte de la main. « *Et si quis convictus*
fuerit perjurus manum perdat aut redimat. » (Additio
secunda Karoli ad legem Salicam) ou de la servitude. « *Si quis testimonium falsum contra quemquam*
reddiderit . . . . Componat Widrigilt
suum, medium regi et medium ei cujus causa fuerit:
et si talis persona fuerit quæ non habeat undè com-
ponat, tunc publicus debeat eum dare pro servo in
manu ejus cui culpam fecit et ipse eidem serviat sicut
servus. » (Lex. Longobardorum. Lib. II, § I). L'édit de
mars 1532 frappa de mort le faux témoin soit en
matière civile, soit en matière criminelle (1) : aux termes

(1) François, etc., sçavoir faisons, que nous voulons et désirons
pourvoir aux inconvénients qui sont advenus et qui adviennent chaque
jour pour la multitude des faux notaires, tabellions et tesmoings, qui
sont en nostre royaume, faisans faux contracts, dispositions et ser-
mens en tesmoignage de justice, au préjudice de la chose publique
de nostredit royaume, dont plusieurs personnages, tant nobles
qu'autres, ont esté et sont destruits, et bien souvent en danger de
perdre leur vie honneur et biens : ce que lesdits faussaires n'ont
craint et ne craignent de faire, parce que la punition qu'ils en ont
est aucunes fois si légère et si aisée, que cela ne leur en donne aucune peur, ou doute d'en estre repris : et à ceste cause voyant que
c'est une chose qui pullule et multiplie chacun jour en nos royaume,
pays, terres et seigneuries, à fin de donner plus grande crainte et
terreur à ceux qui s'en voudront mesler, avons esté conseillez et
meus de leur imposer peine et punition de mort, combien que la loy
ne les oblige et les condamne : et à ceste cause soit besoin sur ce
décerner nos lettres.

Nous à ces causes, qui désirons sur toutes choses réprimer et faire
punir et corriger telles fautes et crimes, qui sont si dommageables à
nostre peuple et au bien public, et les garder de pulluler et avoir
lieu en nosdits royaume, pays, terres et seigneuries, et pour autres
bonnes considérations à ce nous mouvans.

de l'art. 363 du code pénal, le faux témoignage est un crime puni maintenant de la réclusion. (1)

6. La mesure *préventive* des faux témoignages fut l'élimination de certains témoins, qui, trop suspects de partialité, ne furent point admis à déposer, d'abord parce que la décence publique ne permettait pas qu'ils le fissent, ensuite parce que la moralité publique n'aurait su l'admettre davantage, en ce qu'il faut éviter, le plus possible, de placer l'homme entre sa conscience et ses passions ou ses intérêts, pour ne point multiplier les scandales des parjures, et les occasions de les réprimer.

7. Quant à la *limitation* des preuves testimoniales, et de leurs dangers, elle eut lieu surtout lorsqu'en imitation d'un statut de Bologne (de 1453) et des statuts

Avons, par bonne et meure délibération de nostre conseil, de nostre certaine science, propre mouvement, pleine puissance et authorité royale, par ces présentes ordonné, dit, statué et déclaré ordonnons, disons, statuons et déclarons par édict, statut et loy irrévocable :

Que tous ceux qui sont et seront attaints et convaincus par justice d'avoir fait et passé faux contracts, et porté faux tesmoignage en justice, seront punis et exécutez à mort telle que les juges l'arbitreront, selon l'exigence du cas : nonobstant que comme dit est, on n'ait accoustumé de les punir si rigoureusement, ou qu'il y ait loy ou ordonnance au contraire : laquelle attendu ce que dit est ne voulons quant à ce avoir lieu, et y avons de nostre dite puissance et authorité dérogé, et dérogeons par ces mêmes présentes. Par lesquels donnons en mandement à nos bien aimez et féaux les gens de nos cours de parlement, prévost de Paris, baillifs, sénéchaux et autres nos justiciers, etc.

Donné, etc.

(1) Voir encore sur les peines du faux témoignage, la coutume de Tournai, 1187; — la coutume d'Eyrieu, 1389; — la coutume de Caumont en Artois, 1462.

de Milan (en date du 20 octobre 1498, revus le 23 avril 1552) (1) sur les observations d'une députation du justement célèbre parlement de Toulouse, il faut le dire à son honneur; le grand Chancelier l'Hospital eût en 1566, (2) la gloire de doter la France de l'art. 54 de l'ordonnance de Moulins, (3) lequel remanié par

(1) « *Statuta Bononiæ approbata sunt a cardinali Besarion, cardinalis Nicenus nuncupatus sedis apostoli legatus a latere Nicolai V, papæ anno 1453.*

Statuta Mediolanensis Ludovicus Sfortia Angelus dux Mediolanensis, reformavit et publicavit anno 1498, 20 octob. Eadem statuta denuò reformata sunt per cardinalem de Ambasiá jussu Ludovici duodecimi Francorum regis et ducis Mediolanensis 23 april. 1552. » (Traité de la preuve par témoins, par Boiceau, Danty, Le Vayer, et M.***, avocat au Parlement. Édition de 1769, pages XXXVI, et suiv., XXXIX et suiv., où sont rapportés les textes de ces statuts.)

(2) Ce n'est pas sans peine et sans résistance que l'immortel L'Hospital fit passer l'ordonnance de Moulins qui devançait les idées de l'époque : « *Cum primùm* (dit Boiceau), *nata et promulgata fuit hæc Caroli IX, regia sanctio ; plerisque visa est, et dura, et odiosa et juri contraria.* »

(3) « Pour obvier à la multiplication des faits que l'on a vu ci-devant estre mis en avant au jugement, sujets à preuve de témoins, et reproches d'iceux, dont adviennent plusieurs inconvénients et involutions de procès; avons ordonné et ordonnons que d'oresnavant de toutes choses excédant la somme ou valeur de cent livres pour une fois payée, seront passés contrats pardevant notaires et témoins, par lesquels contrats seulement sera faite et reçue toute preuve èsdites matières, sans recevoir aucune preuve par témoins, ou lu le contenu au contrat, ne sur ce qui serait allégué avoir esté dit ou convenu avant icelui, lors ou depuis. En quoi n'entendons exclure les preuves des conventions particulières, et autres qui seraient faites par les parties, sous leurs seings, sceaux et écritures privées. » (Ordonnance de Moulins, art. LIV.)

Ces dispositions furent reproduites par l'édit perpétuel de 1611, en l'art. 19 ainsi conçu :

« Comme plusieurs procès se meuvent souvent entre nos sujets, à cause de la multiplication de faits qu'on pose être entrevenus ès conventions et contrats, en vertu desquels on agit, comme si plus y avait été dit et pourparlé, qui ne contiennent les instruments sur ce

l'ordonnance de 1667 est devenu l'art. 1341 du code Napoléon (1).

faits, soit sous leur signature, ou pardevant notaire et témoins ; comme de même au fait des dispositions testamentaires, contrats de mariage, et toutes autres espèces de conventions, et dispositions, causant une grande incertitude, et parfois diversité, voir contrariété de preuves et involutions de procédure, au très-grand intérêt des parties.

Nous, pour obvier à ce, avons ordonné et ordonnons par cette, que toutes choses dont nos sujets voudront traiter ou disposer, excédant la valeur de trois cents livres Artois, une fois soit par ordonnance de dernière volonté, donations, contrats de mariage, venditions, ou autres contrats quelconques, fut de chose réelle ou pécuniaire, de la valeur que dessus, ils aient à le faire par écrit, soit sous leurs signatures ou pardevant notaires et témoins, ou autres personnes publiques, selon la qualité et importance desdits contrats et dispositions, qui en dépêcheront les instruments en forme, lesquels seuls serviront de toutes preuves èsdites matières, sans que les juges pourront recevoir aucune preuve par témoins outre le contenu en iceux.

Puis arriva l'ordonnance de 1667 laquelle porta au titre 20 :

Article 2.

Seront passés actes pardevant notaires, ou sous signature privée, de toutes choses excédant la somme ou valeur de cent livres, même pour dépôts volontaires, et ne sera reçue aucune preuve par témoins contre et outre le contenu aux actes, ni sur ce qui serait allégué avoir été dit avant lors, ou depuis ces actes, encore qu'il s'agit d'une somme ou valeur moindre de cent livres, sans toutefois rien innover pour ce regard en ce qui s'observe en la justice des juges et conseils des marchands.

Art. 3.

N'entendons exclure la preuve par témoins pour dépôt nécessaire en cas d'incendie, ruine, tumulte ou naufrage, ni en cas d'accidents imprévus où on ne pourrait avoir fait des actes, et aussi lors qu'il y aura un commencement de preuve par écrit.

Art. 4.

N'entendons pareillement exclure la preuve par témoins pour dépôts faits en logeant dans une hôtellerie entre les mains de l'hôte ou de l'hôtesse, qui pourra être ordonné par le juge suivant la qualité des personnes et des circonstances des faits.

(1) Chez les Juifs, la preuve testimoniale était admise en toute

8. Bien que ces palliatifs aient singulièrement amoindri le mal, ils ne l'ont cependant point guéri. La plaie est incurable, elle se trouve inhérente à la *nature* de la preuve. Or, comme le dit élégamment le poëte philosophe

Naturam expelles furcâ tamen usque recurret.

Faut-il en conclure que la preuve testimoniale doive être complètement rejetée? Non assurément en bien des circonstances elle se trouve forcément indispensable et de première nécessité. *Testimoniorum usus frequens ac necessarius est,* (Digest. Lib. XXII, T. V) et puis, si l'on devait rejeter toutes les preuves dangereuses, il faudrait avant peut-être d'arriver à la preuve par témoins, proscrire le serment litis-décisoire, ou le plaideur se rend témoignage à lui-même, et les livres des marchands, car si l'on peut dire comme un vieil auteur, *qu'on y trouve écrite la conscience du négociant toute entière,* il faut immédiatement ajouter, que l'on y trouve également écrit l'intérêt des négociants tout entier. *Exemplo perniciosum est, ut ei scripturæ creda-*

espèce de matières, excepté le cas de divorce qui devait se justifier par écrit : « *Si acciperit homo uxorem et habuerit eam, et non invenerit gratiam ante oculos ejus propter aliquam fœditatem, scribet libellum repudii et dabit id manu illius, et dimittet eam de domo suâ* » (Deut. Cap. XIX, V. I).

Les lois de Minos, de Dracon, de Lycurgue, de Solon, n'apposaient aucunes limites à la preuve par témoins.

Il en était de même à Rome, sauf quelques exceptions en matière d'obligations, et en matière d'actes solennels.

Absolue chez les barbares l'admissibilité des preuves orales fut aussi de règle générale en France jusqu'à la promulgation de l'ordonnance de Moulins.

tur, *quâ unusquisque sibi adnotatione propriâ, debito-*
rem constituit. (Cod. Lib. IV. Lex. VII. Tit. XIX).

Nous croyons même la plaie plus envenimée qu'au temps de l'Hospital : l'intérêt personnel, l'amour de l'argent, *auri sacra fames*, la corruption des mœurs ont fait depuis lors de si effrayants progrès au sein de notre société mercantile, où tout en parlant avec emphase *ore rotundo* de loyauté, tant de gens au masque flétri par Juvénal (1) brocantent leur conscience et trafiquent de leur honneur; qu'aujourd'hui plus que jamais, il convient d'appliquer cette triste page de Boiceau : « *Si, quod olim sanctum et innocuum erat ut pote vocale testimonium, nunc periculosum et reprobum videatur. Quod non antiquæ sanctitati imputandum, nec principis æquitati, sed magis corruptissimis hujus sæculi moribus tribuendum est : damnosa enim, inquit Horatius, o quid non imminuit dies; ætas parentum pejor avis, tulit nos nequiores, mox daturos progeniem vitiosiorem.*

Quo sit ut liceret hoc loci, solitâ a Tullio exclamatione uti. O Tempora! O Mores! Adèo exolevit priscorum hominum fides et pietas, sui que ipsius ità nunc factus est homo dissimilis, ut quem Deus, ipsissima veritas, ad sui imaginem fecerat, erecto semper vultu ad supernam veritatem, quâ etiam ratione a Græcis ανθρωπος *hoc est, sursum vergens, vel erectus dicitur (quod non*

____

(1) *Fronti nulla fides, quis enim non vicus abundat*
Tristibus obscœnis? castigas turpia, quum sis
Inter Socraticos notissima fossa cinœdos.
(Juv. Sat. II hypocritœ.)

minùs piè quam eleganter disserit Lactantius) nunc ità a veritate sit alienus ut ejus testimonium, olim sanctissimum, nunc corruptissimum in omnibus quasi negotiis experiatur. »

9. Mais si la preuve testimoniale ne peut être complétement détruite, faut-il au moins dans les cas où elle est admissible, l'entourer de difficultés indéfinies, et l'obstruer d'éliminations, sans cesse renaissantes. Non, ce serait indirectement arriver au but que l'on ne saurait atteindre *rectâ viâ;* « l'exclusion de toute preuve, a écrit Bentham en parlant de la preuve testimoniale, serait l'exclusion de toute justice. » (Des Preuves, Liv. 7. Chap. 3). « Beaucoup de philosophes, a dit Toullier, concluent avec raison que l'auteur de la nature a voulu que le témoignage des hommes fut une des marques de la vérité ». (De la preuve testimoniale, n° 8).

Et Bentham et Toullier ont eu parfaitement raison. S'il y a beaucoup de mauvais témoins, il existe également des témoins incorruptibles, si l'intérêt fait fausser la vérité, le manque d'intérêt doit la laisser apparaître; quand rien n'enchaîne l'aimant, sauf quelques perturbations, il marque le pôle, lorsqu'aucune contrainte ne force l'homme à baisser la tête, il la tient naturellement haute, et alors, *erecto vultu ad sempiternam veritatem,* à part certaines erreurs involontaires, il dit la vérité.

Puis la défiance que font naître les témoignages, ne saurait dépasser la défiance que plus justement encore inspirent les parties dont le rôle est d'éliminer toujours les témoins dont elles craignent les dépositions.

A part donc, certaines éliminations d'ordre et d'intérêt public, éliminations précautionnelles que légitime et commande la faiblesse humaine, il faut se garder de multiplier *à priori* les suspicions, et d'empêcher la vérité de se faire jour sous prétexte qu'on pourrait lui substituer l'erreur.

Il faut s'en garder avec d'autant plus de sécurité, que les dépositions ne lient jamais le juge, qu'elles se pèsent et ne se comptent pas, qu'enfin elles ne sont prises en considération, qu'après avoir été contrôlées, débattues par la partie, mise ainsi à même de les affaiblir si elles sont critiquables, de les détruire si elles se trouvent mensongères.

C'est pourquoi, loin de permettre l'extension des cas d'éliminations légales, notre avis, bien positif, est que les meilleures lois sont celles qui, après avoir donné satisfaction à la moralité publique, se sont montrées les plus sobres d'éliminations.

II.

10. Il y a deux sortes d'*éliminations*: l'*exclusion*, le *reproche*.

L'*exclusion* est l'impossibilité pour un témoin de déposer en justice; parce que dans un intérêt d'*ordre public*, la loi ou l'usage ont *à priori* prohibé *quand même* l'audition des témoins dans la catégorie desquels rentre tel ou tel individu.

Le *reproche* est l'impossibilité pour un témoin de voir sa déposition faire foi en justice, parce que dans un *intérêt particulier* la loi ou l'usage a permis à la partie de faire écarter, si bon lui semble, la déposition de tel ou tel individu ; soit parce que cet individu rentre dans la catégorie des personnes reprochables *à priori* suivant la loi ou l'usage, soit parce que la loi ou l'usage permet aux parties de reprocher spécialement et nominativement toute personne dont le témoignage leur paraîtrait justement suspect de partialité.

11. D'ordinaire les exclusions et les reproches sont divisés en exclusions et reproches *absolus*, en exclusions et reproches *relatifs*.

Les exclusions et reproches *absolus* sont ceux qui faisant écarter un témoin dans toutes les hypothèses données, le frappent d'une complète incapacité.

Les exclusions ou reproches *relatifs* sont ceux qui ne font écarter un témoin que dans certaines causes, au regard desquelles seules il est inhabile à déposer.

12. Mais à cette division usuelle qui ne s'applique qu'à *l'effet* des exclusions ou reproches, nous préférons la division plus générique et plus philosophique que faisaient les anciens auteurs, et qui se rattache à la *cause* même de toute élimination absolue ou relative (1).

---

(1) Il y avait d'autres classifications, on trouve dans Despeisses, T. III, Tit. x, Sect. 1re, Art. 4, No 9, p. 41. « Les reproches sont de trois sortes, les uns sont pris de la personne, de la condition, ou de l'état du témoin ; les autres sont pris de la personne de celui qui produit le témoin ; et les troisièmes sont pris de la personne de celui qui propose l'objet. »

Les reproches se divisaient en reproches *de droit*, et en reproches

« Les reproches ou exceptions contre les temoings...
(dit Charondas, Pandectes du droit français, livre 4.
chap. 30), se peuvent réduire à deux chefs, ou pour *la
personne* ou pour *la cause*. Pour la personne ou pour

de fait : « Si scachez que sont deux manières de reproches, c'est à
sçavoir reproche de droict, et reproche de faict. Reproche de droict,
se comme qui se ingère à déposer plus avant que à la cause ne doit
appartenir, et que interrogé est, qui auparavant sa déposition, que
au dehors des termes de l'article dépose, que ne rend cause de sa
déposition, ouyr plus de dix tesmoins sur un article, que vient déposer sans être adjourné sur ce, ou sans commandement de son seigneur, si les parties n'avaient esté d'accord que aussi bien fussent
tesmoins ouys, adjournez que non adjourné, et lesquels reproches de
droict cheent en la discrétion du juge, jaçait ce que partie s'en tense.
Les reproches de faict si sont d'avoir esté comme faulsaire, comme
parjure, comme infâme publique, comme banni pour crime de son
pays, par contumasses, etc..., etc... » (Boutheillier, somme rurale,
Titre cvi, page 628).
Bornier (Titre 23 de l'Ordonnance de 1667), dit :
« Il y a douze reproches de faits,
1° Que le témoin est ennemi de la partie contre laquelle il dépose ;
2° Qu'il est proche parent ou ami intime ou domestique de celui
pour lequel il dépose ;
3° Infâme condamné à l'amende pour crime ;
4° Corrompu ou suborné par argent ;
5° Muet, sourd et fol ;
6° Pupille ou pauvre ;
7° Qu'il a procès contre lui en semblable cause ;
8° Qu'il a été juge, procureur ou avocat de la partie ;
9° Qu'il n'a aucune connaissance du fait entre les parties :
10° Qu'il dépose dans sa propre cause ;
11° Qu'il était yvre lors de sa déposition ;
12° Qu'il n'a point été ajourné et qu'il s'est offert de lui-même
pour déposer.
Les reproches de droit sont six :
1° Que le témoin est vacillant ;
2° Contraire en sa déposition ;
3° Singulier, c'est-à-dire, seul qui dépose de tel fait ;
4° Qu'il ne rend pas raison de sa déposition et science ;
5° Qu'il ne dépose que par ouï dire ;
6° Qu'il dépose de choses impertinentes. »

chose qui affecte spécialement la personne du tesmoing comme si on l'argue d'être de mauvaise vie, etc............ ou pour chose commune entre le tesmoing et la partie qui le produit, comme de parenté, proche affinité, familière amitié et de haine, et inimitié contre celui contre lequel il est produit..... Le reproche est pour la cause quand le tesmoing y a intérêt, et que c'est aucunement sa cause, car son témoignage ne pourrait être sans suspicion d'autant qu'il serait tousiours présumé déposer à son profit, et on dit la chose être à aucun, auquel le profit en appartient ou revient. »

13. Toutefois pour que notre travail se trouve en harmonie avec les lois actuelles et leurs commentaires, nous rentrerons dans la voie commune et distinguerons les reproches ou exclusions, en absolus ou relatifs, en généraux ou particuliers.

Ceci posé, abordons la matière.

III.

14. *USAGES JUIFS*. Les Juifs admettaient des causes d'exclusions. Ces causes que ne déterminait pas la loi de Moïse avaient été introduites et consacrées par l'usage. On n'entendait ni les femmes, ni les escla-

Et Bornier ajoute *quod notandum*. « Les reproches contre les témoins sont personnels *stricti juris*, ils ne passent point de la femme au mari, ni du mari à la femme, si ce n'est pour parenté et alliance dans le degré. » C'était vraiment bien heureux !

Il suffit de jeter un coup d'œil sur la doctrine et la jurisprudence pour voir combien était incomplète la nomenclature de Bornier.

ves, ni les mineurs de treize ans, ni les sourds, ni les impies, ni les infâmes, ni les parents, ni les faux témoins. On lit dans Flavius Joseph : *De antiquitatibus, lib. IV, caput ultimum :*

« *Mulicribus autem testimonium deponere non liceat propter levitatem ac temeritatem ejus generis neque servos homines testes esse liceat propter animos degeneres : probabile enim est aut lucri causâ aut præ metu, non verum testimonium deposituros.* » On trouve dans Sigonius : *De synedriis veterum Hœbreorum.* (Lib. II, Cap. XIII, Art. XI) : « *A testimonio in judiciis arcebantur seu non idonœi, quorum decem genera. Servi, minores (intra annos tredecem et diem unicum), fatui, surdi quibus cum copulant mutos, cœci, impii, impudentiores, propinqui, falsi antè convicti.* »

15. Déterminées *a priori* par des usages ayant acquis force de loi, ces exclusions toutes *générales* et *absolues* n'avaient rien de *relatif* et encore moins rien de spécialement *personnel* au témoin éliminé.

Limitatives, puisqu'elles sont les seules dont il y ait trace, ces exclusions se trouvaient sans aucun doute également *impératives*. Les personnes qu'elles concernaient étaient complètement incapables de déposer : *A testimonio in judiciis arcebantur seu non idonœi.*

16. Quant aux reproches, ils n'existaient point, suivant les usages juifs, les éliminations d'ordre public sauvegardaient suffisamment les intérêts particuliers, sinon touchant l'*appréciation* des témoignages, du moins relativement à la *capacité* des témoins.

IV.

17. *USAGES GRECS.* Non-seulement les lois de Minos, de Dracon, de Lycurgue, de Solon, n'indiquaient aucun motif d'exclusion ou de reproche, mais les éliminations n'étaient même pas en usage en Grèce, cela est assez inexplicable, l'utilité des exclusions surtout, n'aurait point dû échapper à un esprit aussi éclairé que celui du législateur philosophe et voyageur, elle aurait dû, moins encore à Athènes, n'être pas comprise par le peuple le plus civilisé qui fut alors.

Tous étant admis à déposer en justice, les parents, les amis, les affranchis, les esclaves, sauf sans doute, l'appréciation des juges qui, en pareille matière, devaient avoir l'omnipotence la plus complète et la plus arbitraire.

Dans ses discours contre Thimothée et Néera, Démosthénes nous apprend que chacun pouvait témoigner. Au premier discours, le grand orateur adresse à Thimothée de sanglants reproches, sur ce qu'il n'a trouvé pour déposer en sa faveur, ni parents, ni amis, et sur ce qu'il a même refusé de produire ses affranchis ou ses esclaves. Au second discours, on voit lire contre Néera, la déposition de son gendre Théogène, le Roi des sacrifices.

V.

18. *LOIS ROMAINES.* Les lois romaines étaient trop parfaites pour ne pas admettre les exclusions, et pour laisser même à l'usage le soin de les spécifier. Ces exclusions se trouvaient donc soigneusement énumérées par les textes qui en créaient d'*absolues* et de *relatives*, de *générales* et de *particulières*. « *Nam quidam propter reverentiam personarum quidam propter lubricum consilii sui, alii vero propter notam et infamiam suæ vitæ admittendi non sunt ad testimonii fidem.* » (Digest. Lib. XXII. T. V. Lex. III. § V.)

19. Étaient écartés d'une manière générale, les condamnés non réhabilités—les galériens ou prisonniers, — les bestiaires—les courtisanes—les témoins subornés à prix d'argent et condamnés ou convaincus comme tels.—Digest. Lib. XXII. T. V. Lex. III. §V. — Lex. XX.)

Les personnes soumises à l'autorité du plaideur qui les produisait (Digest. Lib. XXII. T. V. Lex. VI.)

Les condamnés pour crime de concussion (Digest. Lib. XXII. T. V. Lex. XV.)

Les femmes adultères (Digest. Lib. XXII. T. V. Lex. XVIII.) (1)

Les mineurs de 20 ans (Digest. Lib. XXII. T. V. Lex. XX.)

___

(1) Sous le vieux droit romain, les femmes étaient absolument exclues : « *Et Tarratiam quidem virginem Vestæ fuisse lex Horatia testis est, quæ super ea ad populum lata, quâ lege ei plurimi honores fiunt, inter quos jus quoque testimonii dicendi tribuitur, testabilis que una feminarum ut sit datur, id verbum est ipsius legis Horatiæ contrarium est in* XII *tabulis scriptum :* IMPROBUS INTESTABILIS QUE ESTO. » (Aulugelle, Lib. VI, Caput VII). Mais cette exclusion tomba par la suite en désuétude : « *Ex eo quod prohibet lex Julia de adulteriis testimonium dicere condemnatam mulierem, colligetur etiam mulieres testimonii in judicio dicendi jus habere.*» (Digest. Lib. XXII, Tit. V, Lex XVIII).

Les libellistes condamnés pour leurs pamphlets (Digest. Lib. XXII. T. V. Lex. XXI).

20. Ne se trouvaient au contraire écartés que d'une manière relative :

Les avocats dans les causes de leurs clients (Digest. Lib. XXII. T. V. Lex. XXV.)

Les pères dans les causes de leurs fils, et réciproquement (Digest. Lib. XXII. T. V. Lex. IX. Cod. Lib. IV. Tit. XX. Lex. V.)

Les plaideurs dans leurs propres causes (Digest. Lib. XXII. T. V. Lex. X. Cod. Lib. IV. Lex. IX. Tit. XX.)

Ceux qui déjà avaient été produits comme témoins contre une partie plaidante (Digest. Lib. XXII. T. V. Lex. XXIII.)

Les esclaves dans les causes de leurs maîtres (Cod. Lib. IV. Lex. VII. Tit. XX.)

Les affranchis dans les causes de leurs anciens maîtres (Digest. Lib. XXII. T. V. Lex. IV. — Cod. Lib. IV. T. XX. Lex. XI), et réciproquement les patrons dans les causes de leurs affranchis (Digest. Lib. XXII. T. V. Lex. IV.)

Les affranchis dans les causes des enfants et parents de leurs patrons (Digest Lib. XXII. T. V. Lex. IV.)

Les personnes de la maison de celui qui les voulait produire (Digest. Lib. XXII. Lex. XXIV. — Cod. Lib. IV. Titre XX. Lex. III.) (1)

21. Ces causes d'exclusion étaient *limitatives* et

---

(1) Beaucoup d'interprètes enseignent que ces éliminations générales et particelles n'étaient applicables qu'en partie aux matières civiles, le reste concernant spécialement les affaires criminelles.

impératives. Le juge ne pouvait en créer de nouvelles, car le témoignage se trouvait un *droit civil* dont la privation résultait seulement de la loi. « *Adhiberi testes possunt non solùm in criminalibus causis, sed etiam in pecuniariis litibus, sic ubi res postulat : et hi quibus non interdicitur testimonium, nec ullâ lege a dicendo testimonio excusantur.* » (Digest. Lib. XXII. Tit. V. § I). Et nuls témoins exclus n'étaient admis à déposer, puisque la loi leur avait enlevé ce droit, en les déclarant : *Testes, non idonœi.*

En élevant le témoignage à la hauteur d'un droit civil, le droit romain, cette admirable raison écrite (suivant l'expression de Daguesseau, second plaidoyer pour M. le prince de Conty), donnait une nouvelle preuve de cette sagesse infinie qui devait l'immortaliser à jamais.

Un droit, en effet, est une chose sacrée, une chose dont la privation ne peut résulter que de la loi.

Or, en présence de ce caractère de droit, il était clair que les éliminations se trouvaient limitatives et impératives. Limitatives, parce que rien ne pouvait en créer de nouvelles; impératives, parce que rien ne pouvait restituer contre la privation du droit de déposer.

Ce caractère qu'ont très-justement adopté nos codes, est aujourd'hui encore la meilleure démonstration peut-être, que les choses ne sont nullement changées depuis Justinien, et qu'aujourd'hui comme alors, les éliminations n'ont rien de facultatif, rien d'énonciatif, sauf pourtant les exceptions *textuellement* autorisées par la loi. (Les reproches sont facultatifs pour la partie).

En dehors de ces exclusions, Toullier aperçoit dans l'économie de la législation romaine, un système de reproches *facultatifs* pour la partie, quant à leur présentation, *facultatifs* pour le juge, quant à leur admission, et ce système, Toullier le trouve en entier dans le texte que voici : « *Neque lege Remmiâ prohibentur ; et Julia lex de vi, et repetundarum et peculatus eos homines testimonium dicere non vetuerunt. Verum tamen, quod legibus ommissum est non omittetur religione judicantium : ad quorum officium pertinet, ejus quoque testimonii fidem, quod integræ frontis homo dixerit perpendere.* » (Digest. Lib. **XIII.** Tit. **XXII.** Lex. **V**).

23. Toullier, qui, ainsi qu'on le verra plus bas, a apprécié le code de procédure au travers du prisme des lois anciennes, lesquelles lui étaient familières, Toullier, disons-nous, voit ici encore *systématiquement* la législation romaine au travers du prisme de l'ordonnance de 1667 et des us et coutumes de cette époque. Evidemment, le texte sus-relaté, donne au juge un pouvoir souverain ; mais sur quoi ce texte le donne-t-il ? Est-ce sur le point de savoir si l'on discutera la qualité du témoin, *conditionis exploratio*, préalablement à sa déposition, afin de savoir si elle sera entendue ? nullement. C'est, au contraire, sur le point de savoir si le juge appréciera le témoignage, *quanta fides adhibenda*, le degré de créance qu'il convient d'y ajouter. Or, pour apprécier le témoignage il faut nécessairement que le témoin n'ait pas été d'avance éliminé.

24. Du reste, les reproches purement imaginaires,

inventés par Toullier, ne demandent aucune sérieuse réfutation. Ces reproches dont on ne trouve ni le germe ni la trace, soit au Digeste, soit au Code, soit aux Novelles, etc...., sont unanimement repoussés par tous les glossateurs comme par tous les interprètes.

VI.

25. *LOIS BARBARES.* Les peuples d'origine Gallique, Franque, Germaine avaient, en matière d'enquête, des exclusions nombreuses que spécifiaient minutieusement leurs législations presque toujours unanimes sur ces points.

Comme chez les Romains, ces exclusions se trouvaient *générales* ou *particulières.*

26. Etaient écartés d'une manière absolue:

Les Juifs « *merito ergo testificari prohibiti sunt Judæi, seu baptizati seu non baptizati.* » (Lex. Wisigothorum. Lib. XIII. T. II. § X) (1).

Les anathèmes « *omnium anathematum vox in accusatione, vel in testimonio, aut humano judicio penitùs non audiatur, nec hi accusare quemquam permittantur.* » (Capitulare Lib. VII. § CLIII).

Les hérétiques « *omnes qui in fide Christi suspecti sunt, in testimonio humano dubii habeantur: infir-*

(1) Nous transcrivons les textes des lois barbares, parce que les ouvrages assez rares qui les contiennent ne se trouvent guère que dans les bibliothèques publiques.

mari ergo oportet eorum testimonium qui in fide falsâ docentur: nec eis esse credendum qui veritatis fidem ignorant. » (Capitulare. Lib. V. § CLXXXII).

Les mineurs de 15 ans « *ad testimonium infra XV ætatis suæ annos nullus admittatur.* » (Capitulare. Lib. VII. § LXXVIII).

Les infâmes et les calomniateurs « *placuit vt testes non admittantur. . . . . . . Nec infames vel calumniatores, vel cœteri quod canon aut lex prohibet.* » (Capitulare. Lib. VI. § CLVII).

Les homicides, les malfaiteurs, les voleurs, les criminels, les faux témoins, les sorciers, etc . . . . . . « *Homicidæ, malefici, fures criminosi sive venefici, et qui raptum fecerint, vel falsum testimonium dixerint, seu qui sortilegos divinos que concurrerint nullatenùs erunt ad testimonium admittendi.* » (Lex Wisigothorum. Lib. II. T. IV. § I). *Adde* pour les faux témoins (Lex Longobardorum. Lib. II. § II. Tit. LI. — Lex Alamannorum. Tit. XLII. § II. — Lex. Alamannorum. T. XLII. § I).

Les menteurs, et ceux qui auraient reçu le prix de leurs dépositions. « *Non fallaces non pecuniarum acceptores.* » (Lex Alamannorum. T. XLII. § I.).

Les condamnés à mort qui auraient été graciés « *de illis hominibus qui propter eorum culpas ad mortem fuerunt judicati, et postea vita illis concessa fuerit . . . . . in testimonio non suscipiantur.* » (Lex Longobardorum. Lib. I. T. XXXV. § I).

Ceux qui n'auraient pas eu de quoi payer l'amende

en cas de faux témoignage « *ut in testimonium non re
cipiantur de his capitulis, id est de hæreditate, de pro-
prietate, vel libertate, de mancipiis, vel terris, sive de
homicidio, et de incendio, illi qui non habent si convicti fuerint falsum dixisse testimonium, undè secun-
dum legem compositionem plenam facere possint.* » (Lex.
Longobardorum. Lib. II. T. LI. § 2).

Les esclaves « *servo penitùs non credatur . . . . .
nam et si etiam in tormentis positus exponat quod ob-
jicit, credi tamen illi ullo modo oportebit. Exceptis
servis nostris. . . . .* » (Lex Wisigothorum. Lib. II.
T. IV. § IV).

Les témoins non-domiciliés dans le bourg « *et ut
de ipso pago non de altero testes eligantur, nisi fortè
extra comitatum longiùs sit causa quærenda.* » (Lex.
Longobardorum. Lib. II. T. LI. § II. *Adde.* Additio
Karoli ad legem Salicam. Cap. II. § IV).

Les gens ivres « *ut nullus ebrius suam causam in
mallo possit conquirere, nec testimonium dicere.* »
(Capitulare Karoli. Lib. III. § XXXVIII).

Tous ceux qui n'auraient pas été à jeûn « *et omninò
nullus nisi jejunus ad juramentum vel ad testimonium
admittatur.* » (Lex Longobardorum. Lib. II. T. LI. § II.
Adde. Additio Karoli ad legem Salicam Capit. II § IV).

Les affranchis. « *Libertus vel liberta in nullis negotiis contra quemquam dicere testimonium admittantur.* » (Lex. Wisigothorum. Lib. V. T. VII. § XII).

26. Etaient écartés d'une manière relative :

Les clercs dans les affaires concernant les laïques
« . . . . . . *Testimonium clerici adversùs laicum nemo*

recipiat. » (Lex Longobardorum. Lib. II. T. LI. § XII).

Les prêtres dans les causes séculières, à moins qu'ils ne fussent les seuls témoins « *quanquàm sacerdotis testimonium credibile habeatur, tamen ipsi in secularibus negotiis pro testimonio, aut conficiendis instrumentis non rogantur, quia in talibus eos esse non convenit.* » (Lex Wisigothorum. Lib. II. T. LI. § XVII).

Les parents, à moins que le procès ne s'agitât entre parties dont les témoins fussent parents à égal degré ou que les parents ne fussent les uniques personnes habiles à déposer. « *Fratres, sorores, uterini, patrui, avunculi, matertera, seu eorum filii, item nepos, neptis, consobrini vel amitini seu etiam quidam ex propriâ consanguinitate, in judicio adversus extraneos testimonium dicere non permittimus, nisi forsitàn parentes ejusdem cognationis inter se litem habuerint, aut in causâ de quâ agitur, aliam omnino ingenuitatem deesse constiterit.* » (Capitulare. Lib. VI. § CCLXXI).

Les affranchis et leur descendance contre la famille de ceux qui les ont mis en liberté. « *Ita tamen ut nec contra filios filiorum libertus, vel omnis posteritas ejus testimonium dicere permittatur, et si dixerint non credatur a judice, sed redeant, ad pristinam servitutem.* » (Lex Wisigothorum, Lib. V. T. VII. § XI).

27. *Particulières et générales.* Les exclusions comme à Rome, se trouvaient *limitatives* et *impératives. Non admittantur,* disaient les textes, il ne pouvait y avoir difficulté.

28. De même qu'à Rome, les reproches étaient inconnus aux barbares, tout témoin non exclu devait déposer, moins parce que l'on ne pouvait l'empêcher de le faire, que parce que dans les mœurs guerrières du temps, chaque témoin pouvant à tout moment se trouver exposé à soutenir les armes à la main la véracité de son dire contre les témoins de la partie adverse ou contre la partie même, offrant *gaige de bataille*. Il y aurait eu ignominie, lâcheté et tache indélébile à refuser de témoigner.

VII.

29. OBSERVATION COMMUNE AUX LÉGISLATIONS HÉBRAIQUE, GRECQUE, ROMAINE ET BARBARE.

Avant d'arriver aux anciennes lois françaises, où nous allons voir le désordre le plus complet s'introduire dans la matière des exclusions et reproches, répétant ce que nous avons déjà dit, nous ferons observer :

1° Que chez les Juifs, les Grecs, les Barbares, les exclusions étaient toujours et quand même *restrictives* et *obligatoires*, sans que rien pût être, quant à ce, laissé à l'arbitraire de la partie ou du juge ; que cet arbitraire n'existait pas plus à Athènes, où l'élimination ne se trouvait point pratiquée.

2° Que chez les Juifs, que chez les Romains, que chez les Barbares, les éliminations résultant toujours de suspicions frappant des *catégories* et des *généralités*,

il n'y avait dans l'exclusion rien de spécialement bles-
sant pour le témoin qui s'en trouvait atteint.

VIII.

30. *ANCIENNES LOIS FRANÇAISES*. Les anciennes lois françaises paraissent n'avoir admis que
des exclusions *générales*, *limitatives* et *impératives*, du
moins dans le principe.

31. Étaient exclus les serfs ou main mortables
(Lettres de Louis VI, abolition de cette exclusion pour
les serfs de l'église de Saint-Maur, 1118). Ceux qui
avaient donné asile aux hérétiques. (Ordonnance de
saint Louis, avril 1228).

Les joueurs de dés, ceux qui hantaient les tavernes
et les maisons mal famées; « que la forge des dez soit
deffendue et devée partout nostre royaume, et tout
homme qui sera trouvé jouant aux dez communément
ou par commune renommée, fréquentant taverne ou
bordel, soit réputé infâme, et débouté de tout témoignage de vérité (Ordonnance de saint Louis, 1256).

Les femmes, « soit qu'elles soient veves, mariées ou
puceles. » (Beaumanoir) Lettres de 1394, destructives
de cette cause d'exclusion (1). « *Statuimus ut de cœtero*

(1) Malgré cette ordonnance et les lois subséquentes qui la vinrent
confirmer, on conserva bien longtemps la plus grande répugnance
contre le témoignage des femmes. « *Viri præferuntur mulieribus,
quæ variæ et mutabiles sunt.* » (Rebuffe de reprobationibus testium).
« Femmes peuvent porter témoignage soit au civil, soit au criminel !

in dictis balliviatus et præpositarum prædictarum se-
dibus, et in quibuslibet aliis judiciis regni nostri,
mulieres in quibuscumque causis, sive civiliter sive
criminaliter intentatis, ad ferendum testimonium ad-
mittantur, salvis tamen partibus contra quas fuerunt
productæ in testes aliis legitimis reprobationibus ea-
rumdem, et contradictionibus de jure, usu vel consue-
tudine, in nostrâ parlamenti curiâ, et aliis regni
nostri curiis, admitti et observari consuetis, ipsus que
producentibus, suis etiam salvationibus ex adverso,
a quibus per præsentem nostram constitutionem, nostræ
non est intentionis partes excludi; decernentes insuper
quidquid in contrarium factum acceptatum ve fuerit,
nullius penitùs esse valoris. »

31. A côté de ces exclusions légales, la pratique était
venue placer une interminable série de reproches.

Étaient reprochables, les adultères — les adulateurs
et courtisans — les amants dans les causes de leurs
maîtresses *(quod amor puellarum pervertit sensum)* —
les apostats — les sorciers — les bègues — les sourds
— les aveugles — ceux qui avaient fait cession de
biens — les maîtresses dans les causes de leurs amants
(quia non distant ab uxore in affectu animi) (1).

On n'y ajoute pas tant de foi qu'à celui des hommes. Ainsi sur le
témoignage de deux femmes on ne peut pas bien condamner. » (Rousseau de Lacombe. V° témoin, n° 3, page 205).

En ses observations, t. VIII, n° 40, Bruneau prétendait que le témoignage de trois femmes ne pouvait au plus valoir que celui de
deux hommes, etc., etc.

(1) Mais en revanche les *mégères* pouvaient déposer contre leurs
maris. « *Si tamen uxor esset virago, quæ non timeret virum, sed*

Ceux qui vivaient en concubinage — les élèves dans les causes de leurs professeurs — les excommuniés (*quia pro mortuo habentur)* — les hermaphrodites — les bateleurs et histrions — les plaideurs trop processifs — les usuriers — les bâtards — les blasphémateurs (Rebuffus, Tractatus de reprobationibus. passim.)

Le vendeur dans la cause de son acheteur — le garant en la cause du garanti — le débiteur en la cause du fidéjusseur et réciproquement — les membres des communautés et universités dans les causes d'icelles — ceux ayant semblable cause — le cédant en la cause du cessionnaire — les domestiques — les père et mère, etc... — les tuteurs en la cause de leurs mineurs — « les proxénètes entremetteurs et médiateurs du négoce du quel est question » — les avocats et procureurs dans la cause dont ils sont chargés. — Les ennemis — ceux qui déjà ont témoigné contre la partie. (Charondas, Pandectes du droit français, Livre IV, Chap. XXX).

Les enfants au-dessous de quinze ans — les juifs et mécréants contre les chrétiens — les serfs contre leur seigneur — les forcenés — les bannis — les femmes communes de Bordeau (Bouthillier, Somme rurale T. CV).

Les pauvres et les mendiants :

> Magnum pauperies opprobrium jubet
> Quidvis et facere et pati,
> Virtutis que viam deserit arduæ.
>
> (Horat. Lib. III. Od. XXIV).

timebatur de viro, tunc posset esse testis. Si bonæ aliàs famæ esset. » Rebuffe (Tractatus de reprobationibus, n° 590).
. . . . Risum Teneatis !

nam paupertas proclivis est ad mala facienda (Philémon, Édit. Amst. fol. 254), (1) pauvreté n'est pas vice, mais en grande pauvreté n'y a pas grand loyauté (Loysel, Institutes Coutumières, Livre V, Tit. V, Règle XVI).

Les écorcheurs de bêtes mortes. — Les maris mareaux de leurs femmes (sic). — Les mercenaires en la cause du fils du maître (Despeisses, T. III, Tit. X, Sect. II. Art. IV).

Les pères pour le parrain de leurs fils (Rousseau de Lacombe, V° Témoins).

Le vicaire en la cause de son curé (De Castellan, T. II, Page 270).

Les personnes engagées avec les parties dans des liens de familiarité (Domat, Livre I, Page 210).

Les ouvriers de nuit, *latrinarum stercoratores* — les soldats congédiés avec note d'infamie — les hommes mariés à deux femmes vivantes (Rodier, Tit. XXIII, Art. I).

Les filleuls cités par leurs parrains — les compères — les donataires en faveur des donateurs — les amis

(1)
> Et scaches qu'en grand poureté
> Ce mot se dit communément,
> Il n'est pas trop grand loiauté.
> (Villon, grand Test. huitain 19).

On lit dans les anciens usages d'Artois (Maillart, in-folio, p. 53).

« Encore sont à refuser, par nostre usage, tiesmoings amenés sur tels cas, et sour autres semblables, qui ne sont mie rices, et qui ne sont de gaing ne de mestier : et que n'ont ne rentes, ne terres, et que sont en povre abit.

Car teus manières de gent, se corrompent bien par deniers donnans ; et si ai-je veu aucunes fois que tel manières de gent ont esté amenés ; et les viestoit-on de dras, que on leur prestoit, tant qu'ils eussent été examinés. »

en faveur de leurs amis — les pères qui prostituaient leurs filles — les enfants qui battaient leur père et mère — les ivrognes d'habitude (1) (Merlin, Répert. V° Témoins judiciaires).

Enfin tous ceux qui ne jouissaient pas d'une bonne fâme (2) (renommée) car les reproches sus-indiqués se trouvaient loin d'être les seuls admis, Charondas (grand coutumier de Charles VI), et Guénois (sur la

(1) Par application toutefois du principe *in vino veritas*, l'arrêtiste de Castellan, n'admettait point que l'ivrognerie fût un cas de reproche. « Quoique ce soit une espèce d'axiôme *in vino veritas*, et que l'auteur en ait pris l'occasion de dire, que le vin est sincère, et qu'il arrache souvent la vérité de la bouche de ceux-là même qui voudraient la cacher, il ne s'ensuit pas de là, que le témoin qui serait actuellement dans les vapeurs du vin (dont il regorgerait) pût être admis pour témoin dans une enquête, il faudrait pour cela qu'il se trouvât parfaitement libre et dégagé, ou dans les intervalles qu'on peut appeler *dilucida intervalla*. » (De Castellan, t. 2, page 271).

Gabriel ajoute ironiquement, « si parce que le vin rend indiscret, on pouvait en conclure qu'il garantit la vérité des propos de celui qui aime à boire, ce serait bien moins à celui qui a coutume de s'enivrer qu'à celui qui était actuellement ivre au moment de sa déposition qu'il faudrait ajouter foi ; il faudrait même faire bien boire les témoins avant de les entendre..... (Preuves, page 279). »

(2) Parmi ceux que l'on considérait comme ne jouissant pas de bonne fâme, on rangeait les jeunes personnes qui avaient une fois failli, ou chez lesquelles on supposait une faiblesse. Cela résulte clairement de ce passage de Dumon sur l'ordonnance de 1667, page 267.

« Il ne faut pas (dit cet auteur au chapitre des reproches) confondre la femme dont la débauche est notoire et la mauvaise vie publique, avec celle qui, séduite par des promesses trompeuses, a été victime d'un imposteur qui a flatté la tendresse de son cœur pour lui ravir sa vertu. Qu'on ne croye pas que nous cherchions à justifier un sexe aussi aimable qu'il est faible. Mais nous ne voyons pas sans peine qu'on blâme souvent avec trop d'amertume de jeunes personnes dont la faute procède d'une âme formée sans défiance des mains de la nature, et que l'on devrait plutôt plaindre, que de la réduire au plus affreux désespoir. »

pratique d'Imbert) nous avertissent qu'il y en avait une quantité d'autres, que tous ne pouvaient être décrits, mais que l'expérience et le style des parlements faisaient parfaitement connaître (1).

32. *Facultatifs* pour le juge comme pour la partie, ces reproches n'étaient considérés ni comme généraux ni comme particuliers, mais on les classait en *bons*, *médiocres* et *légers*.

« Quant aux reproches ou exceptions contre les tesmoins, la pratique du droit français faict distinction entre iceux, afin que le juge cognoisse que sont les reproches admissibles, pour recevoir les parties à en faire preuve. Il y a des reproches si légitimes, valables et admissibles, qu'on appelle *bona*, que la preuve d'iceux renverse du tout les dépositions des tesmoins, les autres ne sont si pregnants et forts, et toutes fois ils élident et diminuent grandement de la foi des tesmoins, *et dicuntur mediocria :* et autres qu'on tient pour légers et aux quels peu on s'arreste. Quant aux médiocres, s'il y a nombre de tesmoins qui déposent conformément du faict, on n'admet guères les parties à en faire preuve : en quoi consiste la prudence et discrétion du juge. (Charondas, Pandectes, Livre IV, Chap. III). »

---

(1) Un vieux quatrain rend à *peu près* l'ensemble des reproches que l'on pouvait opposer aux témoins.

> *Conditio, sexus, ætas, discretio, forma,*
> *Et fortuna, fides, in testibus ista requires*
> *Consanguinea pariter, domestica turba*
> *Et clerus laicos ad se fugiat et vice versâ.*

33. Bons, médiocres ou légers, l'admission des reproches dépendait de l'arbitrage du juge, qui ne pouvait cependant les suppléer lorsqu'ils ne se trouvaient pas présentés ; et la confusion entre les exclusions et les reproches était telle que généralement le magistrat n'était plus regardé comme investi du pouvoir d'écarter d'office un témoin légalement exclu, mais non reproché par les plaideurs. Rebuffe nous l'apprend d'une manière positive (Tractatus varii). « *Imò non poterit judex repellere testem etiam infamen, si pars hoc non petat, et ista est generalis consuetudo curiarum Franciæ, quia hoc judicium non datur in Franciâ nisi postulatum fuerit..... si hoc faceret in Franciâ judex, constitueret se partem quod cavere debet.* » (1)

34. Bons, médiocres ou légers, les reproches revê-

(1) Sans aller à beaucoup près aussi loin que Rebuffe, Rodier nous indique également la tendance que l'on avait même sous l'ordonnance de 1667 à n'être pas trop rigoureux sur l'application des exclusions légales. On lit « article XI, titre XXII de l'ordonnance de 1667, question première. — Le commissaire doit-il refuser de recevoir le serment et la déposition des parents et alliés au susdit degré ? »

L'ordonnance semble le vouloir ainsi, puisqu'elle dit qu'ils ne pourront être témoins ; mais l'usage est que le commissaire ne refuse pas de les ouïr, et cet usage est fondé sur l'article LXXXV de l'ordonnance de Louis XII : la raison en est que le commissaire ne doit pas entrer en connaissance de la cause, et fût-ce le juge lui-même qui procédât à l'enquête, il doit ouïr les témoins qui lui sont présentés, parce que ce n'est pas en faisant l'enquête qu'il doit juger si les témoins sont admissibles ou non. Il doit le faire *pro tribunali* et après que les parties auront donné leurs reproches et débats, dans les formes ; car quand on reprocherait le témoin lors du serment, quand il déclarerait lui-même la parenté ou alliance, il resterait à examiner si cette parenté est prouvée, ou si ce témoignage est nécessaire (Rodier, page 433).

taient presque toujours un caractère tout *personnel* contre chaque témoin, discuté à chaque instant d'une manière souvent odieuse dans sa probité, dans sa moralité, dans sa vie privée, fouillée jusqu'en ses détails les plus secrets, scrutée jusqu'en ses mystères les plus intimes.

C'est du sein de ce désordre que surgit, sans y aucunement remédier, l'ordonnance de 1667.

IX.

35. *ORDONNANCE DE 1667.* Conformément à la distinction si claire et si lucide d'Huberus, « *summa distinctio est ut testes aut prohiberi penitùs aut reprobari duntaxat : prohibentur qui plane non audiuntur. Reprobantur quibus auditis aliquid objici potest quominus fidem mereantur.* » (Digest. ad legem IX. De Testibus), l'ordonnance différencia nettement les exclusions des reproches et porta : « Les parents et alliés des parties jusques aux enfants des cousins germains inclusivement, ne pourront être témoins en matière civile pour déposer en leur faveur ou contre eux, et seront leurs dépositions rejetées (Titre XXII, Art. XI).

Les reproches contre les témoins seront circonstanciés et pertinents, et non en termes vagues et généraux, autrement seront rejetés. » (Titre XXIII, Art. Ier).

Rares, on le voit sous cette ordonnance, les exclusions *limitatives* et *impératives*, étaient purement *relatives*.

Mais indéterminés, astreints seulement à l'articulation ordinaire, les reproches devenaient l'incommensurable champ de l'arbitraire.

Aussi les reproches dépassaient-ils toute imagination. On reprochait pour soupçon d'intimité, pour soupçon d'inimitié, pour soupçon d'intérêt, pour soupçon d'immoralité, pour soupçon de pauvreté, etc., etc.

Enfin les choses en étaient arrivées à un point tel, que la matière des reproches constituait un cahos dans lequel la preuve testimoniale disparaissait pour ainsi dire tout entière au milieu de *l'arbitraire* des juges, de la *diversité* des jurisprudences, et des *myriades* de cas de reproches élevés à une puissance telle que la question à poser se trouvait de savoir non plus quels étaient les témoins reprochables, mais bien où se rencontraient ceux qui pouvaient ne pas l'être, et se dire à l'abri des soupçons factices, des calomnies gratuites ; *testes omni exceptione majores.*

L'arbitraire des juges ne connaissait aucunes limites ; et quelles auraient-elles pu être ? L'ordonnance de 1667 n'indiquait aucun cas de reproches ; tout donc se trouvait soumis au bon plaisir de ceux qui étaient intéressés à reprocher, quand même ; à la discrétion, à l'omnipotence de ceux par qui les reproches devaient être admis.

La diversité des jurisprudences, était la conséquence inévitable de l'arbitraire. Chaque ressort s'était fait ses traditions; ici le reproche était grave; là il était médiocre; là il était léger. En bien des Cours, l'ordonnance de 1667 se trouvait une lettre morte. Ainsi, l'article 22 frappait *d'exclusion* les parents et alliés « mais l'usage y était contraire, on recevait les dépositions des parents et alliés collatéraux, la faculté de les reprocher restant sauve » (Boncenne, Chap. XVII). Le parlement de Toulouse avait fini par s'arroger une jurisprudence à part, qui ne ressemblait pas à ce qu'admettait la généralité des autres grandes assemblées judiciaires; ainsi beaucoup de reproches n'étaient reçus qu'autant qu'on les proposait sacramentellement dans les termes d'un certain formulaire, les dépositions des témoins valablement reprochés étaient lues (au mépris de l'article 5, titre 23 de l'ordonnance) puis tarifées, qui, pour une moitié de témoignage, qui, pour un tiers, qui, pour un quart, le tout sans le moindre souci de la loi ainsi ouvertement abrogée (1).

« Ce parlement a une façon particulière de juger les reproches et les objets; il les admet quelquefois suivant leur différente qualité, de façon qu'ils n'emportent pas

---

(1) « Mais l'usage du parlement de Toulouse est de peser et balancer si au juste la valeur de chaque reproche, que la plus petite diminution n'est que d'un quart, qui est le *notetur,* et la plus grande est de sept huitièmes, qui réduit le témoin à la valeur de la huitième partie de sa déposition, ce qui se marque par *dubia notetur, nota forti.* » (Bornier, tom. I, page 204).

« Quel morcellement! il faut avouer que cela doit faire des découpures bien délicates et bien singulières. Comment l'œil peut-il apercevoir ce chef-d'œuvre du ciseau. » (Nouveau Commentaire sur l'ordonnance civile de 1667, par l'auteur du nouveau style criminel, page 267).

la déposition du témoin tout entière, mais qu'elle subsiste pour un huitième, pour un quart, pour la moitié, pour les trois quarts, et une déposition ainsi réduite de valeur a besoin du secours d'une autre pour devenir entière. Par exemple, si sur les dépositions de quatre témoins objectés, deux sont réduites à la moitié, cela fait un témoin. Si la troisième est réduite au quart et la quatrième aux trois quarts, cela fait un autre témoin, et par conséquent il se trouve une partie suffisante de deux témoins, quoique tous aient été objectés et aient souffert quelqu'atteinte des objets proposés. La déposition peut ne subsister que pour un huitième, mais elle n'est jamais affaiblie de moins d'un quart . . . .

Nous observerons que cette Cour est dans l'usage de n'admettre certains reproches ou objets, qu'autant qu'ils sont proposés précisément en certains termes consacrés par un ancien formulaire, et de là vient qu'on les appelle objets de formule. . . . . . . On est si fort attaché à cette formule qu'on a douté si on admettrait le reproche proposé contre un témoin parce qu'au lieu de dire qu'il avait reçu de l'argent pour déposer faussement, on avait dit qu'il avait reçu de l'argent pour déposer contre la vérité. Il passa pourtant à recevoir le reproche. . . . . .

Et ces objets de formule si on les propose contre plusieurs témoins, ne sont admis en ladite Cour qu'à l'égard des deux premiers contre lesquels on les propose, et ils sont rejetés à l'égard des autres . . . . » (Rodier. Ordonnance de 1667. Titre XXIII. Art. I).

Quant à l'incalculable multiplicité des cas de reproches, elle avait depuis longtemps effrayé le législateur lui-même. Afin de mettre barre à ces débordements d'éliminations, on avait exigé que certains reproches, pour être admissibles, fussent prouvés par écrit; on avait porté des peines contre les plaideurs téméraires dont les reproches ne se trouveraient pas pleinement justifiés. On lit dans l'article 41 de l'ordonnance de 1539 : « Pour chacun faict calomnieusement proposé qui ne sera pas vérifié par la partie, y aura condamnation; à savoir en nos Cours souveraines de XX livres parisis d'amende, moitié à nous et moitié à la partie : ou de plus grand peine pour la grandeur de la calomnie des proposants à l'arbitrage de justice. Et en la moitié moins en nos justices inférieures. » Dans l'article 55 de l'ordonnance de Moulins : « Les preuves. . . . . seront reçues par lettres et non par tesmoins, comme aussi les preuves des jugemens condamnatoires et absolutoires dont on voudra s'aider pour reproches, etc. . . . . . . »

Inférieure même aux coutumes grecques, qui, n'admettant ni exclusion ni reproche, avaient au moins l'avantage de ne point défigurer la preuve testimoniale, de ne point la compliquer et de ne pas l'obstruer par d'interminables contestations préjudicielles, greffant enquêtes sur enquêtes; notre législation s'était ravalée infiniment au-dessous des usages hébraïques, des législations romaine et barbares, qui par la précision de leurs exclusions, déterminaient soigneusement les droits des parties et les pouvoirs du magistrat.

D'aussi intolérables abus ne pouvaient plus longtemps subsister : il était urgent de rappeler aux juges érigés en législateurs, que simple organe de la loi, *lex loquens* (Cicéron) le magistrat n'en est que le premier serviteur. Il était urgent de rappeler aux parties, qu'on ne pouvait en amoncelant les impostures et les chicanes empêcher la vérité de se faire jour, ou du moins paralyser indirectement un mode de preuve dangereux sans doute, mais enfin permis et nécessaire. Il était urgent de ramener à l'unité par l'extinction des diversités bizarres et antinomiques qui ridiculisaient la justice. Il était urgent enfin de remplacer le caractère arbitraire et personnel qu'avaient pris les reproches par un système général, qui, procédant par catégories, qui, embrassant des universalités, vint quelle que fut la nature plus ou moins défavorable de la suspicion légale, mettre au moins à couvert la personne du témoin exclu ou reproché, non attaqué spécialement dans sa moralité.

Pour ce faire, pour remédier aux abus, extirper les racines du mal et ramener à la rigide et égalitaire observance de la loi, il fallait, et sur les exclusions, et sur les reproches, des dispositions à la fois limitatives et impératives, de façon à ce que personne ne put sous aucun prétexte les enfreindre ou les éluder.

X.

36. *LOI ACTUELLE*. Le grand œuvre dont nous venons de parler a été accompli par la loi actuelle.

Les exclusions prononcées *absolument* par les articles 25 Code Napoléon, 28 Code pénal, 374, 401, 405, 407, 410 du même code, les exclusions prononcées *relativement* par l'article 268 du Code de procédure, les reproches prévus *absolument* ou *relativement* par l'article 283 du Code de procédure, tout cela constitue des éliminations résultant *à priori* de *présomptions légales*, sans acception spéciale du témoin éliminé.

Quant à la *nature limitative* et *impérative* de ce système d'éliminations, elle découle à l'évidence et *du caractère du témoignage*, et des *travaux préparatoires*, et des *textes* du Code de procédure civile.

37. CARACTÈRE DU TÉMOIGNAGE. Dans l'économie de notre législation la faculté de déposer, est comme à Rome un *droit civil* dont à titre de châtiment la loi prive elle-même en certains cas, dont elle permet la privation facultative en certains autres.

Ceci posé, qui est incontestable, la *nature limitative* est la conséquence forcée du caractère du témoignage, car un droit civil est chose dont le législateur seul a la puissance de dépouiller, soit d'une manière intégrale, soit d'une manière partielle.

La *nature impérative* est également la conséquence forcée du caractère du témoignage, toutes les fois que la loi parle d'une *façon absolue*, nul en effet ne peut relever d'une déchéance décrétée par la loi; mais le code permet à cette règle une exception en déclarant que pour la partie les reproches sont purement facultatifs.

38. TRAVAUX PRÉPARATOIRES. Le projet du code

contenait en ce qui concerne les éliminations, trois dispositions bien distinctes; deux pour le fond du droit, une pour la forme et la manière de le faire valoir.

L'article 270 relatif aux exclusions, « nul ne pourra être assigné comme témoin s'il est parent ou allié en ligne directe des parties, ou son conjoint, même divorcé. »

L'article 286 relatif aux reproches, « pourront être présentés comme reproches :

La parenté et l'alliance de l'une ou de l'autre des parties, jusqu'au degré de cousin issu de germain inclusivement; la parenté et alliance des conjoints au degré ci-dessus, si le conjoint est vivant, ou si la partie ou le témoin en a des enfants vivants; en cas que le conjoint soit décédé et qu'il n'ait pas laissé d'enfants, pourront être reprochés les parents et alliés en ligne directe, les frères, beaux-frères, sœurs et belles-sœurs.

Pourront être reprochés, le témoin héritier présomptif ou donataire; celui qui aura bu et mangé avec la partie, et à ses frais depuis la prononciation du jugement qui a ordonné l'enquête; celui qui a donné des certificats sur les faits relatifs au procès, et le témoin en état d'accusation ou condamné à une peine afflictive ou infamante. »

L'article 273 relatif à la présentation des reproches, « la partie proposera les reproches avant la déposition du témoin, qui sera tenu de s'expliquer sur iceux; les reproches seront circonstanciés et pertinents et non en termes vagues et généraux. »

39. *Forme et procédure.* Sous l'empire de l'ordonnance de 1667, les reproches, on le sait, se trouvaient d'autant plus infinis qu'ils étaient laissés à la
discrétion des parties, ils se trouvaient d'autant plus
irritants, qu'ils étaient toujours personnels et directs
pour la personne reprochée. De ce double état de choses
était résultée, au point de vue de l'intérêt des plaideurs
et au point de vue de l'intérêt des témoins, cette double
considération: que réputé *dominus litis* puisqu'il avait
un mandat *ad hoc*, le procureur ne pouvait dans l'intérêt des plaideurs, être considéré comme ayant reçu
à raison de reproches imprévus peut-être pour les
parties, le mandat de compliquer le procès primitif de
dix autres contestations différentes: et que dans l'intérêt des témoins il fallait que les reproches fussent
proposés par la partie elle-même, afin que ces témoins pussent à coup sûr atteindre et des répressions
de la loi, et de leurs actions en dommage-intérêt, ceux
qui chercheraient à les écarter, eux témoins, au moyen
d'attaques diffamatoires et téméraires.

C'est pourquoi l'ordonnance portait titre 23, article
6, « défendons aux procureurs de fournir aucun reproche contre les témoins, si les reproches ne sont
signés de la partie ou s'ils ne font apparoir d'un pouvoir écrit à eux donné pour les proposer. »

En raison de l'énonciation et de la limitation des cas
de reproches en l'article 286 du projet, on trouva que
le double intérêt des parties et des témoins n'exigeait
plus que l'on prît les précautions voulues par l'ordonnance; qu'en conséquence il fallait à défaut de la par-

tie, laisser à l'avoué de pleins pouvoirs, pour proposer les seuls cas de reproches que permet la loi.

Ces observations furent produites surtout par la section du Tribunat. Elles sont relatées dans Locré (code de procédure, t. 1, page 466) « 1° la section a remarqué que l'article n'expliquait pas si les reproches pourraient être proposés par l'avoué comme par la partie.

L'article 6 du titre 23 de l'ordonnance de 1667, défendait au procureur de fournir aucun reproche contre les témoins, si les reproches n'étaient signés de la partie, ou s'il ne faisait apparoir d'un pouvoir spécial.

La section croit que cet article ne doit pas être renouvelé : ce serait forcer les parties à faire des frais. *D'ailleurs le projet de code spécifiera les reproches qui pourront être présentés, ce que ne faisait pas l'ordonnance.* L'avoué doit donc avoir le droit de proposer lui-même ses reproches sans qu'il soit besoin de se munir d'un pouvoir spécial.

La section désire, pour ne laisser subsister aucune espèce de doute, que l'article dise que les reproches seront proposés par la partie ou l'avoué avant la déposition, etc.....

2° Il est bien entendu que le procès-verbal doit contenir les reproches; cependant, il faut le dire, on pourrait croire, d'après l'article 276, qu'il suffirait de faire une simple mention.

L'article serait ainsi conçu : « Les reproches seront proposés par la partie ou l'avoué avant la déposition du témoin qui sera tenu de s'expliquer sur iceux; ils seront circonstanciés et pertinents, et non en termes vagues et généraux. Les reproches et les explications des témoins seront consignés dans le procès-verbal » (1).

Les observations du Tribunat cadraient si parfaitement avec les intentions des rédacteurs du projet que la rédaction présentée par la section, fut immédiatement accueillie sans modifications pour devenir le texte de notre code actuel.

40. *Reproches.* Les Cours auxquelles avait été soumis le projet de code, comprenaient à merveille que la nomenclature des cas de reproches se trouvait *limitative* et *impérative.*

Les observations de ces Cours, dont une assez notable partie ne pensait pas que l'on dût déserter le système de l'ordonnance en entier reconnaissaient la justesse d'une *spécification obligatoire*, mais réclamaient contre une *spécification restrictive.*

On trouve, en effet, dans les observations adressées par les Cours d'Agen, de Bordeaux, de Caen, de Colmar, de Dijon, de Grenoble, de Montpellier, de Nancy, d'Orléans et de Turin :

Article 286. « L'article admet plusieurs moyens de

(1) En démontrant que l'article 270 est 1° une disposition toute de procédure, et de pure forme ; 2° Une simple pierre d'attente sur laquelle sera ultérieurement édifié le fond du droit ; 3° Que contrairement au système de l'ordonnance qui admettait tous les reproches, les principes du code sont de spécifier les seuls reproches qui pourront être admis ; les observations du Tribunat ruinent de fond en comble la thèse de Toullier, lequel considérant l'art. 270 1° comme traitant le fond du droit ; 2° comme reproduisant le système de l'ordonnance par opposition à la spécification de l'art. 283, fait de cet article la base de la théorie entière des reproches simplement énonciatifs.

reproche ; mais il paraît nécessaire de prévoir d'autres cas. L'article 272 veut que le témoin déclare s'il est serviteur ou domestique, et ce n'est pas sans doute pour rien. Mais les procès majeurs entre les parties et les témoins ; mais les inimitiés capitales ; mais les liaisons intimes ; mais les témoins débiteurs de fortes sommes envers les parties ; mais les avocats, les avoués, les huissiers des parties, mais la pauvreté qui s'étend jusqu'à la mendicité, et bien d'autres reproches que les tribunaux admettaient, *semblent écartés* : Il en résulterait les plus grands inconvénients. Ainsi, les reproches mentionnés au projet *pourraient être absolus*, et il faudrait permettre aux parties d'articuler tels autres reproches, et de laisser à la prudence des juges d'y avoir tel égard que de raison. On a bien admis tous ces cas pour la récusation des juges. Il est possible, il est vrai, de remplacer les juges ; mais en n'autorisant pas *absolument* tous les reproches, les juges pourront dans leur sagesse, accorder l'équité avec la stricte justice. » (Cour d'appel de Caen, page 7).

« Pourquoi ne pourrait-on pas reprocher le créancier ou le débiteur des parties, de même que celui qui vit d'aumônes publiques, les serviteurs et domestiques. » (Cour d'appel de Colmar, page 9).

« Article 286, l'inimitié devrait être un motif de reproches : la circonstance d'un procès entre le témoin et la partie contre laquelle il dépose, devrait être une preuve d'inimitié. » (Cour de Grenoble, page 23).

« Sur l'article 286, il paraîtrait nécessaire de faire mention, dans la disposition de cet article, des serviteurs ou domestiques à gages, ou pour rejeter leur déposition, ou pour laisser à l'arbitraire des juges d'y avoir tel égard que de raison dans les cas où ils peuvent être témoins nécessaires, comme on en a usé à l'égard des impubères. » (Cour de Montpellier, page 9).

« Article 286. Cet article est à la fois trop et trop peu étendu ;

Il l'est trop, en ce qu'il semble ne pas admettre le témoignage nécessaire, le seul qu'on puisse invoquer en certains cas ; par exemple, en matière de spoliation d'hérédité ;

Il l'est trop peu, en ce qu'en général il ne paraît pas écarter les domestiques, ceux qui sont dans l'habitude de se gorger de vin, les débiteurs ou créanciers des parties, et le mendiant ou vagabond.

Les motifs qui firent introduire la dure nécessité de recourir au témoignage des hommes, sont peut-être aujourd'hui plus puissants que jamais ; mais puisqu'il faut encore l'employer, qu'on éloigne du moins des enquêtes, ceux qui, par état, par leur situation à l'égard des parties, ou par leurs mauvaises habitudes, peuvent inspirer une juste défiance ; et tels sont ceux dont on vient de parler. » (Cour d'Agen, page 18).

« Article 286. On trouverait à propos de comprendre parmi les témoins qui peuvent être reprochés aux termes de cet article, ceux qui auraient reçu des présents de la partie avant et après la prononciation du jugement qui a ordonné l'enquête, comme ceux qui auraient un intérêt semblable au sien dans l'affaire ;

la simple raison fait assez pressentir la nécessité de les y ajouter. » (Cour de Bordeaux, page 11).

« Article....... *Sont valablement reprochés :*

1° Les parents et alliés jusqu'au degré de cousin issu de germain inclusivement.

2° Les banqueroutiers, les personnes qui sont actuellement en état d'accusation, ou qui, ayant été condamnées en l'une des peines portées par le code pénal, n'ont pas été réhabilitées; ces reproches sont réputés calomnieux, s'ils ne sont justifiés par écrit, avant le jugement du procès.

3° Ceux qui ont intérêt dans l'affaire sur laquelle ils déposent.

4° Ceux qui sont aux gages ou dans la domesticité de l'une ou de l'autre des parties.

5° Ceux qui ont, avec celui contre qui ils ont été appelés en déposition un procès criminel, ou un procès civil commencé avant l'assignation pour déposer.

6° Ceux qui, depuis le jugement qui a ordonné l'enquête, ont reçu des présents de l'une ou de l'autre des parties, ou qui ont été défrayés par elles dans les auberges et les cabarets.

Art....... *L'énumération des reproches énoncés dans le précédent article, n'est pas exclusive des autres faits qui pourraient rendre un témoin justement suspect.*

La loi abandonne l'appréciation de ces faits à la prudence des juges. » (Cour de Dijon, page 43).

« Art. 286. La parenté, jusqu'au degré de cousin issu de germains, pourrait encore présenter une équivoque relativement aux fils ou filles des cousins issus de germains avec ceux-ci. On pourrait, pour l'éviter, se servir de la computation civile, en substituant aux premiers mots ceux-ci : jusqu'au sixième degré inclusivement ; et ajouter : *sans préjudice aux autres reproches qui seront laissés à l'arbitrage des juges*, tels que ceux exprimés en l'article 378, titre 22 du projet. » (Cour de Nancy, page 6).

« Art. 386. L'énumération paraît incomplète. (Voyez Bornier et Rodier, sur l'article 1er du titre 23 de l'ordonnance de 1667) : Il conviendrait de laisser à la prudence des juges d'autres objets et reproches qui pourraient être proposés *en motivant leur décision*. » (Cour de Nîmes, page 3).

« Art. 286. La rédaction de cet article est *louche* et *confuse* ; elle présente deux idées dont le sens différent a pourtant le même résultat et les mêmes effets. On lit dans la première partie : *Pourront être présentés comme reproches ;* de là on pourrait conclure *que le reproche n'est pas absolu, et qu'il n'écarterait le reproche qu'à l'arbitrage du juge*. Dans la seconde il est dit : *Pourront être reprochés*, ce qui rend *absolu le reproche quand il est proposé* ; et cependant la qualité des témoins indiqués dans la première partie constitue des reproches au moins autant absolus que dans les cas de la seconde partie.

L'ordonnance de 1667 portait l'exclusion absolue des parents et alliés jusqu'aux enfants issus de cousins germains ; dans l'usage et la jurisprudence, cette exclusion fut restreinte ; toutes les fois que le parent devenait témoin nécessaire, sa déposition était reçue, et cette modification était sage : il est des cas, où les faits à vérifier n'éclatent pas à l'extérieur ; leur connaissance est limitée aux commensaux de la maison, et aux parents qui la fréquentent plus habituellement, et avec lesquels il existe une plus grande intimité. L'exclusion du témoin qui aura bu et mangé avec la partie et à ses frais, depuis la prononciation du jugement qui a ordonné l'enquête, nous a paru bien étendue ; la partie elle-même peut ignorer le jugement, qui ne serait encore bien connu que de l'avoué, et le hasard la réunir avec le témoin ; il semblerait bien suffisant de ne compter que du moment de la signification du jugement. Nous proposons de substituer à la rédaction de l'article 286, celle-ci :

Pourront être reprochés les parents alliés de l'une ou de l'autre des parties, jusqu'au degré de cousin issu de germains inclusivement, les parents et alliés des conjoints au degré ci-dessus, si le conjoint est vivant ou si la partie ou le témoin en a des enfants vivants ; en cas que le conjoint soit décédé, et qu'il n'ait pas laissé d'enfant, les parents et alliés en ligne directe, les frère et sœur, beaux-frères et belles-sœurs, le témoin héritier présomptif ou donataire des parties. Néanmoins, si les personnes des classes ci-dessus sont témoins nécessaires, pourra le juge les entendre sauf à avoir, à leurs dépositions, tel égard que de raison. *Pourront aussi être reprochés* : Le témoin qui a bu et mangé avec la partie qui fera l'enquête ; celui qui aura donné des certificats sur les faits relatifs au procès, et le témoin en état d'accusation, ou condamné à des peines afflictives ou infamantes. » (Cour d'Orléans, page 17).

« Art. 286. Pourront être présentés comme reproches, etc. . . . . . .

Quant à la parenté et l'alliance, une exception devrait être admise lorsqu'il s'agit de faits, qui, par leur nature, ne pourraient être prouvés que par témoins parents.

Sur cet article nous observons encore que dans l'énumération des reproches, des cas ont été omis, qui y devraient être compris sans doute.

Un témoin, par exemple, qui a un différent sur pareille question que celle dont s'agit entre les parties, un témoin qui a un procès avec la partie contre laquelle il est produit; celui qui a sollicité ou fourni aux frais du procès, ou qui a inimitié capitale envers la partie, ne sont-ils pas aussi également reprochables que ceux dont il est parlé dans l'article 286 !

Nous estimons donc que l'article devrait être ainsi modifié : *Pourront être particulièrement présentés comme reproches,* pour ne pas exclure tous les autres qui pourraient être également, ou plus encore admissibles.

Que la voie soit ouverte aux parties, à présenter tous reproches qui peuvent raisonnablement rendre suspecte la foi des témoins, ce sera au juge à les apprécier.

Nous pensons, contre les auteurs du projet, que la déposition de tous les témoins doit toujours être lue et appréciée par les juges dans leur sagesse.

1º Parce que malgré les reproches auxquels un témoin est sujet, sa déposition peut mériter de la confiance, soit à raison de sa probité notoire, soit à raison de présomptions ou d'indices qui concourent à la rendre digne de foi ;

2º Parce qu'il est possible que ce témoin dépose contre la partie même qui l'a fait entendre, et en faveur de celle qui lui a fait des reproches. » (Cour de Turin, page 8).

41. Nous trouvons dans les observations de la section de législation du Tribunat, (Locré, code de procédure, tome Iᵉʳ, page 469.) :

« La section propose : 1º de suivre la même coupure de phrase pour la première partie du premier paragraphe, comme pour le reste de l'article ;

2º De dire *bu ou mangé* au lieu de *bu et mangé;*

3º D'ajouter serviteur et domestique pour se conformer à l'article 272 qui veut que chaque témoin déclare s'il est serviteur ou domestique de l'une des parties. »

De tous les vœux des Cours, le Tribunat, on le voit, n'en avait accueilli que deux. D'abord, la substitution réclamée par la Cour d'Orléans, des mots *pourront être reprochés*, aux mots *pourront être proposés comme reproches*, ensuite l'adjonction des serviteurs et domestiques, demandée notamment par la Cour de Caen.

Le reste s'était trouvé complètement rejeté comme contraire aux idées du législateur et au système de la loi nouvelle. Les rédacteurs du Code furent exactement du même avis, et les observations appréciées par le

Tribunat furent les seules qui passèrent dans la contexture définitive de l'article 283 actuel.

42. *Exclusions.* Le caractère *limitatif* et *impératif* des exclusions, des cas dans lesquels les législateurs avaient appliqué l'ancienne maxime *apud concordes excitamentum caritatis, apud iratos excitamentum odiorum* ne pouvait faire difficulté ; aucune contradiction ne s'était soulevée sur ce point. Mais l'impossibilité absolue d'entendre les témoins légalement exclus, résulte du rapport prononcé par le tribun Perrin. Ce même rapport prouve en outre, que les reproches de l'article 286 du projet doivent fatalement être admis par le juge, dès-lors qu'ils se trouvent justifiés.

« Les reproches seront articulés avant la déposition, et les témoins auront la liberté de donner les explications qui tendraient à les justifier ou à les atténuer. Je ne vous entretiendrai pas, Messieurs, des dispositions qui ont pour objet l'obligation imposée aux témoins de se présenter : elles résultent de cette maxime reconnue de tous les temps, puisée dans le code social et reconnue par le droit écrit, que la vérité est une dette que chaque individu doit à la justice, qu'il ne peut se refuser d'acquitter, qu'il lui doit même le sacrifice de ses affections particulières.

Si cette vérité était aussi universellement sentie qu'elle est constante, la loi n'aurait besoin ni de désigner ceux qui ne peuvent être entendus, ni d'indiquer ceux contre lesquels on peut proposer des reproches. Mais malheur au législateur qui ne consulte pas les faiblesses attachées à l'humanité, et qui cédant à une aveugle philanthropie, ne sait pas, comme celui de Lacédémone, donner au peuple les meilleures lois qu'il puisse recevoir. Le projet distingue entre ceux qui ne peuvent être entendus, et ceux contre lesquels on peut proposer des reproches. La première classe est composée des parents en ligne directe : la nature ne connaît point de liens plus forts que ceux qui existent du père aux enfants; la corruption ne connaît pas d'ingratitude plus coupable, de haine plus criminelle que celle qu'elle élève entre eux. Il ne faut pas que leurs dépositions, quoique rejetées, puissent devenir un monument du parjure, il ne faut pas qu'un témoin puisse être froissé entre les devoirs de sa conscience et des affections aussi impérieuses.

Ce double danger diminue à mesure que les liens de la parenté s'éloignent de leur origine; et alors rien ne s'oppose à ce que la loi laisse aux parties le droit d'admettre les dépositions : c'est un hommage qu'elles rendront à la probité du témoin. Mais pourquoi serait-il suspect aux yeux du juge, dès que les parties, éclairées par leur propre intérêt, consentent de s'en rapporter à son langage.

Je ne vous parlerai pas, Messieurs, des reproches fondés ou sur l'intérêt personnel, ou sur des liaisons intimes qui se sont manifestées depuis le jugement; de ceux qui résultent, ou de la foi engagée, ou de l'infamie : la disposition qui les adopte, est l'écho de toutes les lois, parce que ses motifs sont de tous les temps, comme de toutes les nations. Revenons à la déposition. »

43. Etant admis, ce qui paraît assez incontestable, *que ceux qui ont fait la loi ont dû la connaître*, les textes se trouveraient obscurs, qu'en présence des travaux préparatoires, les meilleurs commentaires assurément qui puissent jamais exister, *ejus est legem interpretari, cujus est legem condere*, il ne pourrait cependant planer aucun doute sur leur sens réel et leur véritable portée. Mais loin d'être confus, les textes présentent une netteté et une lucidité telles qu'en l'absence même des travaux préparatoires, il nous paraît impossible d'y voir autre chose que ce que nous disons y être, et que ce qui y est effectivement.

44. Textes. Nul *ne pourra être assigné* comme témoin, etc......, porte l'article 268. Voilà certainement une inhibition aussi formelle que possible — et sans violer la loi nul n'aura la faculté, qu'il soit juge ou partie, de faire entendre un témoin dont la déposition est formellement prohibée — l'inhibition est *d'ordre public.*

Pourront être reprochés, etc........, porte l'article 283. Antérieurement au code de procédure, les reproches étaient présentés par les parties, et non par les juges, personne assurément ne contestera le fait, « *hodiè tam in civilibus quam in criminalibus judex nullos testes repellere solet, nisi instaret pars, aut procurator regius, et hoc in Franciæ regno : alioqui condemnari posset privatam tanquam gerens personam* (Rebuffus), et c'est précisément en raison de ce que les parties (chose que le juge n'eût certes point faite) ne manquaient jamais de trouver des motifs de reproches plus ou moins mensongers, que l'on avait exigé la preuve écrite de certains reproches, et porté des peines pour les reproches mal fondés ou téméraires. La loi actuelle n'a point été novatrice relativement à la proposition du reproche; rien ne saurait faire supposer qu'on en ait chargé le juge d'office, le contraire résulte même textuellement de l'article 289. Il y est dit : « Si les reproches proposés avant la déposition ne sont justi-fiés par écrit, *la partie* sera tenue d'en offrir la preuve et de désigner les témoins, etc....... C'est donc bien la partie qui doit reprocher, justifier les reproches, il est par trop clair que l'on ne saurait forcer une partie à démontrer *bien fondé* un reproche que le juge ferait valoir, alors que cette partie trouverait ce repro-che assez *mal fondé* pour refuser de le présenter elle-même dans son propre intérêt.

Ceci posé, il devient manifeste que les mots *pourront être reprochés*, impliquent une faculté pour la partie, et pas du tout une faculté pour le juge (1) contraire-ment aux exclusions qui sont *d'ordre public*, les repro-ches se trouvent dans *l'intérêt unique* des parties, qui toutes ont le droit d'apprécier leur intérêt à leur ma-nière sans que personne ait à y voir. Le droit au re-proche est inscrit dans la loi; par cela seul le plaideur peut le faire valoir. Et pour faire valoir ce droit, le plaideur a simplement à prouver que tel témoin est

---

(1) En ce sens : Thomine Desmasures, T. I, p. 470. — Chauveau, n° 1062. — Nancy, 20 mars 1825 — Nancy, 17 février 1844.

Reproduisant l'opinion *isolée* et *erronée*, qu'émettait Serpillon, Carré est le seul auteur qui ait songé à enseigner le contraire.

compris dans la catégorie des témoins reprochables, sans avoir à prouver de plus, qu'en raison de telle ou telle cause de suspicion personnelle le témoin doit être reproché.

45. A un autre point de vue encore, il est tout aussi évident que ces mots *pourront être* reprochés ne concernent que la partie, et pas le tribunal.

Que dit la loi? Dit-elle pourront être reprochés les parents, etc.... Si, indépendamment et en dehors de leur qualité, la partie justifie que le témoin par des raisons toutes personnelles doit-être écarté? Nullement. La loi dit simplement: pourront être reprochés les parents, etc....... Donc par cela seul qu'un témoin est parent, il est reprochable, et par cela seul que le reproche est proposé et justifié, la déposition du témoin doit être écartée. Le juge n'a qu'une chose à faire, constater l'existence du droit aux reproches, et le reconnaître en appliquant la loi. Prétendre que le juge peut apprécier le reproche, pour substituer sa volonté à celle de la partie fait prévaloir son arbitraire sur le positivisme du texte, serait non-seulement ajouter à l'article 283, mais le détruire; ce qui est impossible. *Ejus est solummodo tollere legem cujus est condere.*

Les textes sont donc *impératifs* pour le juge et pour la partie en matière d'exclusion; *impératifs*, pour le juge, en matière de reproches.

Reste à voir maintenant si les textes sont *limitatifs.*

46. Pourquoi ne le seraient-ils pas? Les personnes exclues ou reprochées font exception au droit commun,

Or, le propre de toute exception *privant d'un droit* ou *conférant un droit dérogatoire aux lois communes* (1) est d'être essentiellement restrictive. *In statutis quæ jus commune (præsertim circa ea quæ frequenter incidunt et diù coaluerunt) planè abrogant, non placet procedi per similitudinem ad casus omissos.* (Bacon Aphor. 14). « *In materiâ a jure civili exorbitante, non est facienda extensio ex paritate, ac ne ex majoritate quidem rationis, sed in suis terminis servari debet lex.* » (Dargentré). « *Exclusa censentur omnia quæ lex enumerando non expressit.* »

S'il y avait possibilité d'ajouter aux exclusions, aux reproches, il serait par les mêmes considérations tout aussi possible d'ajouter aux cas de requête civile, aux cas de récusations, aux cas de reproches en matière criminelle, etc......, d'étendre indéfiniment toutes les exceptions de la loi; où s'arrêterait-on avec un pareil système?

Et puis, les témoins exclus ou reprochés, pourquoi le sont-ils? Parce qu'ils se trouvent sous le coup d'une suspicion légale. Suspicion motivée par des faits faciles à établir; s'ils se rencontrent dans une enquête; faciles à détruire s'ils sont faussement allégués. Mais en l'absence de suspicion légale, il est de principe *que tout homme est réputé honnête jusqu'à preuve du contraire.* Eh bien! quand une partie aura démontré que par

---

(1) Ceci répond à l'argument de Toullier qui s'étaie d'une disposition légale *purement énonciative*, pour démontrer que parfois on peut en dehors des textes, faire ce que ces derniers n'ont pas expressément autorisé.

telles ou telles raisons, elle a des motifs pour suspecter la déposition d'un témoin, aura-t-elle démontré que le témoin est malhonnête, indigne de la confiance de la justice. Nullement — de quelle autorité donc ce témoin serait-il rejeté — et puis, lorsqu'il s'agit non de constater des faits matériels, mais de descendre dans les consciences, comment prouver que par amitié, que par inimitié, que par amour-propre, tel témoin faussera son serment pour déposer avec partialité — et en admettant que l'on puisse justifier ces craintes, comment le témoin ou la partie adverse seront-ils mis à même de les détruire. Tous ces dangers, toutes ces impossibilités concourent avec les principes généraux pour démontrer combien les textes sont nécessairement *limitatifs*.

47. De ce que nous venons d'établir, doit-il suivre que la partie contre laquelle un témoin aura faussement déposé, se trouvera forcée d'en passer par sa déposition sans pouvoir la combattre ou l'invalider?

En aucune façon, autre chose est la discussion de la qualité du témoin, *conditionis exploratio*, discussion qui a pour but de faire rejeter *à priori* une déposition non-entendue; autre chose est la discussion de la valeur du témoignage, *quanta fides adhibenda*, discussion qui a pour but de faire rejeter *à posteriori* une déposition entendue, mais critiquée.

Les dépositions ne lient point le juge, n'enchaînent jamais sa religion, c'est un principe. « *Potest igitur testibus judex non credere. Cupidis et iratis, et conjuratis, et ab religione remotis, non solùm potest sed etiàm debet.* (Cicéron *pro Fonteio* C. 9) (1). Si, dans sa déposition, un témoin a fait preuve d'injustice, de partialité, d'immoralité, la partie pourra, par tous les moyens possibles, saper ce témoignage, le détruire et arriver indirectement après coup au même résultat qu'elle aurait atteint *rectâ viâ*, et de prime saut, si le reproche eût été admis et la déposition écartée.

(1) Le juge toutefois ne peut éclairer sa religion sur le mérite d'une déposition, comme sur tous autres points de fait, qu'autant que cela résulte des débats, mises à l'écart, les connaissances personnelles que lui juge aurait pu acquérir en dehors du litige.

Permettre en effet au juge de prendre conseil de lui-même serait bouleverser la justice désormais sans garantie, par la substitution de l'homme à la loi. Ce qui ne peut exister, le juge fut-il vertueux comme Caton, juste comme Aristide, car plus que la femme de César encore, la justice ne saurait être soupçonnée. *Optima lex quæ minimum relinquit arbitrio judicis optimus judex qui minimum sibi* (Bacon).

Le moindre examen de la question démontre au surplus à l'évidence que le juge doit se décider suivant les preuves juridiques et non d'après ce qui est, où ce qu'il croit être à sa connaissance personnelle.

Les preuves résultent ou de présomptions légales — ou de preuves pleines ou à considérer comme telles — ou de présomptions judiciaires.

Au premier cas, le juge ne saurait se préoccuper de ses impressions, cela est incontestable, car la loi qui est formelle ne peut se voir abrogée par personne, surtout par les magistrats chargés de l'appliquer.

Au second cas, comme si, par exemple, il y avait des titres que le juge saurait falsifiés ou bien une enquête écrasante par suite de témoignages de la fausseté desquels le juge aurait la conviction, le juge incontestablement n'en devrait pas moins faire abstraction de ses connaissances personnelles, pour ne connaître des faits, que *quatenùs de veritate facti ex actis constat, etiàm contra propriam scientiam.*

Pourquoi cela? Parce que le témoignage du juge ne saurait entrer dans la balance de la justice, attendu qu'il ne saurait être ni connu, ni contredit — parce qu'au cas d'erreur du juge, son témoignage serait indestructible — parce que le témoignage du juge compromet-

48. Mais, dira-t-on, même involontairement, une telle déposition pourra laisser des impressions dans l'esprit des magistrats. C'est possible; cela parfois aura des inconvénients au point de vue du demandeur à fin de reproches, mais l'admission des reproches non prévus

trait la justice — parce que le témoignage du juge ouvrirait la porte à la prévention, à la partialité. — Reprenons :

Le témoignage du juge ne saurait être ni connu, ni contredit par la partie à laquelle ce témoignage serait défavorable — le juge, en effet, ne peut manifester ses opinions, dépouiller son caractère d'arbitre, pour se constituer le champion de l'un des plaideurs, l'antagoniste de l'autre, s'exposer à entendre attaquer, partant avoir à défendre la sentence à intervenir — ces opinions restant un mystère, personne assurément n'aurait la faculté de les combattre et de les contredire; la conséquence serait la confiscation du droit de défense, les affaires contradictoires transmutées en défaut, en défaut sans possibilité d'opposition, souvent même sans possibilité d'appel.

Au cas d'erreur du juge, son témoignage serait indestructible, car on ne peut détruire que ce que l'on peut combattre. On rentre ici dans ce que nous venons d'exposer.

Le témoignage du juge compromettrait la justice : « Il ne suffit pas qu'une décision soit juste, il faut encore qu'elle le paraisse » dit le savant et profond Bentham. Or, pour tout autre que le juge, il serait impossible de comprendre comment il se peut faire, que malgré toutes les preuves imaginables, que contre les titres les mieux établis, il y ait condamnation là où il devait y avoir succès infaillible et gain du procès.

Le témoignage du juge ouvrirait la porte à la prévention, à la partialité — certain de son fait, ou du moins croyant l'être, le juge infailliblement arriverait avec des idées préconçues, et lutterait de toutes ses forces contre les démonstrations de son erreur—or, même insciemment, la prévention conduit en droite ligne à la partialité.

Au troisième cas, bien que les présomptions simples soient comme les preuves incomplètes abandonnées à l'appréciation du juge, et qu'ici il y ait pour l'*effet produit*, moins de danger que dans le cas précédent à ce que le juge utilisât ses connaissances personnelles, il devra cependant encore ne considérer que les faits juridiques, ou s'abstenir, ou se récuser. Toute autre conduite manquerait de prudence, de dignité. Inutile d'insister sur ce point.

Vinnius cependant, et Gabriel n'admettent point cette thèse, qui

par les textes, aurait exactement les mêmes inconvénients, au point de vue du défendeur à fin de reproches, toutes les fois que le témoin écarté eut convenablement déposé. — L'intérêt de la justice est que le
jour se fasse, que la vérité apparaisse, et la vérité

n'en reste pas moins la seule admissible. Organe de la loi, *lex loquens*, comme le dit Cicéron, en remplissant son devoir d'*homme
public*, le juge ne doit tenir aucun compte de sa *conscience privée*
qu'il ne saurait compromettre, ainsi que s'accordent unanimement à
le penser, au point de vue civil et religieux, les plus célèbres philosophes, les meilleurs commentateurs et les plus grands canonistes.

« *Meliùs foret non secundùm propriam mentem judices judicare,
sed secundùm litteras et leges.* » (Aristote, polit. 42.) *Bonus judex
nihil ex arbitrio suo facit, et domesticæ propositæ voluntatis : sed
juxta leges et jura pronunciat, scitis juris obtemperat, non indulget
propriæ voluntati, nihil paratum vel meditatum domo defert, sed
sicut audit, ita judicat* (saint Ambroise, sur le Psaume 118, serm.
20). *Cum judicium ad judices spectet non secundùm privatam sed
publicam potestatem, oportet eos judicare non secundùm veritatem
quam ipsi ut personæ privatæ noverunt : Sed secundùm quod ipsis
ut personis publicis per leges, per testes, per instrumenta et per
allegata res innotuit* (saint Thomas, 2, 2, qu. 67, art. 2). *Quod
homo in his quæ ad propriam personam pertinent debet informare
conscientiam suam ex propriâ scientiâ : Sed in his quæ pertinent ad
publicam postestatem debet informare conscientiam suam secundùm
ea quæ in publico judicis fieri possunt* (saint Thomas), c'était ce
qu'enseignaient également saint Augustin, le cardinal Cajetan, etc...
etc... *Aut id quod judex habet in conscientiâ est notum sibi ut judici, aut tanquam privatæ personæ, primo casu secundùm conscientiam suam judicat informatus ex actis coram eo. Aliàs si ut privatæ
personæ est sibi notum, tunc non potest judicare secundùm conscientiam, sed secundùm probationes sibi factas* (Bartol. Digest. in
Leg. 6, § 1). Ajoutez en ce sens, Mascardus, conclus. 951. Cujas,
observ. liv. 12, cap. 19. — « Les juges doivent juger certainement
et selon les choses alléguées et prouvées. » (Loysel, liv. VI, t. III,
règle XI).

Enfin, dans le langage simple et rude du temps, il était prescrit
en l'ordonnance d'avril 1453, article 115 : « Et prohibons et défendons à tous présidens ou conseillers de nostre dicte court qu'en jugeant aucun procez, ils ne dient ne proposent aucuns faitz, soit à la

apparaîtra bien plus sûrement, quand une déposition sera invalidée par suite de *preuves* qu'elle ne mérite aucune confiance, que quand une déposition sera écartée par suite d'un soupçon, d'une présomption de fausseté : d'un côté on raisonnera sciemment, sur des choses qui ont un corps, qui existent; d'un autre côté

louenge ou vitupère des parties ou de l'une d'icelles, ou de la matière de quoy l'on traicte, n'autres faictz que les faictz proposés par les parties au procez; car les parties savent ou doivent mieux savoir leurs faictz qu'ilz ont à proposer, que ne font les juges, et s'aucun faisait le contraire en défaut son opinion ou autrement, *ce semblerait estre plus d'affection que de raison.*

Article 123. Que nous avons entendu que plusieurs juges de nostre royaume, tant nostres qu'autres, donnent et font leurs jugements et sentences si obscurs et si douteux, qu'à peine les peut-on entendre, *et jugent par expérience, sans avoir égard expressément aux choses alléguées et prouvées par les parties;* par quoy sur l'interprétation et exécution d'icelles sentences et jugements, les parties sont constituées en aussi grands procès qu'auparavant, en grands frais et despens, et en sont les parties souventes fois moult endommagées. Nous voulons pourveoir à telles choses ordonnons et décernons que tous juges de nostre royaume, tant ceux de nostre parlement que nos baillifz, séneschaux et autres noz juges de nostre royaume *jugeant certainement et selon les choses alléguées et prouvées pardevant eux par les parties,* donnent et profèrent dorénavant leurs jugements, arrestz et sentences certaines et claires, et enjoignons et commandons à tous juges de nostre royaume, tant à ceux de nostre court de parlement qu'autres, ainsi le facent sur leur honneur, et sur peine d'en estre reprins par nous et noz juges. »

Nous ajouterons pour en terminer, que la question nous paraît résolue même par le texte de la loi actuelle.

L'article 181 (Code d'instruction criminelle) porte « s'il se commet un délit correctionnel dans l'enceinte et pendant la durée de l'audience, le président dressera procès-verbal du fait, entendra le prévenu *et les témoins,* et le tribunal appliquera sans désemparer les peines prononcées par la loi. »

Donc la loi ne veut pas de la connaissance personnelle du juge, puisqu'elle exige *des témoins.*

Cette règle est formulée au Code d'instruction criminelle, mais nul doute qu'à *fortiori* elle ne doive s'appliquer aux matières civiles.

on se perdra toujours dans le nuage des conjectures et le champ des incertitudes les plus illimitées.

49. Malgré le sens positif des textes, malgré l'esprit qui évidemment en jaillit, malgré l'intention des législateurs, bien clairement manifestée dans les passages que nous avons cités, il s'est trouvé des auteurs, qui, sous l'influence des idées anciennes sans doute, ont vu la loi nouvelle tout autre qu'elle ne l'est réellement.

C'est ainsi qu'il a été soutenu et jugé : 1° Que les exclusions n'étaient point forcées; 2° que l'article 283 n'était pas impératif; 3° que l'article 283 n'était pas limitatif. — Trois solutions qui replongent dans l'arbitraire, l'anarchie, et la confusion que le code de procédure a voulu anéantir.

Pour soutenir que les exclusions n'étaient point forcées, et que, du moment qu'un témoin exclu avait été assigné, le juge ne pouvait écarter ce témoin sans que la partie le reprochât, Demiau-Crouzillac s'est fondé d'abord sur ce que la prohibition d'assigner n'étant point prononcée à peine de nullité, il suit que l'assignation est valable, et le témoin obligé de comparaître; ensuite sur ce que l'article 283, permettant de reprocher les parents en ligne directe il en résulte que les témoins exclus peuvent être assignés.

50. Ces deux arguments, celui de procédure surtout, nous paraissent inimaginables !

Comment, quand la loi a prononcé une exclusion un *veto*, il sera loisible à une partie de transformer cette exclusion en reproche, d'invalider la loi, de

paralyser les pouvoirs du juge chargé de la faire respecter! Nous ne savons en vérité comment qualifier
de pareilles aberrations — l'assignation, qu'a-t-elle
à faire en tout ceci; elle sera valable, c'est possible,
mais elle sera inopérante, *ut quœ lege fieri prohibentur.*
*Si fuerint facta non solùm inutilia, sed pro infectis
etiam habentur* (Cod.) *quod fit lege prohibente, nullam vim habere indubitati juris est.* Evidemment, un
citoyen ne sera pas forcé de comparaître parce qu'une
partie aura fait signifier, par huissier, qu'elle entend
faire faire un acte que la loi a prohibé.... Passons.

Le second argument quoique moins extraordinaire
n'est pas beaucoup plus solide.

Demiau suppose gratuitement une antinomie entre
les articles 268 et 288. Il y a en *ligne directe* d'autres
parents reprochables que ceux frappés d'exclusion,
donc la catégorie des parents irréprochables ne commence rationnellement en l'article 283 que là où finit
la nomenclature des parents exclus par l'article 268.
Cela résulte à évidence des paroles de l'orateur du Tribunat, paroles que nous avons rapportées plus haut,
et cela n'est nullement contrarié par ces mots : *les parents et alliés en ligne directe*, lesquels mots ne se
rapportant grammaticalement qu'au *conjoint* de la
partie, *décédé sans enfant vivant*, ne se trouvent point
en contradiction avec l'article 268, qui ne parle que
des parents et alliés en ligne directe de la *partie elle-
même.*

51. La Cour de Trèves était aussi tombée dans la
confusion de Demiau, elle disait :

« Art. 286. *In fine*, pourront être reprochés les parents et alliés en ligne directe, les frères, beaux-frères, sœurs et belles-sœurs.

Radiation des mots parents et alliés en ligne directe, l'article 270 ayant déjà prévu le cas. » (Cour de Trèves, page 13). Mais cette critique, tombant complètement à faux, rien n'avait été supprimé.

Il y aurait même, *ce qui n'est pas*, un double emploi dans l'article 283, que ce double emploi ne serait assurément point de nature à faire supposer la confusion impossible, la contradiction pleine d'ineptie, dont Demiau gratifie le législateur, en faisant détruire par ce dernier, en l'article 283, ce qu'avait édifié l'article 268, à l'instar des législations précédentes, et en conformité des plus anciennes maximes.

Hâtons-nous d'ajouter pour l'honneur de la doctrine que Demiau s'est trouvé seul de son avis. Boitard qui admet un vice de rédaction dans *les premiers mots* de la première partie de l'article 283, vice de rédaction parfaitement indifférent, du reste, au point de vue de la question à résoudre, Boitard, disons-nous, qui sans doute ne connaissait, ni ne supposait les aberrations que nous venons d'indiquer, professait, article 268 : « Ces différences entre la prohibition de l'article 268 et les reproches de l'article 283, malgré la rédaction inexacte de ce dernier article, ne peuvent être, et ne sont, à ma connaissance, méconnues par personne. »

52. Une importante autorité, Toullier, a enseigné que l'article 283 n'était ni impératif pour le juge ni limitatif pour la partie, et cette grande erreur d'un grand

nom, a entrainée sur le premier point surtout, sinon la doctrine dont incontestablement les meilleurs organes sont restés fidèles à la thèse que nous avons développée, du moins la jurisprudence de la majeure partie des Cours d'Appel, et la jurisprudence de la Cour de Cassation qui, par ses arrêts successifs, a consacré en attendant une réaction inévitable et un retour aux vrais principes, le déplorable système intronisé par le doyen de la Faculté de Rennes (1).

Toullier n'est touché ni par les textes, ni par les rapports des orateurs, ni par le rejet des observations des Cours, tout cela selon lui est fort peu significatif.

Ce qui touche Toullier sur le point de savoir si l'article 283 se trouve impératif, est 1° le système romain dans lequel les reproches n'étaient nullement obligatoires; 2° l'ordonnance de 1667 qui laissait toute latitude aux juges; 3° l'article 291 dont le texte suppose que cette latitude existe encore aujourd'hui.

Ce qui touche Toullier sur le point de savoir si l'article 283 se trouve limitatif, est 1° l'ordonnance

(1) Cassation, 3 juillet 1820.
    Cassation, 17 mai 1827.
    Cassation, 12 décembre 1831.
    Cassation, 2 décembre 1835.
    Cassation, 15 février 1837.
    Cassation, 10 juin 1839.
    Cassation, 17 juin 1839.
    Cassation, 16 novembre 1842.
    Bourges, 20 juillet 1831.
    Bruxelles, 17 mars 1834.
    Poitiers, 12 décembre 1837.
    Limoges, 27 juin 1839.
    Nancy, 11 novembre 1841.
    Bordeaux, 23 avril 1844, etc..., etc...

qui ne limitait rien; 2° l'impossibilité d'une limitation, le reproche n'indiquant que l'énonciation de quelques-uns des faits ou cas de suspicion que la loi ne saurait tous prévoir; 3° l'article 270 qui en exigeant seulement que les reproches soient circonstanciés et pertinents, reproduit le système des reproches illimités de l'ordonnance de 1667. Reproches *particuliers*, ne différant des reproches *généraux* de l'article 283, qu'en ce que le juge ne devrait admettre les premiers qu'autant que l'on aurait prouvé le bien fondé de la réprobation, alors que le juge pourrait admettre les seconds, par cela seul qu'il serait démontré que le témoin se trouve dans l'un des cas prévus par la loi; 4° l'absurdité qu'il y aurait à rendre la disposition de l'article 283 limitative, puisqu'il faudrait dire que l'amant avoué d'une femme, lequel vivrait en concubinage avec elle, et reconnaîtrait ses enfants naturels, ne pourrait être reproché (1).

Afin de ne tomber dans aucune redite nous éviterons soigneusement en réfutant brièvement Toullier, de répéter ce que nous avons exposé *in extenso* ci-

---

(1) Dans les considérations de détail développées à l'appui de son système, Toullier voudrait qu'un témoin fût reproché toutes les fois qu'il y a lieu à récusation de juges.

La loi en a disposé tout autrement, puisqu'elle n'a pas dit à l'endroit des reproches, ce qu'elle a statué au chapitre des récusations.

Il en devait être ainsi. *Faciliùs Judex repellitur quam testis,* les juges ne manquent jamais, on en trouve toujours pour vider un litige. Mais la constatation d'un fait, est chose complètement différente, un témoin nécessaire, un témoin unique ne saurait se remplacer.

C'est donc avec infiniment de raison que l'on a été plus large touchant les causes de récusation, et plus sobre relativement aux motifs de reproches.

dessus. Nous procéderons ainsi avec d'autant moins d'inconvénient, que notre système ne nous semble en aucune façon ébranlé par la critique de Toullier.

53. *Premier point :* 1° Le système romain est tout-à-fait hors de cause; les reproches qu'a imaginés Toullier, n'ayant jamais existé (ainsi que tous s'accordent à le reconnaître) n'ont jamais pu être facultatifs.

2° En ne prescrivant rien en matière de reproches, l'ordonnance de 1667, par la force même des choses, ne pouvait rien commander.

3° L'article 291 n'implique nullement que le juge doive *apprécier* le reproche; cet article décide seulement que le juge doit *vérifier l'existence* du cas de reproche, *exiger au besoin sa justification*, afin de n'écarter le témoin qu'à bon escient, et, alors seulement que l'existence réelle du cas de reproche est véritablement démontrée.

54. *Second point :* 1° L'ordonnance qui n'était même pas *énonciative*, n'aurait su être *limitative*. Le code, au contraire, donne une nomenclature; ce plan donc diffère essentiellement de celui de l'ordonnance. Sous l'ordonnance il y avait un double système; l'un pour les exclusions, l'autre pour les reproches; les exclusions étaient limitées, les reproches n'étaient même point indiqués. Sous l'empire du code, il y a limitation des reproches comme des exclusions; le tout est confondu dans un seul et même système.

2° L'impossibilité de prévoir tous les cas particuliers de suspicions possibles, ne devait point conduire à l'illimitation des reproches. Effectivement, en autorisant certains reproches la loi n'a pas entendu discuter le mérite des dépositions, cela est l'ouvrage de la partie. La loi a voulu simplement indiquer les dérogations qu'elle permettait de faire à l'admissibilité des personnes non exclues du droit de déposer, et produites comme témoins. Les reproches ne sont donc pas des exemples de suspicions possibles, mais des indications de *présomptions légales*, présomptions restrictives comme toutes les présomptions de la loi.

La distinction des reproches *généraux* et *particuliers* est tout-à-fait arbitraire; elle est de plus sans aucun fondement plausible et rationnel.

A quoi bon des reproches généraux, si le juge pouvait les individualiser en exigeant, outre la justification de l'existence du cas de reproche, la justification du bien fondé de la réprobation.

Quelle différence y aurait-il entre des reproches généraux ainsi affaiblis, et des reproches particuliers que généraliseraient bientôt l'usage *et le style des parlements*, reproches qui en pratique ne tarderaient pas à être appréciés exactement comme les reproches généraux.

3° L'article 270 n'indique qu'une chose, la manière de présenter les reproches. Ces reproches pouvant être contestés et devenir conséquemment susceptibles de vérification, il convenait de répéter peut-être, qu'à l'*instar* des faits que l'on articule, et dont on demande à rapporter la preuve, il fallait en matière de reproches s'expliquer d'une façon pertinente et concluante. *Frustrà probatur quod probatum non relevat.*

Cette disposition n'est du reste, nullement copiée de l'ordonnance; bien longtemps avant 1667 Rebuffe écrivait : « *Tertiò præmittendum est quod ea, quæ opponuntur contra testes, debent separatim opponi, et sigillatim : alioqui non repelletur testis.* » (Rebuffus Tractatus de reprobat. et salvat. testium).

4° Quant à l'absurdité résultant de ce qu'il serait impossible de reprocher des témoins plus reprochables que ceux légalement considérés comme tels; ceci est une de ces considérations qui n'ayant pas prévalu lors de la rédaction de la loi, ne sauraient prévaloir quand il s'agit de l'appliquer. Nous ne nous chargeons point de justifier le système des reproches dans ses détails, nous croyons même que si l'article 283 se trouvait à refaire, il y aurait plus d'une modification à introduire dans son contenu, mais en attendant les améliorations l'article existe dans toute sa force, *dura lex sed servanda, nam ubique legem judex reveneri debet.*

55. Un auteur d'influence, rallié à la doctrine de Toullier, M. Chauveau, pose ainsi la question :

« L'énumération contenue en l'article 283 est-elle limitative? Cette question, qui a divisé les Cours royales et les Chambres même de la Cour de Cassation, ne nous semble pas présenter autant de difficultés que cette contrariété de jurisprudence pourrait le faire croire. Le moyen le plus simple, selon nous, de parvenir à sa solution, c'est de la poser en ces termes : est-il possible qu'en dehors des cas prévus par l'article 283, il y ait, pour un témoin, telle ou telle position qui rende sa déposition suspecte de partialité? Qui pourra répondre que non? Et du moment qu'on reconnaît cette supposition possible, qui dira que le législateur ait voulu imposer aux magistrats l'obligation d'avoir égard à un témoignage, qu'au fond de leur conscience ils savent bien n'être pas l'expression de la vérité? Les juges ne sont-ils pas intéressés à pouvoir apprécier la valeur des éléments de leur sentence, et le degré de confiance que mérite chacun d'eux? La justice surtout n'y a-t-elle pas un intérêt évident? Mais comment cette appréciation pourrait-elle avoir lieu, s'il n'était point permis de leur faire connaître les circonstances d'où elle peut résulter, d'articuler en un mot, sous forme de reproche, les faits qui peuvent constituer un témoin en état de suspicion? »

Ceci a déjà été réfuté. *Si le législateur avait voulu imposer aux magistrats l'obligation d'avoir égard à un témoignage, qu'au fond de leur conscience ils savent bien n'être pas l'expression de la vérité*, l'article 283 ne se comprendrait pas, et il faudrait immédiatement le rédiger ainsi : *Pourront être reprochés tous les témoins justement reprochables*; mais nous savons que le juge n'est lié par aucun témoignage, nous savons que la partie peut combattre et invalider une déposition suspecte ou fausse, l'opinion de M. Chauveau est donc sans aucune espèce de portée.

56. Comme les navigateurs qui ont perdu leur boussole, les auteurs qui ont laissé la loi pour s'engager dans la voie de l'arbitraire, ne savent plus ce qu'ils doivent faire ni où ils doivent s'arrêter. Aussi Toullier n'a-t-il pas tardé à se trouver dépassé par des

disciples qui sont venus enseigner, qu'au cas des reproches non prévus par l'article 283, le juge devait avoir la faculté de faire lire quand il le voudrait la déposition du témoin valablement reproché.

En face de l'article 284 qui domine et comprend les articles 283 et 270, une pareille thèse est complètement insoutenable, ainsi que Toullier le proclame hautement lui-même. Cette thèse est de plus ridicule: il ne servirait effectivement à rien de reprocher un témoin et de faire admettre le reproche, si cela fait, on devait arriver exactement au même résultat que si le témoin n'eût pas été reproché; c'est-à-dire à l'obligation de démontrer que par tels ou tels motifs, il ne faut pas accorder créance à la déposition que l'on n'a pu empêcher de se produire.

57. L'article 283, facultatif et énonciatif, « doctrine distendue, pure satisfaction que l'arbitraire s'est donnée à lui-même, vieille souche d'iniquité fort solennellement replantée. (1) » Suivant Boncenne, l'article 283,

___

(1) « On a soutenu dans ces derniers temps, que les juges avaient toute liberté d'ordonner la lecture de la déposition d'un témoin reproché, quoique le fait du reproche fût parfaitement justifié. De là il y avait à peine un pas à faire pour réduire l'article 283 aux simples termes d'une disposition *démonstrative*, et pour dire que les causes y énoncées ne sont pas les seules qu'il soit permis d'admettre. Des arrêts l'ont ainsi jugé et leur double tendance a été signalée comme un notable progrès, comme une théorie de la plus haute portée, et l'accomplissement d'une mission philosophique.

Cette doctrine distendue n'est en réalité qu'une satisfaction que l'arbitraire s'est donnée à lui-même; loin que ce soit un germe de progrès c'est une vieille souche d'abus que l'on a fort solennellement replantée. » (Boncenne, de la qualité des témoins).

Il est impossible de dire plus et mieux que le savant doyen de la faculté de Poitiers.

facultatif, énonciatif « doctrine surprenante; » suivant Boitard, l'article 283, facultatif et énonciatif « système qui substitue aux règles impassibles et sûres de la loi, les variations et les incertitudes toujours dangereuses de l'arbitraire; » suivant Dalloz, l'article 283, facultatif et énonciatif, enfin a conduit à faire reprocher valablement.

Les propriétaires d'immeubles se trouvant dans la même condition que ceux d'une partie litigante — les anciens associés — ceux dont les marques auraient été contrefaites — les propriétaires d'immeubles contigus aux haies dont on demande l'élagage — les légataires particuliers d'un testament attaqué — les créanciers d'une partie — tous les habitants d'une commune plaidante — *leurs parents et alliés au degré prohibé* (1) — *tous les habitants d'une commune voisine, ayant un intérêt analogue à celui d'une commune plaidante* (2) — ceux qui auraient un procès identique à la question à décider — les ennemis — ceux qui ont fait des démarches pour concilier un différent — les avocats — les mandataires — les débiteurs — les gardes particuliers — les fermiers — les colons partiaires — les avoués — les notaires — les huissiers — les sergents de police dans les affaires de la commune — les ingénieurs et éclusiers dans les affaires

(1) Bourges, 7 décembre 1824.
Amiens, 10 novembre 1825.
Bourges, 14 novembre 1825.
Toulouse, 4 juin 1828.
(2) Pau, 18 mai 1837.
Cassation, 10 juin 1839.

de l'administration — les commis même non salariés — les journaliers habituels — ceux qui hébergent l'une des parties en qualité de pensionnaire, etc.., etc...

Enfin ceux qui, *directement* ou *indirectement, certainement* ou *éventuellement*, ont à la contestation un intérêt *matériel*, *moral*, ou de *pur amour-propre*.

58. Qu'on nous dise maintenant où sont avec ces principes les témoins non reprochables, *testes omni exceptione majores;* qu'on nous dise en quoi un pareil système diffère de celui de l'ordonnance de 1667, sous l'empire de laquelle on écartait tous ceux qui ne jouissaient pas de *bonne fâme*.

Un pas de plus et l'on écartera les femmes « soit qu'elles soient veves, mariées ou puceles » (Beaumanoir). Parce que « *malo in consilio feminæ vincunt viros* » (Publius Syrus). Les non-catholiques « *quia ferre testimonium inter actus legitimos computatur, et actus legitimi excommunicatis sunt interdicti, et portæ dignitatis eis patere non debent.* » (Masuerus). Les écorcheurs de bestes mortes, parce qu'ils sont « réputez infames » (Despeisses) et nous en serons revenus à la

En faveur de notre thèse, nous citerons notamment l'admirable dissertation de Boncenne, dont l'autorité est au moins aussi imposante que celle de Toullier; et l'opinion de Locré (Esprit du Code de Commerce, tome 9), laquelle est incontestablement de toutes, celle qui doit avoir la plus grande prépondérance. En supposant en effet que comme jurisconsulte, Locré ne soit pas à la taille des deux seuls auteurs qui aient traité la question *in extenso*, il ne faut pas oublier que Locré a été secrétaire du Conseil d'État, qu'en cette qualité il s'est trouvé mieux initié à l'esprit de la loi que les commentateurs. Il faut de plus ajouter, que Locré insiste sur son opinion d'une façon toute particulière.

barbarie, au chaos primitif du monde Franc, alors que la preuve testimoniale, s'accommodait avec la *torture*, la *bataille*, la *purgation* et l'*ordalie*. Eh bien, viennent vite ces ténèbres si elles seules peuvent nous rendre la lumière de nos lois d'aujourd'hui.

Jusqu'à cette heure de résurrection de l'esprit de la loi tuée par la jurisprudence de la Cour suprême; nous répéterons avec le respect que l'on doit à une autorité

Voici au surplus l'indication de toutes les autorités sur chacune des deux questions.

I° L'ARTICLE 283 EST LIMITATIF :

Locré, Esprit du Code de Comm. t. 9, p. 304 et suiv.
Berriat, page 293, n° 42.
Boitard, t. 1, n° 569.
Bioche, v° enquête, n° 378.
Bonnier, preuves, n° 190.
Dalloz Alph., v° enquête, n° 456.
Junge Rodière, t. 2, page 139.
Paris, 24 mai 1811.
Rennes, 30 juillet 1817.
Metz, 8 mars 1821.
Cassation, 25 juin 1826.
Limoges, 6 mai 1835.

II° L'ARTICLE 283 EST IMPÉRATIF :

Locré, C. Com. t. 9, p. 307.
Thomine, t. 1, p. 486.
Chauveau, n° 1102.
Berriat, t. 1, p. 333.
Bioche, v° enquête, n° 369.
Rodière, t. 2, p. 139.
Boncenne, chap. 18.
Bonnier, n° 196.
Dalloz, v° enquête, n° 557.
Bruxelles, 16 juillet 1829.
Rennes, 6 janvier 1830.
Riom, 20 février 1830.
Nismes, 10 janvier 1832.
Nancy, 30 juin 1837.

comme celle de Toullier, à une jurisprudence comme celle de la Cour de Cassation, cette grande maxime de d'Argentré, *nulla est sapientia stultior, quam quœ lege vult sapientior videri!!*

Montpellier, 13 mars 1839.
Caen, 22 août 1839.
Montpellier, 4 avril 1840.
Rennes, 30 juillet 1840.
Nancy, 17 février 1844.
Douai, 12 juillet 1845.
Douai, 1er février 1847.
Cassation, 12 janvier 1848.

DISSERTATION

SUR LE POINT DE SAVOIR SI LE DÉCRET DE

DÉCENTRALISATION ADMINISTRATIVE

PEUT AVOIR QUELQUE PORTÉE SUR LA LÉGISLATION

DES PORTIONS COMMUNALES.

Depuis la publication de notre *Traité sur la législation des portions communales ou ménagères*, une nouvelle question s'est soulevée, celle de savoir si, par application du décret en date du 30 mars 1852, *sur la décentralisation administrative*, les préfets ont le droit de modifier ou d'abroger tout ou partie des dispositions de l'édit de 1769 pour la Lorraine ; de l'édit de 1774 pour la Bourgogne ; des lettres-patentes de 1774 pour la Flandre et de l'arrêt du Conseil de 1779 pour l'Artois.

Question capitale au premier chef, puisqu'il ne s'agit de rien moins que de décider, si des monuments législatifs contre lesquels s'est impuissamment brisée la tourmente de quatre-vingt-treize, si des usages qu'ont respectés les pouvoirs qui, tour à tour, ont depuis cette époque gouverné la France, si des allotissements chéris des populations, fondant sur eux de légitimes espérances, vont se trouver livrés à la discrétion d'un simple arrêté préfectoral.

Question dont la solution affirmative nous semble si contraire aux *principes* et aux *possibilités*, qu'avant même de la discuter nous avons hâte de déclarer que nous ne saurions en admettre un *seul instant* et *à aucun titre* la pensée dans l'esprit de ceux qui ont rédigé le décret sous l'influence de la haute sagesse qui sans doute l'a inspiré.

Le décret (du 30 mars 1852) porte :

« Louis Napoléon, président de la République Française, considérant que, depuis la chûte de l'Empire, des abus et des exagérations de tout genre ont dénaturé le principe de notre centralisation administrative, en substituant à l'action prompte des autorités locales les lentes formalités de l'administration centrale; considérant qu'on peut gouverner de loin, mais qu'on n'administre bien que de près; qu'en conséquence, autant il importe de centraliser l'action gouvernementale de l'État, autant il est nécessaire de décentraliser l'action purement administrative; sur le rapport du ministre de l'intérieur, le Conseil des ministres entendu, décrète :

Art. 1er. Les préfets continueront de soumettre à la décision du ministre de l'intérieur les affaires départementales et communales qui affectent directement l'intérêt général de l'État, telles que l'approbation des budgets départementaux, les impositions extraordinaires et les délimitations territoriales; mais ils statueront désormais sur toutes les autres affaires départementales et communales qui, jusqu'à ce jour, exigeaient la décision du Chef de l'État ou du ministre de l'intérieur, et dont la nomenclature est fixée par le tableau A ci-annexé. »

Et dans le tableau A l'on trouve : « § 40, Mode de jouissance en nature des biens communaux, quelle que soit la nature de l'acte primitif qui ait approuvé le mode actuel. »

Ce décret a été adressé aux préfets avec une circulaire ministérielle, dans laquelle figure un passage ainsi conçu :

« Les modes de jouissance dont il s'agit sont, vous le savez, Monsieur le Préfet, antérieurs ou postérieurs à la loi du 10 juin 1793. Les premiers, sous l'empire du décret du 9 Brumaire, an XIII, ne pouvaient être changés que par un décret impérial, sur la demande des conseils municipaux ; pour la modification des seconds, il suffisait que le conseil municipal la votât et que ce vote fût approuvé par le préfet en Conseil de préfecture, sauf en cas de refus d'approbation, le recours au conseil d'État de la part du conseil municipal et même d'un ou plusieurs habitants ou ayant-droit à la jouissance des biens communaux.

Dans le système de la loi du 18 juillet 1837, lorsqu'il est question de la jouissance en commun, proprement dite, on ne considère plus, pour le changement du mode existant, si ce mode est d'une origine antérieure ou postérieure à la loi du 10 juin 1793. Le conseil municipal règle, sous la simple surveillance du préfet, la jouissance des biens communaux autres que les bois soumis au régime forestier, si d'ailleurs cette jouissance n'a pas été établie primitivement par d'anciens édits ou des ordonnances royales. Pour ce dernier cas, le décret du 9 Brumaire, an XIII, était jusqu'à présent demeuré en vigueur. Il ne pouvait être apporté de changement au mode de jouissance qu'avec l'autorisation du gouvernement.

Aujourd'hui, cette exception n'existe plus : les délibérations prises à ce sujet par les corps municipaux seront exécutoires sous votre approbation, quelle que soit la nature de l'acte qui ait sanctionné l'ancien mode.

Vous ne perdrez pas de vue, du reste, que tout changement doit tendre à améliorer l'usage préexistant, et qu'il importe notamment d'amener, par vos conseils, les administrations municipales à stipuler des redevances au profit de la caisse municipale. C'est là un moyen légitime et naturel d'accroître les revenus des communes, qui, dans un trop grand nombre de localités, sont insuffisants pour subvenir aux dépenses les plus nécessaires. Attachez-vous surtout à empêcher que les nouveaux modes de jouissance n'établissent ou ne consacrent d'injustes inégalités entre les chefs de ménage d'une même commune. En principe, chaque habitant, ayant feu séparé, a un droit égal à la jouissance des biens communaux. Si des usages dérogatoires ont été tolérés en vertu du décret du 9 Brumaire an XIII, on doit y mettre un terme lorsque les conseils municipaux votent des changements dans les usages anciens. »

Fruit d'une triple erreur : 1° *Caractère administratif* donné aux édits, lettres-patentes, arrêts du conseil ; 2° Applicabilité du décret de Brumaire, an XIII, aux *partages de jouissances antérieurs à 1793* ; 3° Applicabilité de la loi de 1837 aux *modes de*

jouissances promiscues, antérieurs à la même époque;
cette opinion ministérielle a été le point de départ des
prétentions de l'administration.

Voici comment s'est soulevée la question : les circonstances nous en sont révélées par l'excellent mémoire que notre honorable confrère M. Mauclerc, a eu
la bienveillance de nous communiquer (1).

Conformément aux instructions du ministre, dési-
rant voir modifier radicalement la législation des apportionnements communaux, l'administration supérieure avait invité, dans le département de la Moselle,
les Conseils municipaux à demander le plus complètement possible le rapport de l'Édit de 1769 (2).

(1) Mémoire présenté au Conseil d'État pour les habitants de la
commune d'Ennery contre le Ministre de l'Intérieur.

(2) Pareille invitation a été adressée aux maires des communes du
Pas-de-Calais, concernant les partages effectués en vertu de l'arrêt
de 1779.

Cette invitation que nous transcrivons ici, est contenue au *Recueil
des Actes administratifs de la Préfecture*, n° 4, en date du 20 janvier 1855.

« Par une circulaire du 6 avril 1854, mon prédécesseur a autorisé la
réunion des conseils municipaux à l'effet de proposer des modifications
aux règlements locaux sur la jouissance des biens communaux et de
stipuler, au profit de la commune, des redevances en argent, payables
par les habitants à qui des portions ou lots de ces biens sont laissés
soit viagèrement, soit pour un certain nombre d'années.

Dans sa session de 1854, le Conseil général du département a renouvelé à ce sujet le vœu qu'il avait exprimé en 1853.

Des doutes et des difficultés s'étant élevés dans plusieurs communes,
je crois utile de faire remarquer qu'il ne s'agit point de revenir sur
les aliénations ou les partages opérés définitivement en vertu des lois
des 10 juin et 24 août 1793.

La circulaire du 6 avril 1854 ne s'applique qu'aux biens qui sont
restés propriétés communales. À l'égard de ces biens, la loi du 18
juillet 1837 donne aux conseils municipaux le droit de proposer tous

Composé en grande majorité d'habitants nouvellement arrivés, non allotis, et dont la perspective était de ne jamais l'être, personnellement du moins, le Conseil municipal de la commune d'Ennery, prit malgré l'énergique résistance des conseillers habitant an-

les changements qu'ils jugent convenable de faire aux règlements aujourd'hui en vigueur.

J'appellerai particulièrement leur attention sur la nécessité de stipuler des redevances, comme l'indique la circulaire précitée, et sur le mode de jouissance qui a encore lieu, dans le plus grand nombre de communes, d'après l'arrêt du conseil d'État du 25 février 1779, en ce qui concerne les terrains dits parts de marais de l'ancienne province d'Artois. Cet arrêt établit notamment, *en faveur de l'aîné d'une famille, la dépossession de la veuve et des autres enfants,* lors du décès d'un chef de ménage détenteur d'une part de marais. Un semblable usage n'est plus en rapport avec la législation actuelle. Il convient de l'abroger, de le remplacer par des dispositions plus équitables et d'éviter ce qui pourrait consacrer d'injustes inégalités.

En général, les biens communaux procurent peu de ressources aux caisses municipales. Il importe cependant que les communes tirent tout le parti possible de leurs propriétés rurales. Le meilleur moyen d'atteindre ce but serait de les amodier aux enchères publiques. C'est là un moyen légitime et sûr d'accroître les revenus qui, dans la plupart des localités, sont insuffisants pour subvenir aux dépenses les plus nécessaires.

Je vous prie de communiquer les instructions qui précèdent au conseil municipal dans sa prochaine session et de l'engager à délibérer sur le mode de jouissance des biens communaux et sur les améliorations que l'intérêt communal exige. »

Suivant M. le Préfet, l'arrêt de 1779 serait constitutif de deux grandes iniquités, résultant l'une de la *dévolution à l'aîné* de la famille, l'autre de la *dépossession de la veuve* au décès de son mari.

Nous ne saurions admettre cette double critique, dont la première n'est fondée que dans une certaine mesure, dont la seconde nous paraît aussi imméritée que possible.

En ce qui concerne la *dévolution à l'aîné* de la famille, nous ne pensons pas que dans l'arrêt de 1779 l'on puisse quereller sérieusement autre chose que le privilège de masculinité.

Au moment de la promulgation de cet arrêt, la portion communale était indivisible, d'abord *en droit,* à cause du caractère commu-

ciennement la commune, une délibération aux termes de laquelle, le surplus de l'édit respecté, on concluait à l'abrogation du *jus hœreditarium*, c'est-à-dire, *du droit gênant* pour les non-allotis.

Une enquête *de commodo vel incommodo*, fut ou-

nal de la portion : ensuite, *en fait*, parce qu'après deux ou trois générations, le morcellement infini des portions, eût eu pour effet de ramener à la jouissance promiscue, par l'impossibilité de cultiver des parcelles beaucoup trop subdivisées.

Inévitablement donc il fallait que le lot tombât aux mains d'un seul portionnaire. Ceci posé, la disposition testamentaire se trouvant interdite en Artois, l'arrêt de 1779 devait régler la transmission héréditaire. Transmission qui, ne pouvant échoir qu'à un seul, devait fatalement constituer une dévolution privilégiée.

Or, prime de l'ancienneté, l'apportionnement était plus rationnellement attribuable à l'aîné, qu'aux cadets de la famille.

Sans doute, il eût été plus logique d'exiger pour la dévolution héréditaire, ce que l'on exigeait pour l'apportionnement originaire, c'est-à-dire, l'ancienneté d'établissement, et de dire que la dévolution se devait opérer au profit de l'enfant le plus *anciennement établi*, mais de ce que l'on n'a pas été jusque-là, il ne s'en suit nullement, qu'à part, nous le répétons, le privilége de masculinité, l'on doive attaquer le droit de primogéniture, résultant bien plus de la *force des choses* que de l'ancien apanage de l'aînesse.

Relativement à la *dépossession de la veuve*, l'arrêt de 1779 est complètement à l'abri des attaques que l'on pourrait lui adresser.

La jouissance du survivant des époux était, antérieurement à 1779, *de droit commun* en Lorraine, en Bourgogne, en Flandre et en Artois. En Artois, disons-nous, car, avant cet arrêt général, divers arrêts particuliers avaient autorisé les apportionnements de propriétés communales.

Muets sur ce point comme sur beaucoup d'autres, appliqués cependant sans conteste, les rédacteurs de l'arrêt de 1779, ne songèrent sans doute pas à se prononcer explicitement, touchant la continuation de jouissance de la veuve, en raison précisément de ce que cela ne faisait *aucune difficulté*.

Aussi tant que l'arrêt fut appliqué par ses auteurs (les états d'Artois), lesquels assurément en devaient admirablement connaître la cause et le but, l'esprit et la portée, ne vit-on jamais une veuve privée de la *portion ménagère ?*

verte, et la commune d'Ennery presque tout entière, qu'exaspéraient les dispositions nouvelles, protesta contre la délibération du Conseil.

Par l'organe de leurs Maires ou de leurs Conseils municipaux, toutes les autres communes répondirent

Devenue celle du Directoire du département, puis celle du conseil préfectoral, cette *jurisprudence invariable* ne reçut sa première atteinte qu'en 1823, lors de la nomination d'un conseiller, qui, malgré ses incontestables talens, vint bouleverser tout à la fois, les précédents, le droit et la raison, sous prétexte que, tombée par le mariage *in manu mariti*, et conséquemment devenue *alieni juris*, la femme ne pouvait, à partir de ce moment, prétendre aucun droit à aucun lot ménager, puisqu'elle n'était plus chef de famille.

C'était assurément le comble de la confusion : rien de commun n'existe entre les principes du droit romain et ceux de l'arrêt de 1779. On n'est pas chef de famille par cela que l'on se trouve *sui juris*, et l'on peut être chef de famille quoi qu'étant *juris alieni*. Et puis *que la femme ne perde point par le mariage la qualité de chef de famille, cela résulte à l'évidence de ce qu'à ce moment la femme transmet à son ménage la portion dont elle était allotie.* Si, en effet, par son mariage, à l'époque où elle le contracte, la femme perdait son aptitude, sa qualité de chef de famille, elle ne pourrait soit transmettre à son mari ou au ménage, soit conserver pour elle-même le lot dont elle aurait été apportionnée antérieurement à ses noces. Cela deviendrait aussi complètement impossible à la femme qu'il le serait, par exemple, à un apportionné allant demeurer dans la famille d'un non-alloti, soit de conférer sa portion au ménage du non-alloti ou au chef de la famille, soit de continuer à jouir de cette portion, quoique n'ayant plus de feu distinct et séparé.

Néanmoins, la jurisprudence spoliatrice des veuves s'établit, et prévaut encore, dit-on, aujourd'hui.

Mais, contraire au droit autant qu'aux instincts des populations qui l'ont constamment repoussée (protestations des communes de Lens, Harnes, Annay, Loison, Meurchin, Vitry, protestation de M. le Sous-Préfet de Béthune au nom de son arrondissement, etc.., etc... Règlements des communes de Rœux, Biache, Pelves, Lens. Projet de M. Cuinat, tous récognitifs des droits de la veuve), blâmée par tous les jurisconsultes, cette jurisprudence aux conséquences iniques et immorales touche heureusement à son terme.

La vérité ne saurait se perdre, disions-nous, dans notre Traité,

que l'édit ne leur semblait nullement vicieux, que l'eut-il été, sa modification se fut trouvée plus qu'inopportune en présence de la perturbation que cette modification n'eût pas manqué de jeter au sein des populations déjà considérablement inquiétées.

Quoi qu'il en soit, cette délibération fut approuvée par l'arrêté préfectoral, dont voici la teneur :

« Le Préfet de la Moselle, Comte de l'Empire, Officier de la Légion-d'Honneur, Commandant de l'ordre du mérite de St.-Michel de Bavière.

Vu l'édit royal du mois de juin 1769, portant règlement pour le partage usufruitier des biens communaux dans les communes qui composaient l'ancienne province des Trois-Évêchés ;

Vu la délibération du Conseil municipal d'Ennery en date du 29 mars dernier, votant le changement du

un jour ou l'autre le droit triomphe, *Veritati semper locus relinquendus.*

Depuis longtemps obscurcis pour les veuves artésiennes, le droit et la vérité ont enfin réapparu.

En ne s'appliquant point à l'arrêt de 1779, *l'injustice* (ce dont nous prenons acte) *constatée par M. le Préfet,* est tombée d'aplomb sur la fausse interprétation de cette loi : c'est autant qu'il en faut, pour que, contrairement à ce qui se passe partout ailleurs, on n'entende plus désormais en Artois établir, entre l'homme et la femme, une distinction contre nature, une inégalité choquante pour les mœurs comme pour les sentiments ; pour qu'on ne voie plus refuser à la veuve ce qui est accordé au veuf ; gratifier des enfants sans cœur de la succession anticipée d'une mère trop lente à mourir ; et cela en face des termes paternels de l'arrêt de 1779, suivant lequel l'allotissement a été octroyé *au ménage* (le mot s'y trouve) par des raisons *d'humanité publique,* afin d'assurer la subsistance *du pauvre* et du souffreteux.

(Voir au surplus la longue dissertation sur le droit des veuves, pages 496 à 569 de notre Traité de la législation des portions communales.)

mode de jouissance des biens communaux dans ladite commune; le procès-verbal d'enquête, à laquelle il a été procédé le 26 juin par le sieur Goderon, de la réunion de Vigy, délégué à cet effet, par notre arrêté du 2. . . . . ;

L'avis du Maire de la commune d'Ennery en date du 4 juillet;

La loi du 18 juillet 1837 et le décret du 25 mars 1852;

Considérant que la commune d'Ennery qui faisait partie de l'ancienne province des Trois-Évêchés, est régie, quant à la jouissance des biens communaux, par l'édit de juin 1769, qu'aux termes des articles 5 et 6 de cet édit, le détenteur d'un lot communal a le droit d'en disposer, par testament, en faveur de l'un de ses enfants tenant ménage, et qu'à défaut de testament le lot entier passe à l'aîné des enfants du détenteur qui sont établis dans la localité;

Considérant que ce mode de jouissance a pour résultat de conserver dans quelques familles les biens communaux et qu'il a donné lieu à des réclamations fondées de la part des habitants non pourvus dont l'attente est indéfinie; que d'après l'article 542 du Code Napoléon, les biens communaux sont ceux à la propriété ou au produit desquels les habitants d'une même commune ont des droits acquis; et que la proposition faite par le Conseil municipal d'Ennery d'abroger l'édit de juin 1769 est conforme aux principes qui régissent la matière;

Considérant que par suite du changement de mode

de jouissance des lots entiers de biens communaux qui deviendront vacants, pourront être attribués au plus ancien habitant non pourvu de portion communale ou qui n'aurait qu'un lot incomplet; que dans le nombre des habitants entendus dans l'enquête, 44 ont demandé le changement et 80 ont réclamé le maintien de l'édit de juin; qu'il n'y a pas lieu toutefois d'accueillir la demande de ces derniers qui ne l'ont motivée que sur le fait de leur jouissance actuelle.

Arrête :

Art. 1er. Est approuvée la délibération prise par le Conseil municipal d'Ennery, le 29 mai 1853, relativement à la jouissance des terrains communaux, et de laquelle il résulte principalement que l'édit du mois de juin 1769 cessera d'être en vigueur dans ladite commune.

Fait à Metz en l'hôtel de la préfecture. »

Aussitôt que cet arrêté se trouva connu des habitants de la commune d'Ennery, un soulèvement eut lieu, à la suite duquel intervinrent de nombreuses condamnations correctionnelles.

On se pourvut contre l'arrêté préfectoral près de M. le Ministre de l'Intérieur, qui prit la décision suivante :

« Monsieur le préfet, je vous ai envoyé le 22 août dernier, la copie d'un arrêté du 20 juillet précédent, par lequel vous avez approuvé une délibération du Conseil municipal d'Ennery, portant que l'édit de juin 1769, qui régissait dans cette localité, la jouissance des biens communaux, cessera d'être en vigueur;

que les lots ne seront plus transmis héréditairement, mais attribués au fur et à mesure des vacances, aux plus anciens habitants non pourvus ; qu'enfin une redevance annuelle de 512 fr. sera établie sur lesdits biens, pendant six années, pour subvenir aux dépenses de réparation du presbytère.

Je vous ai fait remarquer notamment que les *changements apportés* par le Conseil municipal d'Ennery au *mode* de jouissance des biens communaux, n'amélioreraient que d'une manière peu sensible au point de vue de l'intérêt communal, l'état de choses actuel, et je vous ai invité à user de votre influence sur ce Conseil pour l'amener : 1° à procéder à un nouvel allotissement dont la durée ne devrait pas excéder 18 années ; 2° à porter la redevance à un chiffre plus en rapport avec la valeur desdits biens, et à ne pas les limiter à six années.

Je vous ai communiqué en même temps, un recours formé par un certain nombre de conseillers municipaux et d'habitants d'Ennery contre votre arrêté, afin d'obtenir le maintien pur et simple du mode de jouissance en vigueur.

En m'adressant aujourd'hui toutes les pièces de l'affaire, vous expliquez, Monsieur le Préfet, que vous n'avez pas attendu mes instructions pour essayer de déterminer le Conseil municipal d'Ennery à améliorer d'une manière plus radicale *le mode de jouissance* des biens communaux, notamment en procédant à un nouveau *partage* usufruitier, dont la *durée n'aurait plus été viagère ;* mais que ce Conseil déjà divisé sur la question d'abolition d'hérédité, n'a pas voulu consentir à troubler dans leur jouissance les détenteurs actuels, dont l'opposition fortement prononcée pendant l'enquête contre le changement proposé, aurait été bien plus vive encore, s'il se fut agi d'un nouvel allotissement. Vous ajoutez que l'administration essaierait vainement de faire revenir le Conseil municipal sur sa détermination, au moins quant à présent; qu'elle s'exposerait en persistant à trop exiger, à voir maintenir le présent état de choses; et qu'elle doit plutôt s'empresser d'approuver les améliorations déjà obtenues, pour mettre le Conseil municipal dans l'impossibilité de revenir sur sa résolution.

Quant au recours formé contre votre arrêté, vous faites remarquer que les réclamants, sont des détenteurs des biens communaux qui, se trouvant atteints dans leur descendance par le nouveau règlement, devaient naturellement chercher à entraver l'exécution, et vous pensez qu'il n'y a pas lieu de s'arrêter à leur opposition fondée uniquement sur des motifs d'intérêt personnel.

D'après vos explications sur l'impossibilité d'amener immédiatement le Conseil municipal d'Ennery à compléter les améliorations apportées par lui au mode de jouissance des biens communaux, je n'insisterai pas davantage, Monsieur le Préfet, sur les observations qui faisaient l'objet de ma dépêche du 22 août et je n'ai plus d'objections à élever contre votre arrêté du 20 juillet précédent.

A l'égard du recours dont cet arrêté a été l'objet, je

ne le juge pas susceptible d'être accueilli, et je vous laisse le soin d'informer les requérants que je n'y donnerai pas d'autre suite. » (1)

Décision qui, elle-même, fût portée par les habitants de la commune d'Ennery à la barre du conseil d'État.

Nous allons envisager la question que soulève ce nouveau pourvoi :

1° En considérant le décret de décentralisation au point de vue de la portée qu'il convient de lui donner en face des précédents;

2° En considérant ce décret en lui-même, application faite de la lettre, et de son esprit.

SECTION Ire.

Difficilement aliénables (Cod. Lib. XI. Tit. XXXI. Lex. III. *De vendendis rebus civitatis*), et impartageables (Digest. Lib. L. Tit. IX *De decretis ab ordine faciendis*), en droit romain, les propriétés commu-

---

(1) Il est sans doute inutile de faire remarquer combien tombe à faux l'argument que M. le Ministre base sur le peu de poids que devaient avoir les réclamations des opposants, attendu qu'elles étaient dictées par l'intérêt personnel.

Si l'intérêt personnel poussait les opposants à réclamer, l'intérêt personnel poussait incontestablement les novateurs à attaquer.

Or, l'intérêt que l'on a à *conserver* ce que légitimement assurent les lois existantes, semblera partout assurément, aussi digne et aussi respectable tout au moins, que l'intérêt que l'on peut avoir à *acquérir* ce dont les autres se trouveraient dépouillés.

nales en droit français, se trouvaient *en principe* frappées d'inaliénabilité, d'impartageabilité.

La raison en était que les communautés ne se trouvaient propriétaires *qu'à charge de substitution au profit de leurs habitants futurs*, qu'à la charge conséquemment de *rendre*, et partant de *conserver*. Au préambule de l'ordonnance de 1667, Louis XIV reconnaissait solennellement cet incontestable substitution, alors qu'il édictait « que les usages et communaux appartenaient au public...... et que les communes avaient été concédées par forme d'usage seulement pour demeurer attachées aux habitants des lieux. »

Et dans ses dissertations féodales, Henrion de Pansey écrivait : « Les maires, syndics et échevins des communautés, les habitants eux-mêmes, ne sont que les administrateurs des biens communaux, ils en doivent compte à ceux qui viendront après eux, ils doivent les conserver comme un dépôt sacré ; ces futurs habitants ont, en effet, une vocation directe dans le titre primitif. Ce n'est pas à tels ou tels individus que le bien communal appartient, mais à la communauté, corps immortel composé de ceux qui n'existent pas comme des habitants actuels. »

Relativement à l'inaliénabilité, en certains cas graves, pour de *justes causes* moyennant l'emploi rigoureux de certains intermédiaires et de certaines formalités, le principe souffrait quelques exceptions ; lesquelles toutefois ne permettaient l'aliénation qu'avec *faculté de regrets* ; c'est-à-dire, sauf l'exercice d'un *réméré perpétuel* (voir La Poix Fréminville, Traité du gouvernement des communes, pages 40 et 41 ; — notre *Traité de la législation des portions communales*, pages 68 et suivantes).

Relativement à l'impartageabilité, le principe souffrait également quelques exceptions, lesquelles, bien que dérogatoires à la règle au point de vue de la *jouissance*, ne faisaient que confirmer cette règle au point de vue de la *propriété*. En effet, quoiqu'en thèse générale le partage soit une aliénation, les partages dont nous allons parler étaient combinés de façon à n'avoir nullement ce caractère, à ne dépouiller aucunement les communes de leurs propriétés.

Malgré les spoliations des terres communales, spoliations auxquelles les rois avaient tenté de mettre barre par les édits successifs du 27 avril 1567 (Charles IX); de 1588 (Henri III); de mars 1600 (Henri IV); de 1629 (Louis XIII); du 22 juin 1659; d'avril 1667; du 12 avril 1683 (Louis XIV); etc., les biens communaux demeuraient encore nombreux et considérables. En Artois, par exemple, certaines évaluations (exagérées à notre avis) portaient ces biens au dixième de la totalité du sol provincial. (Notice de Bultel sur l'Artois, 1848. — Denisart, édition de 1786 Vᵒ commune.)

Les terres communes, quelle que fut leur nature, se trouvaient abandonnées à la jouissance promiscue des membres de chaque communauté; or, rencontrant sans efforts dans cette co-jouissance de quoi facilement subvenir à leur chauffage, au pâturage de leurs bestiaux, au rouissage de leurs lins, etc....., les communistes repoussaient l'idée d'un allotissement séparé, par la raison que loin de conférer à chacun plus d'avantage que n'en donnait l'usufruit banal, l'apportionnement singulier eut amené, comme premier effet, l'exercice du déplorable droit de *Triage* au moyen duquel chaque seigneur s'appropriait *au moins le tiers* des biens de la communauté. (Voir Merlin. V° Triage. Répert, etc...... Denisart, édition de 1786. V° Commune; — notre Traité, pages 190 à 242).

Cependant par des considérations inutiles à rapporter ici, et que nous avons exposées ailleurs, les partages des propriétés communales, en ce qui concernait la *jouissance* seulement, furent autorisés en Lorraine par l'édit donné à Marly en juin 1767; en Bourgogne, par l'édit de janvier 1774; en Flandre, par les lettres-patentes octroyées à Versailles le 27 mars 1777; en Artois, par l'arrêt du Conseil pris à Versailles le 25 février 1779.

Dans le double but de conserver la propriété communale et de favoriser l'esprit de famille, il résultait notamment de ces dispositions légales :

1° Que partout les partages devaient s'effectuer, non par tête, mais par feux, de manière à ce que la portion échût au chef de famille;

2° Que partout la portion devait écheoir à la veuve lors du décès de son mari;

3° Qu'en Lorraine, qu'en Bourgogne, qu'en Artois, à la mort du survivant des époux, la portion devait se transmettre *jure hœreditario* à l'un des enfants du ménage alloti.

En sorte que ne se trouvant nulle part, soit un droit de servitude, soit un droit d'usage, soit un droit d'usufruit, soit un droit de propriété, le droit des apportionnés partout *jus in re immobili*, mais partout aussi *jus sui generis* constituait surtout pour la Lorraine, la Bourgogne et l'Artois, un droit moindre que la propriété, et plus considérable que le droit d'usufruit. (Voir notre Traité, pages 373 à 386).

Mal accueillies par la généralité des communautés, ces autorisations de partages furent cependant acceptées par plusieurs paroisses dont le nombre ne tarda pas à s'accroître, et l'on procéda aux allotissements.

Les choses en étaient en cet état lorsque gronda l'ouragan révolutionnaire.

Les propriétés communales qu'en définitive avait sauvegardées la main tutélaire des rois, semblèrent dangereuses au génie de la révolution devenue d'autant plus ombrageuse, que, déchaînant plus de fureurs elle se faisait plus désorganisatrice et plus sanguinaire.

Les biens communaux parurent des propriétés bâtardes tenant le milieu entre la propriété nationale et la propriété privée, les deux seules qui, afin de centraliser l'action gouvernementale, étaient à conserver. Ils semblèrent présenter une analogie avec les dotations des anciennes corporations, et garder ainsi la trace du système féodal, le *delenda Carthago* du naissant terrorisme. Ils furent enfin considérés comme donnant une sorte d'indépendance pécuniaire et territoriale aux communes transformées ainsi en petites républiques dissidentes au sens de la république mère, et par ces motifs, nouveau Saturne, la révolution qui avait enfantée tant de propriétés communales, jugea qu'il fallait les dévorer.

Mieux que l'aliénation encore, mesure véritablement agraire, le partage devait, par la multiplication des petites propriétés, calmer les soupçons de la révolution, et convertir aux idées nouvelles, à l'aide du moyen toujours puissant de l'intérêt personnel.

En conséquence, le 14 août 1792, un décret vint *impérativement* ordonner le partage *démocratique*, et par *tête* de la propriété des biens communaux autres que les bois et forêts.

Et, en raison de ce que plus sages que leur gouvernement, les populations avaient refusé de faire une curée du bien communal, et avaient hautement improuvé une pareille mesure. Le 10 juin 1793, la Convention vint à nouveau décréter un partage, *facultatif* cette fois, des biens communaux, exception faite des choses hors du commerce, des bois et forêts, et des mines minières, etc.....

Puis, comme les partages de *jouissances divises*, partages où l'on voyait une sorte de privilège de primogéniture et de masculinité, paraissaient présenter un caractère *aristocratique*, on les déclara nuls et non-avenus.

Il devait en être d'autant plus ainsi que par le démembrement de la jouissance et de la propriété, le *domaine utile* des propriétés communales, soit que les partages fussent viagers, soit qu'ils fussent héréditaires, se trouvait soustrait pour un temps illimité à l'action de la commune et de son administration. Chose qui paralysait et empêchait même l'exécution de la loi de 1793, qui ne reconnaissait plus comme seuls modes d'utilisation des biens communaux, que le partage en pleine propriété, la vente, l'afferme, ou la *jouissance commune* demeurant constamment à l'absolue disposition de l'administration (articles 12 et suivants, section 3ᵉ) de manière à n'entraver pas l'aliénation.

Enfin une voix courageuse s'éleva contre les dilapidations des biens communaux. Dans la séance du 20 Thermidor, an III, le député Baraillon dénonça la loi du 10 juin 1793; la taxa d'injustice, d'immoralité, la montra spoliatrice, destructive de l'agriculture, de l'intérêt national, et finalement conclut à l'abrogation. (Moniteur de l'an III, page 1308.)

Le 21 Prairial, an IV, blâmant hautement les « *funestes effets* » des dispositions de 93, le Conseil promulgua une loi décrétant « un sursis provisoire à toutes actions et poursuites résultant de l'exécution de la loi du 19 juin 1793, sur le partage des biens communaux. »

Le 26 Fructidor, an IV, Garan-Coulon et Bergier vinrent de rechef battre en brèche la loi de 1793. (Moniteur de 1796, pages 1440 et 1443) et le 2 Prairial, an V, une loi nouvelle transforma en *prohibition* le sursis prononcé par le Conseil. Et cette loi conserva son exécution nonobstant le vote inopérant par lequel sur le rapport fanatique de Delpierre, ardent zélateur des spoliations communales, on voulut revenir au système de la loi de 1793.

Au milieu de toutes ces agitations, et malgré les inhibitions et abrogations légales, les provinces de Lorraine, de Bourgogne, de Flandre et d'Artois, continuèrent à se régir par les législations qui leur étaient propres, et qui avaient passé dans leurs mœurs, récalcitrantes aux innovations révolutionnaires.

Et ces édits, lettres-patentes, arrêts du Conseil, furent tant et si bien appliqués, au vu et su de l'autorité comme du gouvernement, que le 9 Fructidor an X, ils reçurent une éclatante consécration, et une vitalité nouvelle, par l'arrêté dans lequel, sur les avis favorables du maire d'Annay, du sous-préfet, du préfet et du Conseil d'État, les Consuls décidèrent : « Art. 1ᵉʳ. L'arrêt du Conseil du 25 février 1799 sera exécuté selon sa forme et teneur. — Art. 2. L'arrêté du préfet du Pas-de-Calais en date du 22 Germinal dernier est confirmé. »

Afin de calmer les inquiétudes de ceux qui avaient partagé leurs communaux suivant le prescrit de la loi de 1793, le 9 Ventose an XII une loi porta :

« ART. 1ᵉʳ. Les partages des biens communaux effectués en vertu de la loi du 10 juin 1793 et dont il a été dressé acte seront exécutés.

ART. 2. En conséquence les co-partageants ou leurs ayant-cause sont définitivement maintenus dans la propriété et jouissance de la portion desdits biens qui leur est échue et pourront la vendre, aliéner et en disposer comme ils le jugeront convenable. »

Le 9 Brumaire an XIII sortit une loi édictant :

« ART. 1ᵉʳ. Les communautés d'habitants qui n'ayant

pas profité du bénéfice de la loi du 10 juin 1793, relative au partage des biens communaux, ont conservé, après la publication de cette loi, le mode de jouissance de leurs biens communaux, continueront de jouir de la même manière desdits biens.

ART. 2. Ce mode de jouissance ne pourra être changé que par un décret impérial, rendu sur la demande des conseils municipaux, après que le sous-préfet de l'arrondissement et le préfet auront donné leur avis.

ART. 3. Si la loi du 10 juin 1793 a été exécutée dans ces communes, et qu'en vertu de l'article 12, section 3, de cette loi, il ait été établi un nouveau mode de jouissance, ce mode sera exécuté provisoirement.

ART. 4. Toutefois, les communautés d'habitants pourront délibérer, par l'organe des conseils municipaux, un nouveau mode de jouissance.

ART. 5. La délibération du conseil sera, avec l'avis du sous-préfet, transmise au préfet, qui l'approuvera, rejettera ou modifiera, en conseil de préfecture; sauf de la part du conseil municipal, et même d'un ou plusieurs habitants ou ayant-droit à la jouissance, le recours au conseil d'état. »

Cette loi, on le voit, faisait deux catégories bien distinctes des modes de jouissance *antérieurs* à 1793, et des modes de jouissance *postérieurs* à cette époque.

Au premier cas, ce mode ne pouvait être modifié que par un décret, c'est-à-dire, par le gouvernement.

Au second cas, le mode était susceptible de modification par la simple voie administrative.

Mais à quels modes de jouissance cette loi faisait-elle allusion, était-ce à la jouissance divise, était-ce au contraire à la jouissance indivise? A la jouissance indivise évidemment. La solution de ce point se trouve en effet tout entière au décret additionnel du 4e Complémentaire an XIII, lequel portant : « Art. 1er. Les dispositions de la loi du 9 Ventôse an XII, s'appliquent à tous les partages de biens communaux effectués en vertu de la loi du 10 juin 1793, en vertu d'arrêts des Conseils, d'ordonnances des Etats et autres émanés des autorités compétentes » indiquait positivement que ce décret se référait aux *partages de jouissance* antérieurs à 1793, et non aux modes de jouissance commune antérieurs à cette même époque, modes de jouissance qui avaient fait l'objet de la reconnaissance et de la consécration résultant de la loi du 9 Brumaire an XIII.

Prétendre le contraire, serait prétendre que le décret du 4e Complémentaire an XIII, aurait détruit relativement aux partages antérieurs à 93, le prescrit du décret de Brumaire, et reconnu *définitifs*, *irrévocables*, des modes de jouissance que le décret de Brumaire rendait *révocables* et *modifiables* au moyen d'un décret. Prétention qui jamais n'a été soulevée, prétention qui peut d'autant moins l'être, que le décret du 4e Complémentaire déclare se référer à la loi de Ventôse an XII, et que le décret du 4e Complémentaire traite des *partages* de biens communaux dont parlait la loi de l'an XII, et non des *modes de jouissance* auxquels s'applique le décret de Brumaire. Or, il est à remarquer que par le mot *partage* la loi a constamment entendu la *jouissance divise* et que par les mots *mode de jouissance* la loi a au contraire voulu spécifier la *jouissance commune*. Un simple coup d'œil jeté sur les textes, convaincra de cette *distinction capitale* et de cette vérité.

La loi des 18 et 22 juillet 1837, vint porter art. 17 § 3, « les Conseils municipaux règlent par leurs délibérations, le *mode de jouissance* et la répartition des paturages et fruits communaux autres que les bois, ainsi que les conditions à imposer aux parties prenantes. » Cet article ne s'appliquait 1° qu'aux jouissances promiscues, 2° qu'aux jouissances promiscues postérieures à 1793.

Le premier point résulte en premier lieu de l'amendement *repoussé*, sur une question dont M. le ministre de l'Intérieur demanda la *réserve*. Proposé comme adjonction à l'article 19, cet amendement était ainsi conçu : « Le *partage* facultatif des terres vaines et vagues et autres fonds de terre susceptibles d'être partagés. »

En second lieu, de l'avis donné en 1844 par M. le ministre de l'Intérieur au sujet de la commune de Cheminot, avis adopté pleinement par le Conseil d'État.

« En principe (disait le ministre) les Conseils municipaux règlent, il est vrai, sous la simple surveillance des préfets, le mode de jouissance et la répartition des pâturages et fruits communaux, ainsi que les conditions à imposer aux parties prenantes. Mais cette faculté, qu'ils tiennent de l'article 17 de la loi du

18 juillet 1837, ne s'applique évidemment qu'à la *jouissance promiscue* ou précaire des habitants, comme par exemple, le pâturage des bestiaux, la récolte de certaines plantes servant d'engrais, la distribution de tourbe ou de bois servant de combustible, etc. Comme ce n'est là qu'un simple emploi de produits en nature qui n'affecte ni la propriété du domaine communal, ni la faculté d'en disposer, la loi a voulu que les délibérations des Conseils municipaux sur cet objet fussent exécutoires sans aucune approbation préalable si, dans le délai d'un mois, elles ne sont pas annulées par le préfet, soit pour cause de violation de la loi ou du règlement d'administration publique, soit sur les réclamations des parties intéressées. S'il s'agissait, au contraire, d'engager, pour une durée plus ou moins longue, la jouissance des biens par voie d'allotissement entre les habitants, *ce serait alors un véritable partage de jouissance, un acte de gestion extraordinaire qui excéderait le pouvoir donné aux Conseils municipaux par l'article 17 précité,* et qu'ils ne pourraient faire sans l'autorisation préalable de l'administration supérieure. Or, dans l'espèce, il était question non-seulement de partager par lots entre tous les chefs de ménage, leur vie durant, les biens communaux de Longueville, pour être cultivés, mais encore de modifier un ancien partage exécuté en vertu d'un édit royal de 1769, et par suite duquel un certain nombre d'habitants avaient la jouissance exclusive de ces biens, et pouvaient même la transmettre à leurs héritiers. Ce n'était donc pas le cas d'appliquer l'article 17 de la loi du 18 juillet 1837.

Ici, la règle à suivre était tracée par les articles 1 et 2 du décret du 9 Brumaire, an XIII, portant que, lorsque les communautés d'habitants n'ont pas profité des dispositions de la loi du 10 juin 1793, relative au partage des biens communaux, et ont conservé après la publication de cette loi le mode de jouissance de leurs biens, ce mode ne pourra être changé qu'avec l'autorisation du gouvernement sur la demande des Conseils municipaux.

J'avais fait cette observation à M. le Préfet de la Moselle, qui, s'y conformant, me transmit, en 1841, les pièces du projet d'un nouveau partage pour être soumis à l'approbation du roi. Mais comme le Conseil municipal proposait de déposséder immédiatement les anciens occupants, pour faire de la totalité des biens de Longueville une seule masse partageable entre tous les habitants chefs de ménage, je crus devoir refuser sur l'avis du Comité de l'intérieur, de donner suite à ce projet, qui me parut porter atteinte à des droits acquis. Ce fut l'objet de ma première décision du 5 mars 1842.

Relativement à cette décision, je pense que le pourvoi n'est pas recevable. En effet, l'approbation demandée n'eût constitué qu'un acte de simple tutelle administrative. Elle pouvait donc être refusée sans léser aucun droit proprement dit, et, dès-lors, elle ne saurait donner ouverture à aucun recours par la voie contentieuse.

Cependant les arrêtés préfectoraux des 8 juin 1837 et 23 août 1838, avaient reçu une exécution qui, bien que déclarée provisoire par le Préfet, n'en portait pas moins une atteinte réelle à la possession des anciens co-partageants. Sur leur réclamation, je pris ma seconde décision du 18 mars 1852, qui annula ces arrêtés pour cause d'incompétence ; je crois avoir démontré ci-dessus que les Préfets sont incompétents pour autoriser des partages de jouissance de la nature de celui de l'espèce, surtout quand ils modifient un ancien partage opéré en vertu d'actes souverains. Je ne pouvais donc me dispenser d'annuler les arrêtés précités du préfet de la Moselle qui m'avaient été déférés par les parties intéressées, ainsi qu'elles en avaient le droit, d'après la règle qui permet d'attaquer les actes des Préfets, pour cause d'incompétence et d'excès de pouvoirs, soit *de plano* devant le Conseil d'État, soit directement près du ministre que la matière concerne. »

Et le Conseil d'État décidait « que si les articles 17 et 18 de la loi du 18 juillet 1837, donnaient aux Conseils municipaux, sauf annulation par le préfet, le droit de régler le mode de jouissance et la répartition des pâturages et fruits communaux, autres que les bois, et la répartition des conditions à imposer aux parties prenantes, cette disposition ne s'appliquait qu'à la *jouissance indivise* ou à la répartition des fruits, mais ne conférait pas à ces conseils, non plus qu'aux préfets, le droit de changer un mode de jouissance individuel et héréditaire de fonds communaux, établi par un ancien partage approuvé par l'autorité royale. »

En troisième lieu, du projet de loi de 1847, d'où il appert que les modifications proposées aux modes de jouissance, que permettait de changer la loi de 1837, étaient uniquement relatives aux jouissances communes et indivises.

Le second point résulte de l'application donnée à la loi de 1837, et de sa combinaison avec un avis du Conseil d'État en date du 29 mai 1808, et avec le projet de loi préparé en 1847 par ce même Conseil.

De l'application de la loi de 1837. Nous ne connaissons en effet aucun mode de jouissance indivise antérieur à 1793, qui ait été modifié aux termes de l'article 17 de la loi de 1837, laquelle n'a jamais été considérée que comme applicable aux modes de jouissances indivises prévus et réglés par les articles 3 et 4 du décret de Brumaire an XIII, dont elle ne se trouvait en définitive qu'une *seconde édition*, ainsi que le prouve la *comparaison des formalités exigées par le décret de Brumaire et par la loi de 1837.*

De la combinaison de la législation de 1837, avec l'avis de 1808 et le projet de 1847. L'avis portait « lorsqu'en vertu de la loi du 10 juin 1793, il s'est opéré un changement dans le mode de jouissance des biens communaux et que ce changement a été exécuté, les demandes d'un nouveau mode de jouissance doivent être présentées au Conseil de préfecture, et *soumises de droit* comme les affaires de biens communaux au Conseil d'État. » En exigeant *de droit*, l'intervention du Conseil d'État, cet avis aggravait les difficultés dont on entourait les modifications des modes de jouissance.

On lit dans le projet de 1847 :

ARTICLE 1er « Lorsqu'il paraîtra conforme aux intérêts de l'agriculture et des communes qu'un bien dont la jouissance est commune entre les habitants, soit mis en culture et affermé, le Préfet, par un arrêté spécial appellera le Conseil municipal à délibérer :

1° Sur les avantages et les inconvénients du changement à opérer dans le mode de jouissance ;

2° Sur les divers modes d'amodiations qui pourraient être employés.

ART. 2. Dans les deux mois de la notification de l'arrêté du Préfet, le maire réunira le Conseil municipal, auquel seront adjoints, en nombre égal, les plus imposés, suivant les formes indiquées dans les paragraphes 2 et 3 de l'art. 42 de la loi du 18 juillet 1837.

ART. 3. Lorsque le Conseil municipal aura délibéré, ou après l'expiration du délai ci-dessus fixé, le Préfet fera procéder à une enquête de *commodo* et *incommodo* dans la commune intéressée.

ART. 4. Si l'amodiation est votée par le Conseil municipal, il sera statué par le Préfet en Conseil de préfecture, toutefois une ordonnance royale, rendue dans la forme des règlements d'administration publique, sera nécessaire dans les cas d'amodiations proposées pour plus de dix-huit années.

ART. 5. Si la délibération du Conseil municipal est contraire à l'amodiation, toutes les pièces de l'instruction seront successivement communiquées au Conseil d'arrondissement et au Conseil général du département, afin qu'ils aient à donner leur avis motivé.

Il sera ensuite statué par une ordonnance royale

rendue dans la forme des règlements d'administration publique. »

Ce projet compliquait également les formalités relatives aux changements de mode de jouissance, car pour les amodiations d'une durée ordinaire il exigeait que les délibérations des Conseils municipaux fussent provoquées par des arrêtés préfectoraux, et pour les amodiations de dix-huit ans, il voulait une approbation royale.

Or, en présence de ces doubles tendances, il est impossible d'admettre que l'état de choses intermédiaire ait été tout à la fois contraire à ce qui avait précédé, et à ce qui avait suivi.

De ce qui vient d'être dit, il résulte qu'au moment où est intervenu le décret de 1852, il y avait deux modes de jouissance indivise :

1° Les modes de jouissance antérieurs à 1793;

2° Les modes de jouissance postérieurs à 1793.

Modes de jouissance dont les modifications devaient être approuvées pour les premiers par le chef du gouvernement, pour les seconds par ses délégués.

Qu'en 1852 pour donner à l'administration un pouvoir rendu moins lent et plus efficace au moyen de la décentralisation, on a permis aux préfets de modifier *uniformément* et *administrativement*, les modes précités, sans que cela concernât ou pût concerner en quoi que ce soit les *partages* en nature constamment respectés, par la raison qu'en vertu du décret de Ventôse an XII et du 4ᵉ Complémentaire an XIII, ces sortes de partages avaient été aussi *définitivement* maintenus *dans les termes des anciens édits*, que les partages de propriété avaient été *définitivement* maintenus *dans les termes de la loi de 1793.*

SECTION II°.

L'interprétation ou mieux l'application que nous donnons au décret, devient plus manifestement évidente encore, lorsque sans trop de préoccupation des précédents, le décret est soigneusement et intelligemment observé dans sa lettre et dans son esprit.

Le décret est en effet un décret de décentralisation purement administrative, applicable surtout aux matières compliquées par les restaurations.

Eh bien, les partages de jouissance antérieurs à 1793, n'ayant été dénaturés par aucune espèce d'abus ou d'exagérations (exceptées toutefois les modifications administrativement apportées en Flandre, modifications illégales et nulles) il est raisonnable et naturel d'admettre, que textuellement muet sur le partage, le décret ne les embrasse pas dans ses dispositions.

Dans ses dispositions qui feraient de ce décret une loi de décentralisation *législative*, et non une loi de décentralisation administrative, si l'on rangeait les partages dans la catégorie des choses laissées à l'arbitrage des préfets.

Antérieurement à 1669 les propriétés communales étaient régies par les lois rendues en matière d'eaux et forêts. A cette époque ces propriétés continuèrent à faire partie de la même législation. L'ordonnance d'août 1669 traite art. 25 « des bois, prés, marais, landes, patis, pêcheries et autres biens appartenant aux communautés et habitants des paroisses. » Or, nul n'ignore que comme celles qui l'ont précédée, l'ordonnance de 1669 se trouvait non un acte d'administration du pouvoir royal, mais une loi, loi ordinaire dont l'exécution bien que confiée en premier ressort aux juges forestiers, était cependant en appel, assurée par les grandes compagnies judiciaires, siégeant comme Tables de Marbre, ou chambres souveraines des eaux et forêts.

Donc les législations de 1769, 1774, 1777, 1779, sont des lois en matière d'eaux et forêts, et nullement des règlements de nature administrative: et exceptionnellement à la règle (souvent illusoire en pratique) qui exigeait, sous l'ancien droit, que les édits, lettres-patentes, arrêts *motu proprio*, ne fussent exécutoires en France, qu'après avoir reçu la consécration de l'enregistrement du Parlement de Paris, et en certaines provinces privilégiées, qu'après avoir été enregistrés par les Cours particulières, il n'en était point de même en matière d'eaux et forêts. Même sans aucune espèce d'enregistrement, les arrêts sur cette matière avaient force de loi, et devaient se trouver exécutés.

On lit dans Merlin, Questions de droit, V° Arrêt du Conseil, § 2, page 239, édition in-8°.

« Quelle était, avant le Code forestier du 21 mai 1827, l'autorité des arrêts de règlement rendus par le Conseil du roi en matière d'eaux et forêts, mais non enregistrés dans les anciennes Cours, en vertu de lettres-patentes?

Quelle est-elle aujourd'hui?

Si ces arrêts avaient force de loi avant la révolution il est clair qu'ils l'ont conservée tant qu'ils n'ont pas été abrogés formellement. C'est la conséquence nécessaire de la loi du 21 septembre 1792, qui porte que, « jusqu'à ce qu'il en soit autrement ordonné, les lois non abrogées seront provisoirement exécutées. »

Or, quelque constante que fût, avant la révolution, la maxime que les actes du souverain n'étaient obligatoires pour les tribunaux, qu'autant qu'ils avaient été enregistrés dans les Cours, il n'en était pas moins constant, à la même époque, qu'en matière d'eaux et forêts, les Arrêts de règlement du Conseil faisaient loi dans les juridictions forestières et dans celles dont elles ressortissaient, même sans enregistrement préalable dans les Parlements.

Cette exception à la règle générale est attestée à l'article Arrêt, n° 28, du dictionnaire des Arrêts de Brillon ; « les arrêts et règlements faits au Conseil, en matière d'eaux et forêts (y est-il dit), font loi ; et les juges d'appel ne peuvent, sans s'exposer à voir casser leurs décisions, s'écarter de la disposition de ces arrêts et règlements. »

Et dans le fait, nous trouvons dans le dictionnaire des eaux et forêts de Chailland, tome Ier, page 7 de la table des Arrêts, « un arrêt notable du Conseil (ce sont les propres termes de l'auteur) qui ordonne que les sentences rendues aux siéges des maîtrises, en conformité de l'ordonnance des eaux et forêts et des arrêts du conseil, seront exécutées selon leur forme et teneur, sans pouvoir être infirmées aux siéges des Tables de Marbre, qui, au contraire, doivent les confirmer en cas d'appel. »

Le même auteur dans le corps de son ouvrage, aux mots Arrêts du Conseil, n° 1er, cite encore un autre Arrêt du 29 décembre 1693, comme décidant que les sentences rendues aux maîtrises en conformité des Arrêts du Conseil, ne peuvent être infirmées par les juges d'appel :

Et c'est ce qui explique l'exécution qu'ont reçue constamment, jusqu'à la publication de la loi du 29 septembre 1791 sur l'organisation forestière (ainsi que le prouvent deux Arrêts de la Cour de Cassation des 27 Vendémiaire an XIII et 8 septembre 1809, rapportés dans le répertoire de jurisprudence, aux mots Déclaration de coupes de bois), les extensions qu'avaient données les Arrêts du Conseil des 21 septembre 1700 et 11 mars 1757, à l'article 3 du titre 36 de l'ordonnance de 1669, qui défendait, sous des peines déterminées, aux propriétaires particuliers de forêts situées à dix lieues de la mer ou à deux lieues des rivières navigables, d'abattre aucun arbre futaie, sans en avoir fait préalablement la déclaration au grand maître des eaux et forêts du département.

Mais aujourd'hui il y a une distinction à faire, relativement aux Arrêts du Conseil dont il s'agit, entre ceux qui concernent les forêts et ceux qui concernent les eaux.

Les premiers sont abrogés, avec l'ordonnance de 1669 à laquelle ils se rattachaient, par l'article 218 du Code forestier du 21 mai 1827.

Les seconds sont encore aujourd'hui ce qu'ils étaient avant ce code; ils continueront d'être obligatoires, jusqu'à ce qu'une loi nouvelle ait fait pour les eaux, ce que ce code a fait pour les forêts. »

De ce caractère véritablement *légal* des législations touchant les portions communales, la conséquence est que ces législations ne se trouvent susceptibles d'abrogation que par une loi nouvelle, et non au moyen de décrets et ordonnances ne constituant que des actes administratifs.

Ceci posé il devient sensible que le décret de décentralisation n'a eu nullement pour but de conférer aux préfets le droit de modifier les législations réglant les partages des biens communaux. *Qui ne peut le moins, ne saurait pouvoir le plus.* Or, ne pouvant aujourd'hui modifier les choses qui d'après la loi de 1837 n'étaient susceptibles que de modifications légales, telles que les réunions et distractions de communes, etc... (art. 4) les contributions extraordinaires, etc... (art. 40) les emprunts, etc... (art. 41) les préfets ne sauraient *à fortiori*, pouvoir abroger les lois existantes.

Et ce qui est sensible par le raisonnement, devient évident lorsque l'on consulte le préambule du décret. Il est en ce préambule déclaré que s'il importe de *décentraliser l'action purement administrative* parce qu'on n'administre bien que de près, il importe plus encore de *centraliser l'action gouvernementale de l'Etat,* attendu que l'on gouverne parfaitement de loin.

Si maintenant de l'esprit du décret nous passons à l'examen de la lettre, nous ne ferons que nous confirmer dans notre application.

1° Le décret emploie les mots *modes de jouissance,* expressions caractéristiques de l'indivision, expressions qui, depuis 1793, ont été constamment employées par antithèse des mots *partages* exclusivement réservés à ce dont la jouissance se trouvait divisée ;

2° Le décret porte que ces modes de jouissance pourront être modifiés quelle que soit la nature de *l'acte primitif......* termes exclusifs des édits, lettres patentes et arrêts du Conseil, relatifs aux *partages de jouissance* antérieurs à 1793.

Ces monuments, en effet, sont des lois et non des actes, quand au contraire tous les modes de jouissance autorisés depuis 1793, ne l'ont été qu'en vertu d'actes administratifs de natures différentes. Cela est incontestable pour les modes de jouissance permis depuis 1837 jusqu'en 1852, pour les modes de jouissance permis de Brumaire, an XIII, à 1837. Cela est incontestable encore pour les modes de jouissance indivise adoptés en exécution de la loi de 1793, attendu que bien que concédés par cette loi, le titre de ces jouissances résidait dans *l'autorisation* du directoire départemental (article 14, section 3) qui devait les valider. Cela est incontestable enfin pour les modes de jouissance indivise antérieurs à 1793 qui n'ont jamais été octroyés que d'une façon exclusivement administrative ;

3° A ces mots « quelle que soit la nature de *l'acte*

primitif » le décret ajoute « *qui ait approuvé* le mode actuel » expressions qui complètent lumineusement le sens à donner au mot *acte*, et démontrent que cet acte ne saurait être une loi. Grammaticalement et logiquement, permettre signifie autoriser une chose future, approuver signifie ratifier un fait accompli — à quoi servirait la permission de faire à une chose consommée? que serait *en général* l'approbation donnée à un fait hypothétique et purement éventuel? Or, la signification logique et grammaticale, se trouve également la signification légale. La loi qui statue *ante factum, permet* et *n'approuve* pas. Elle permet les actes à venir et n'a pas à les approuver. Aussi les partages antérieurs à 1793 permis par les législations respectives ont-ils été exécutés sans qu'on ait songé à les faire postérieurement ratifier; au contraire, tous les modes de jouissance indivise pratiqués depuis cette époque, n'ont pu *postérieurement à leur décision*, se voir mis en pratique qu'*après une approbation, qu'après une ratification*. Approbation du directoire depuis 1793 jusqu'en l'an XIII. Approbation du préfet, du Conseil d'État et du chef du gouvernement de l'an XIII à 1837. Approbation expresse ou tacite du préfet de 1837 à 1852.

4e Le décret porte « Ils (les préfets) statueront désormais sur toutes les autres affaires départementales et communales qui jusqu'à ce jour exigeaient la *décision du Chef de l'État ou du ministre de l'intérieur.* »

Expressions bien nettes et bien catégoriques, prouvant que les préfets ne sont aptes qu'à remplacer par leurs arrêtés les anciennes hautes décisions administratives, et nullement à faire ce qui exigeait l'intervention d'une loi, moins encore à défaire une loi en vigueur et en cours d'exécution.

Inutile sans doute d'insister davantage, sur l'application d'un décret par trop clair, d'un décret qui, du reste, recevra peut-être encore des modifications autres que celles qui déjà ont été apportées par la loi du 10 juin 1853, restrictive des attributions préfectorales.

Terminant par où nous avons commencé, nous répéterons, que la solution contraire à ce qui vient d'être exposé n'est pas un seul instant supposable : que l'intérêt communal, que l'intérêt national y résistent invinciblement. En dehors de ce que nous avons dit, la preuve de ces résistances se puise dans le refus unanime et catégorique de tous les Maires du département de la Moselle. On refuse de laisser abroger les législations des allotissements communaux, comme en 1793, on se refusait à la spoliation des propriétés communales. *Grand enseignement* dont, nous l'espérons, on saura profiter.

Enfin, à côté des intérêts communaux départementaux, nationaux, il y a l'intérêt gouvernemental, et cet intérêt, nous osons le dire, est aussi engagé que les autres dans la question en litige.

Le plus bel apanage du pouvoir est la justice. Or, la justice se distribue par les lois qui elles-mêmes sont le plus grand attribut du Chef de l'État auquel doivent fatalement remonter les mérites des lois et leur responsabilité.

Or, sans la moindre adulation, notre dernier mot sera, que nous sommes assez intimement confiant dans la hauteur et la solidité des vues de celui qui, suivant une expression heureusement imagée, a voulu

Nous sommes heureux de pouvoir donner ici les adhésions qu'ont bien voulu nous adresser deux jurisconsultes dont personne assurément ne contestera l'autorité et la compétence en la matière spéciale que nous venons d'examiner ;

La première de ces adhésions émane de M. Legrand, représentant du peuple au corps législatif, ancien doyen du Conseil de préfecture du Nord, avocat à Lille, et auteur de l'excellente publication sur la *législation des portions ménagères, ou parts de marais dans le nord de la France ;*

La seconde est de l'ancien bâtonnier, doyen du barreau de Metz, M. Dommanget, qui, depuis plus de quarante ans, a fait une étude approfondie des partages de jouissance, à propos desquels il a composé un remarquable travail, qui, malheureusement n'est pas encore sorti du portefeuille.

Voici ces adhésions :

Paris, 2 avril 1855.

Monsieur et honoré Confrère,

Je regrette de ne pouvoir vous développer en temps mon opinion *qui est en tout conforme à la vôtre* sur la question que vous me soumettez. *Évidemment* les parts de marais et portions ménagères régies par les lettres-patentes de 1777 et 1779, ne peuvent être considérées comme les biens dont parle le décret de décentralisation. *Il faudrait une loi* pour modifier la législation intervenue avant la révolution au bénéfice des possesseurs *actuels et futurs* de cette nature de biens.

Ceci pour l'acquit de ma conscience, car je n'ai ni le temps ni les documents nécessaires pour justifier mon opinion.

Votre bien dévoué Confrère,

Pierre LEGRAND.

rétablir la pyramide sur sa base, pour ne point admettre que jamais il ait pu consentir à laisser ébranler ce monument par l'autorité administrative, au moyen

Metz, le 31 mars 1855.

Monsieur et honoré Confrère,

J'ai reçu et lu avec attention, votre brochure sur la partie du décret de décentralisation administrative du 30 mars 1852. *J'adhère entièrement* à vos solutions des questions posées.

Je n'ai jamais considéré l'édit du mois de juin 1769 pour la province des Trois-Évêchés, comme un simple règlement d'administration publique, pouvant être modifié et même révoqué par un acte émané du seul pouvoir exécutif, dans le sens de nos idées constitutionnelles : Selon moi, l'édit qui crée un mode de transmission, non pas de la propriété mais de la jouissance ou de l'usage des biens communaux, par succession ou par testament, a *l'autorité pleine et entière d'une loi*, c'est un acte qui, *par son objet et la matière qu'il régit, appartient à la puissance législative.*

D'un autre côté, et en supposant que cette première proposition fût contestable, ce serait donner au décret du 30 mars 1852 une *extension exorbitante*, que de l'appliquer aux partages d'usage ou de jouissance, faits en vertu de l'édit et, comme tels, *déclarés définitifs* par la loi du 9 Ventôse, an XII. art. 1er et 2, rapprochée du décret du 4me, an XIII, art. 1er.

Le décret de 1852, qui ne concerne que le mode de jouissance en nature des biens communaux s'interprète par l'article 17 de la loi du 18 juillet 1837 et n'affecte que la *jouissance indivise ou précaire* des biens de la commune ; il n'entend pas et ne pouvait entendre raisonnablement donner aux préfets le pouvoir de porter atteinte même sur la proposition des Conseils municipaux, à des droits héréditaires, établis, d'une manière générale, par un ancien édit pour tous les usagers d'une province.

Le temps me manque, vous le supposez bien, pour développer mes idées et répondre à l'objection puisée dans l'article 2 de la loi

d'un levier qui aurait entamé et disjoint le pouvoir législatif, malgré l'éternel axiôme : *ejus est solummodo tollere leges, cujus est condere !*

du 9 Brumaire, an XIII ; mais ce que je ne puis faire en ce moment, vous l'avez fait d'une façon complète dans la première partie de votre examen ; je me borne donc à donner une *adhésion sans réserve* au travail que vous venez de publier.

J'ai l'honneur d'être avec les sentiments les plus distingués,

Monsieur et cher Confrère,

Votre bien dévoué,

DOMMANGET.

TABLE ANALYTIQUE.

DISSERTATION

SUR L'EFFET DE LA SÉPARATION DE CORPS, EN CE QUI CONCERNE LES AVANTAGES ENTRE ÉPOUX. 2

§ Iᵉʳ. Considérations générales sur le système combattu par l'auteur. 3

§ II. Historique de la révocation des avantages entre époux par suite de la séparation de corps. — Droit ancien. — Loi du 20 septembre 1792. — Discussions du Code en 1801. — Loi du 6 mars 1816. — Appréciation de l'esprit de toutes ces lois. — Réfutations de quelques objections. 6

§ III. Application des textes du Code, en concordance avec leur esprit. 19

DISSERTATION

SUR LA SURENCHÈRE APRÈS FOLLE ENCHÈRE. 25

§ I. Principes en matière de ventes de biens libres — en matière de ventes volontaires ou forcées de biens hypothéqués. 26

§ II. Application des principes du droit commun à la surenchère — nécessité d'admettre la surenchère après folle enchère sous peine de confisquer le droit hypothécaire. 29

§ III. Réfutation des objections. 34

DISSERTATION

SUR L'INTERPRÉTATION DU MOT **POSTÉRITÉ** DE L'ARTICLE 747 DU CODE NAPOLÉON.

§ I. Economie des lois actuelles touchant la descendance illégitime. 41

§ II. Origine du droit de retour. — Époque romaine. — Vieux droit français, dans les pays de droit écrit, dans les pays de droit coutumier. — Droit actuel. — Opinion de de Malleville et de Siméon sur le caractère du droit de retour. — Opinion contraire de Chabot et de Tronchet. — Caractère *sui generis* du droit successoral de la reversion, en admettant que ce droit soit vraiment successoral. — Caractère du droit des enfants naturels — ils ne sont point des créanciers — mais des successeurs irréguliers. 44

§ III. Distinction capitale entre les successeurs réguliers et les successeurs irréguliers. — Véritable portée de l'article 747 et du mot *Postérité* au point de vue du texte, au point de vue de la loi naturelle et de la loi positive. — Discussion et corrélation de l'art. 747 avec divers autres articles. — Obligation alimentaire. — Origine et cause de l'opinion doctrinale et jurisprudentielle contraire au système de l'auteur. — Chabot aux Jacobins, au Corps législatif. — Réfutation de l'opinion de Chabot. — Réfutation de l'opinion de Marcadé. — Réfutation de l'opinion des annotateurs de M. Zachariæ. — Jugement du tribunal d'Arras. — Arrêt infirmitatif de la Cour de Douai. — Arrêt conforme de la Cour de Cassation. 57

DISSERTATION

SUR LE DROIT CONFÉRÉ AUX CRÉANCIERS PAR L'ARTICLE 882 DU CODE NAPOLÉON.

§ Iᵉʳ. Systèmes divers. 91

§ II. Droit romain. — Droit coutumier. 92

§ III. Droit actuel. — Travaux préparatoires de l'article 882. 95

§ IV. Réfutation des objections. 98

§ V. Ressource des créanciers. 102

DISSERTATION

SUR LA COMPÉTENCE EN MATIÈRE DE CONTREFAÇON ET SUR LE POINT DE

SAVOIR SI, DÉFENDEUR SOIT AU CORRECTIONNEL, SOIT AU CIVIL, LE PRÉTENDU CONTREFACTEUR PEUT PORTER DIRECTEMENT UNE ACTION EN DÉCHÉANCE OU NULLITÉ PARDEVANT LE TRIBUNAL CIVIL DU DOMICILE DU BRÉVETÉ.   105

Utilité de la question.   107
§ Ier. Lois de 1790 et 1791.   108
§ II. Loi de 1838.   109
§ III. Loi actuelle.   111
1º Principes de compétence pour les *actions* et les *exceptions*.   113
2º Prétentions de certains brévetés.   115
3º Réfutation de la Jurisprudence de la Cour de Cassation.   116

DISSERTATION

SUR LE POINT DE SAVOIR SI, PAR APPLICATION ET EXTENSION DES PRESCRIPTIONS DE L'ARTICLE 882, LES CRÉANCIERS ANTÉRIEURS A UNE STIPULATION D'INDIVISION FRAUDULEUSE ET LÉSIVE DE LEUR INTÉRÊT, PEUVENT ATTAQUER CETTE INDIVISION BIEN QU'ILS N'Y SOIENT PAS INTERVENUS ET N'Y AIENT FORMÉ AUCUNE OPPOSITION.   121

§ I. Défaveur de l'indivision.   123
§ II. Impossibilité d'assimiler l'article 882 à l'article 815.   124
§ III. Violation des principes qui résulterait de cette assimilation.   126
§ IV. Arguments du texte à l'appui du système adopté.   128

DISSERTATION

SUR LA LIBERTÉ DU TESTATEUR EN CE QUI CONCERNE SES DERNIÈRES DISPOSITIONS, LEUR EXÉCUTION, ET SUR LE CARACTÈRE ET L'ÉTENDUE DES POUVOIRS DE L'EXÉCUTEUR TESTAMENTAIRE.   131

1º Droits de *capacité* et de *propriété*.   134
2º Ils s'exercent jusqu'au dernier moment.   134
3º Corrélation des pouvoirs de l'exécuteur et des volontés à exécuter.   135
4º Existence de l'exécuteur.   135
5º Caractère donné par la doctrine à l'exécuteur testamentaire.   136
6º Inadmissibilité de ce caractère.   137
7º Continuation du sujet.   136
8º Même continuation.   139
9º Véritable caractère de l'exécuteur.   140
10º Observation.   141

11° Articles 1026 et 1031.   141
12° Réfutation d'une objection.   142
13° Réfutation d'une autre objection.   142
14° Résumé.   142

DISSERTATION

SUR L'INCOMPATIBILITÉ DES DISPOSITIONS DE L'ARTICLE 900 DU CODE NAPOLÉON AVEC LES PRINCIPES GÉNÉRAUX DU DROIT ET L'ÉCONOMIE ENTIÈRE DE NOTRE LÉGISLATION ACTUELLE.   145

I. Respect dû à toute volonté. — Opposition diamétrale des articles 1172 et 900. — Inanité d'une prétendue raison d'expliquer cette antinomie.   147

II. Droit romain. — Idées sur la famille — sur le testament — sa forme — son effet. — Annulation des conditions impossibles dans le testament comme conséquence *rationnelle* de ces idées.   150

III. *Renversement* de ces idées en droit français. — Contradiction de l'admission des principes romains en matière testamentaire avec nos idées actuelles. — Loi du 12 septembre 1791 complètement incomprise par les rédacteurs du Code. — Antinomie entre l'article 67 du projet de la Commission (art. 1172 actuel) et l'article 32 de ce même projet (art. 900 actuel). — Observation incomplète de la Cour de Douai. — Correction malheureusement extensive aux libéralités des règles admises à tort dans les testaments. — Article 900 à réviser.   154

DISSERTATION

SUR LA QUESTION DE SAVOIR, SI LES STIPULATIONS ANTÉ NUPTIALES RELATIVES AU PARTAGE DE LA COMMUNAUTÉ, ET CONTRACTÉES SOUS L'EMPIRE DE LA LOI DU 17 NIVOSE AN II, SONT OU NON DES AVANTAGES RÉDUCTIBLES AUX TERMES DE CETTE LOI; ET SUR LA QUESTION DE SAVOIR, SI, AU CAS DE L'AFFIRMATIVE, LES RÉSERVATAIRES D'UN ÉPOUX MORT DEPUIS LA PROMULGATION DU CODE NAPOLÉON, PEUVENT FRAPPER DE RÉDUCTION CES MÊMES STIPULATIONS.   161

I. Distinction entre les stipulations relatives au partage de la communauté — en droit romain — dans le vieux droit français — sous l'empire de la loi de Nivôse considérée dans sa cause et dans son but — dans sa lettre et dans son esprit.   163

II. Invalidité du droit de réduction des réservataires dans l'hypothèse contraire.   169

DISSERTATION

SUR LE POINT DE SAVOIR SI MÊME AU CAS DE L'INSUFFISANCE DES FRUITS
DE LA TOTALITÉ D'UN FONDS SOUMIS A L'USAGE COMMUN , LES USAGERS
PEUVENT PRÉTENDRE PAR VOIE DE CANTONNEMENT A LA PROPRIÉTÉ DES
DEUX TIERS DE CE FONDS. 175

SECTION Ire.

HISTORIQUE DU CANTONNEMENT.

§ I. Ce que sont les usages — leur origne — leur caractère — 177
leur définition.

§ II. Possibilité de limiter l'usage. — Lois Romaines. — An- 179
ciennes lois françaises. — Jurisprudence et doctrine sur ce
point. — Résistance vaine et mal fondée des usagers.

§ III. Aménagement — son caractère. — Non réciprocité de 181
l'aménagement. — L'aménagement facultatif en toutes hypothèses.

§ IV. Cantonnement. — Différence du cantonnement et de l'a- 183
ménagement — définition donnée par Proudhon. — Non réciprocité de l'aménagement. — Opinion de Merlin sur les cas
dans lesquels le cantonnement était possible — critique de
cette opinion. — Loi du 27 septembre 1790 sur le cantonnement. — Loi du 26 août 1692 qui établit la réciprocité du
cantonnement — iniquité de cette loi. — Rapport de M. Favard
de Langlade lors de la discussion du code forestier. — Abrogation de la réciprocité du cantonnement pour les terrains
forestiers seulement. — Applicabilité du cantonnement dans
tous les cas.

SECTION IIe.

DANS QUELLES PROPORTIONS LES TERRAINS USAGERS DOIVENT-ILS ÊTRE PARTAGÉS.

§ I. — Problème non encore résolu *in terminis* aujourd'hui. — 194
Incertitude et fluctuations au temps de l'aménagement et du
cantonnement. — Confusion des vieux auteurs entre l'aménagement, le cantonnement et le triage — entre les usages
et les communaux.

§ II. Aujourd'hui trois grands systèmes existent — système de 197
Merlin — système de Proudhon — système la Cour de Besan-

çon, adopté de tout point par l'auteur — Point de tangeance de ces trois systèmes — leurs divergences.

§ III. Discussion et critique du système de Proudhon — son injustice — son illégalité — ses erreurs. — Défense du système de Merlin contre les attaques de Proudhon. — Insuffisance du système de Merlin. — Mutisme de la loi. — Justesse du système de la Cour de Besançon.   207

DISSERTATION

SUR LE POINT DE SAVOIR SI LES LIVRES AUXILIAIRES PEUVENT A EUX SEULS SERVIR DE PREUVES EN MATIÈRE COMMERCIALE.   217

I. Erreur commune.   219

II. Ce que sont le droit et l'équité.   219

III. Règles juridiques en matière de preuves. — Parité de position entre les parties.   221

IV. Ces règles sont applicables pardevant la juridiction consulaire — elles sont respectées avec les livres nécessaires.   222

V. Elles seraient violées si l'on admettait les énonciations seules des livres auxiliaires.   226

VI. Conclusion.   229

DISSERTATION

SUR L'INTERPRÈTATION DU PARAGRAPHE DEUXIÈME DE L'ARTICLE 1352 DU CODE NAPOLÉON.   231

Trois systèmes ont été donnés, ils sont tous plus ou moins vicieux.   233

DISSERTATION

SUR LE POINT DE SAVOIR SI LA CHOSE JUGÉE EST EXTINCTIVE DES OBLIGATIONS.   241

Distinction entre le for intérieur et le for extérieur, entre l'obligation dite naturelle et l'obligation dite civile.   243

DISSERTATION

SUR LE POINT DE SAVOIR SI LES DISPOSITIONS DE L'ARTICLE 283 DU CODE DE PROCÉDURE SONT RIGOUREUSEMENT LIMITATIVES ET INPÉRATIVES OU SIMPLEMENT ÉNONCIATIVES ET FACULTATIVES.   249

I. PROLÉGOMÈNES.   251

Dangers de la preuve testimoniale — constatés de tout temps

— moyens confirmatifs, répressifs, préventifs de ces dangers. — Limitation des preuves orales. — La preuve testimoniale est pourtant nécessaire et indispensable. — On ne peut la supprimer ni directement, ni indirectement en multipliant indéfiniment les éliminations.

II. CE QUE SONT LES ÉLIMINATIONS.   265

Exclusions. — Reproches. — Leurs caractères. — Leurs divisions anciennes et modernes.

III. USAGES JUIFS.   268

Exclusions. — Leurs causes. — Leurs caractères. — Pas de reproches.

IV. USAGES GRECS.   269

Pas d'exclusions. — Pas de reproches.

V. LOIS ROMAINES.   269

Exclusions générales. — Exclusions particulières. — Leurs caractères. — Caractère du témoignage à Rome. — Reproches complètement inconnus. — Erreur de Toullier.

VI. LOIS BARBARES.   275

Exclusions. — Leurs caractères. — Exclusions absolues. — Exclusions relatives.

VII. OBSERVATION COMMUNE.   279

aux législations hébraïques, grecques, romaines et barbares.

VIII. ANCIENNES LOIS FRANÇAISES.   280

Exclusions, — leurs caractères. — Reproches, — leur illimitation, — leurs caractères.

IX. ORDONNANCE DE 1667.   287

Distinction des exclusions et des reproches. — Exclusions, — leurs caractères. — Reproches, — leurs caractères. — Arbitraire des juges. — Diversité des Jurisprudences. — Parlement de Toulouse. — Dangers et abus des reproches. — Remèdes à apporter au mal.

X. LOI ACTUELLE.   292

Caractère des exclusions et reproches démontré par le caractère du témoignage en France. — Les travaux préparatoires du code. — Les Textes. — CARACTÈRE DU TÉMOIGNAGE. — TRAVAUX

PRÉPARATOIRES. — Articles du projet du code. — *Forme et procédure.* — Observations de la section du Tribunat. — *Reproches.* — Observations des Cours d'Agen, de Bordeaux, de Caen, de Colmar, de Dijon, de Grenoble, de Montpellier, de Nancy, d'Orléans, de Turin. — Observations du Tribunat. — *Exclusions.* — Rapport de Perrin. — TEXTES. — Discussion. — Erreur de Demiau. — Réfutation du système de Toullier, — et de la Cour de Cassation. — Ce qu'ont produit ces systèmes inconciliables avec la raison et la loi.

DISSERTATION

SUR LE POINT DE SAVOIR SI LE DÉCRET DE DÉCENTRALISATION ADMINISTRATIVE PEUT AVOIR QUELQUE PORTÉE

CONCERNANT LA LÉGISLATION DES PORTIONS COMMUNALES. 331

IMPORTANCE DE LA QUESTION. 333

Texte du décret. — Circulaire ministérielle. — Origine des prétentions administratives. — Commune d'Ennery. — Circulaire de M. le préfet du Pas-de-Calais — observations sur cette Circulaire. — Droit d'aînesse. — Droit des veuves. — Arrêté du préfet du département de la Moselle. — Décision du ministre de l'intérieur.

SECTION Iʳᵉ.

DÉCRET DE DÉCENTRALISATION

APPRÉCIÉ AU POINT DE VUE DES PRÉCÉDENTS. 346

Caractère des biens communaux en droit romain. — Caractère des biens communaux sous le vieux droit français. — L'ancienne monarchie protectrice et conservatrice des propriétés communales. — Dispositions légales permettant les partages de jouissance. — Édits de 1769 — de 1774. — Lettres-patentes de 1777. — Arrêt du Conseil de 1779. — Points communs à ces diverses dispositions légales. — Caractère du droit des apportionnés. — Époque de 1793, désastreuse pour les propriétés communales — la révolution veut les détruire. — Loi du 14 août 1793 donnant un partage impératif. — Loi du 10 juin 1793 ordonnant un partage facultatif. — Réclamations et protestations de Baraillon. — Loi du 21 Prairial, an IV, décrétant un sursis aux partages. — Loi du 2 Prairial,

an v, transformant le sursis en prohibition. — Les édits,
lettres-patentes, arrêts du Conseil s'exécutent malgré tout
cela. — Arrêté confirmatif du 9 Fructidor, an x. — Loi du
9 Ventôse, an xi. — Loi du 9 Brumaire, an xiii, applicable
aux jouissances indivises. — Décret du 4e complémentaire,
an xiii, applicable aux partages de jouissance et les consa-
crant d'une façon définitive. — impossibilité de le nier. —
Loi du 18 juillet 1837 — applicable seulement 1º aux jouissances promiscues — observations ministérielles — arrêt du
Conseil d'État; — 2º aux jouissances promiscues postérieures
à 1774. — Avis donné par le Conseil d'État en 1808. —
projet de 1847.

SECTION IIme.

DÉCRET DE DÉCENTRALISATION APPRÉCIÉ AU POINT DE VUE DE
SON TEXTE ET DE SON ESPRIT.   363

Esprit du décret — son but est de ne s'appliquer qu'aux matières compliquées par les restaurations — il n'est qu'un
décret de décentralisation administrative — et non de décentralisation législative. — Caractère législatif des législations
sur les portions ménagères — opinions des anciens auteurs
Merlin, Chaillant, Brillon. — Préambule du décret.
Lettre du décret. — Signification des mots *modes de jouissance.*
— Signification du mot *acte.* — Signification du mot *approuvé.*
— L'action administrative seule du ministre ou du Chef d'État
est remplacée par l'action du préfet. — Loi du 10 juin
1853. — Conclusion — Adhésions de MM. Legrand et
Dommanget.